亚洲世界中的德川幕府

STATE AND
DIPLOMACY IN EARLY
MODERN JAPAN
Asia in the
Development of the
Tokugawa Bakufu

RONALD P. TOBY

[美] 罗纳德·托比　　　著
柳一菲　　　译

江苏人民出版社

图书在版编目（CIP）数据

亚洲世界中的德川幕府 /（美）罗纳德·托比著；柳一菲译. —南京：江苏人民出版社，2022.12
（西方日本研究丛书/刘东主编）
ISBN 978-7-214-26679-8

Ⅰ. ①亚… Ⅱ. ①罗… ②柳… Ⅲ. ①政治制度史-研究-日本 Ⅳ. ①D731.39

中国版本图书馆 CIP 数据核字（2022）第 071435 号

State and Diplomacy in Early Modern Japan: Asia in the Development of Tokugawa Bakufu by Ronald P. Toby, published in English by Stanford University Press.
Copyright © 1984, Preface © 1991 by the Board of Trustees of the Leland Stanford Junior University.
This translation is published by arrangement with Stanford University Press, www.sup.org.
Simplified Chinese edition copyright © 2022 by Jiangsu People's Publishing House. All rights reserved.
江苏省版权局著作权合同登记号：图字 10-2019-418 号

书　　名	亚洲世界中的德川幕府
著　　者	[美]罗纳德·托比
译　　者	柳一菲
责任编辑	李晓爽
特约编辑	张　欣
封面设计	许晋维
责任监制	王　娟
出版发行	江苏人民出版社
地　　址	南京市湖南路 1 号 A 楼，邮编：210009
照　　排	江苏凤凰制版有限公司
印　　刷	苏州市越洋印刷有限公司
开　　本	890 毫米×1240 毫米　1/32
印　　张	10.875　插页 4
字　　数	220 千字
版　　次	2022 年 12 月第 1 版
印　　次	2022 年 12 月第 1 次印刷
标准书号	ISBN 978-7-214-26679-8
定　　价	58.00 元

（江苏人民出版社图书凡印装错误可向承印厂调换）

总　序

这又会是一个卷帙浩繁的移译工程！而且，从知识生产的脉络上讲，它也正是上一个浩大工程——"海外中国研究丛书"的姊妹篇，也就是说，它们都集中反映了海外学府（特别是美国大学）研究东亚某一国别的成果。

然而，虽说两套书"本是同根生"，却又完全可以预料，若就汉语世界的阅读心理而言，这后一套丛书的内容，会让读者更感生疏和隔膜。如果对于前者，人们还因为禀有自家的经验和传统，以及相对雄厚的学术积累，经常有可能去挑挑刺、较较劲，那么对于后者，恐怕大多数情况下都会难以置喙。

或许有人要争辩说，这样的阅读经验也没有多少不正常。毕竟，以往那套中国研究丛书所讲述的，乃是自己耳濡目染的家常事，缘此大家在开卷的过程中，自会调动原有的知识储备，去进行挑剔、补正、辩难与对话。而相形之下，眼下这套日本研究丛书所涉及的，却是一个外在文明的异样情节，人们对此当然只会浮光掠影和一知半解。

不过，设若考虑到这个文明距离我们如此之近，考虑到它在当今国际的权重如此之大，考虑到它跟传统中华的瓜葛如此之深，考虑到它对中国的现代化历程产生过如此严重的路径干扰与路径互动，那我们至少应当醒悟到，无论如何都不该对它如此陌生——尤其不该的是，又仅仅基于一种基本无知的状态，就对这个邻近的文明抱定了先入为主的态度。

还是从知识生产的脉络来分析，我们在这方面的盲点与被动，至少在相当大的程度上，是由长期政治挂帅的部颁教育内容所引起的。正如上世纪50年代的外语教学，曾经一边倒地拥抱"老大哥"一样，自从60年代中苏分裂以来，它又不假思索地倒向了据说代表着全球化的英语，认定了这才是"走遍天下都不怕"的"国际普通话"。由此，国内从事日本研究的学者，以及从事所有其他非英语国家研究的学者，就基本上只能来自被称作"小语种"的相对冷门的专业，从而只属于某些学外语出身的小圈子，其经费来源不是来自国内政府，就是来自被研究国度的官方或财团。

正因此才能想象，何以同远在天边的美国相比，我们反而对一个近在眼前的强邻，了解得如此不成正比。甚至，就连不少在其他方面很有素养的学者和文化人，一旦谈起东邻日本来，也往往只在跟从通俗的异国形象——不是去蔑视小日本，就是在惧怕大日本。而更加荒唐的是，他们如此不假思索地厌恶日本人，似乎完全无意了解他们的文化，却又如此无条件地喜欢日本的产品，忽略了这些器物玩好的产生过程……凡此种种，若就文化教养的原意而言，都还不能算是完整齐备的教养。

与此同时，又正因此才能想象，如此复杂而微妙的中日关系，如此需要强大平衡感的困难课题，一旦到了媒体的专家访谈那里，往往竟如此令人失望，要么一味宣扬一衣带水，要么一味指斥靖国神社。很少见到这样的专门家，能够基于自己的专门知识和专业立场，并非先意承旨地去演绎某些话语，而是去启迪和引导一种正确的阅读。

那么，除了那两种漫画式的前景，更广阔的正态分布究竟是怎样的？总不至于这两个重要邻邦，除了百年好合的这一极端，就只有你死我活的另一极端吧？——由此真让人担心，这种对于外来文明的无知，特别是当它还是极其重要的近邻时，说不定到了哪一天，就会引发代价惨重的、原本并非不可避免的灾祸。确实，要是在人们的心理中，并不存在一个广阔的理解空间，还只像个无知娃娃那样奉行简单的善恶二元论，那就很容易从一个极端走向另一个极端。

作为一介书生，所能想出的期望有所改善的手段，也就只有号召进行针对性的阅读了，并且，还必须为此做出艰苦的努力，预先提供足够的相关读物；此外，鉴于我们国家的大政方针，终将越来越走向民主化，所以这种阅读的范围，也就不应仅限于少数精英。正是诸如此类的焦虑，构成了这套丛书的立项理由——正如在上一套丛书中，我们曾集中引进了西方自费正清以降的、有关中国研究的主要学术成果，眼下我们在新的丛书中，也将集中引进西方自赖肖尔以降的、有关日本研究的主要研究成果。

我们当然并不指望，甫一入手就获得广泛的反响和认同。回想起来，对于大体上类似的疑问——为什么满足理解中国的精神冲动，反要借助于西方学界的最新成果？我们几乎花去了二十年的不倦译介，才较为充分地向公众解释清楚。因而，我们现在也同样意识到，恐怕还要再费至少十年的心血，才能让读者不再存疑：为什么加强理解日本的途径，也要取道大洋彼岸的学术界。不过我却相信，大家终将从这些作者笔下，再次体会到怎样才算作一个文化大国——那是在广谱的意义上，喻指学术的精细、博大与原创，而并非只是照猫画虎地去统计专著和论文数量，而完全不计较它们的内在质量。

我还相信，由于这套丛书的基本作者队伍，来自我们二战时期的盟国，所以这些著作对国内读者而言，无形中还会有一定的免疫力，即使不见得全信其客观公正性，至少也不会激起或唤醒惯性的反感。此外，由于这些著作的写作初衷，原是针对西方读者——也即针对日本文化的外乡人——所以它们一旦被转译成中文，无意中也就有一种顺带的便利：每当涉及日本特有的细节和掌故时，作者往往会为了读者的方便，而不厌其烦地做出解释和给出注释；而相形之下，如果换由日本本土学者来处理，他们就不大会意识到这些障碍，差不多肯定要一带而过。

不待言，这面来自其他他者的学术镜子，尽管可以帮助我们清洗视野和拓宽视角，却不能用来覆盖我们自身的日本经验，不能用来取代我们基于日文材料的第一手研究——尤其重要的是，不能用来置换中日双边的亲历对话，以及在此对话中升华出来的独自思考。而最理想的情况应当是，一旦经由这种阅读而引起了兴趣和建立了通识，大家就会追根究底地上溯到原初语境去，到那里以更亲切的经验，来验证、磨勘与增益它们。

无论如何，最令人欣慰的是，随着国力的上升和自信的增强，中华民族终于成长到了这样一个时刻，它在整个国际格局中所享有的内外条件，使之已经不仅可以向其国民提供更为多元和广角的图书内容，还更可以向他们提供足以沉着阅读和平心思考这些图书的语境。而这样一来，这个曾在激烈生存竞争中为我国造成了极大祸害的强邻，究竟在其充满曲折与陷阱的发展道路上，经历了哪些契机与选择、成功与失败、苦痛与狂喜、收益与教训，也已足以被平心静气地纳入我们自己的知识储备。而借助于这样的知识，我们当然也就有可能既升入更开阔的历史长时段，又潜回充满变幻偶因的具体历史关口，去逐渐建立起全面、平衡、合理与弹性的日本观，从而在今后同样充满类似机遇的发展道路上，既不惮于提示和防范它曾有的失足，也不耻于承认和效仿它已有的成功。

我经常这样来发出畅想：一方面，由于西方生活方式和意识形态的剧烈冲击，也许在当今的世界上，再没有哪一个区域，能比我们东亚更像个巨大的火药桶了；然而另一方面，又因为长期同被儒家文化所化育熏陶，在当今的世界上，你也找不出另一块土地，能如这方热土那样高速地崛起，就像改变着整个地貌的喜马拉雅造山运动一样——能和中日韩三国比试权重的另一个角落，究竟在地球的什么地方呢？只怕就连曾经长期引领世界潮流的英法德，都要让我们一马了！由此可知，我们脚下原是一个极有前途的人类文化圈，只要圈中的所有灵长类动物，都能有足够的智慧和雅量，来处理和弥合在后发现代化进程中曾经难免出现的应力与裂痕。

此外还要提请注意，随着这套丛书的逐步面世，大家才能更真切地体会到，早先那套连续出版了一百多种，而且越来越有读者缘的"海外中国研究丛书"，在其知识创化的原生态中，实则是跟这套"西方日本研究丛书"相伴而生的。作为同一个区域研究的对象，它们往往享有共通的框架与范式，也往往相互构成了对话基础和学术背景。而由此也就不难联想到，尽管西方的区域研究也在面临种种自身的问题，但它至少会在同一个地区谱系中，或在同一个参考框架下，把中日当作两个密不可分的文明，来进行更为宏观的对比研究——这就注定要启发我们：即使只打算把中国当作研究对象，也必须蔚成一种比对日本来观察中国的宽广学风，因为确有不少曾经百思不得其解的难题，只要拿到中日对比的大框架下，就会昭然若揭，迎刃而解。

最后，由于翻译此套丛书的任务特别艰巨，既要求译者通晓英文，又要求他们了解日本，也由于现行的学术验收体制，不太看重哪怕是最严肃的翻译工作,给这类唯此为大的学术工作平添了障碍,所以,对于所有热心参赞此项工程的同侪,我既要预先恳请他们随时睁大眼睛,也要预先向他们表达崇高的敬意;并且——请原谅我斗胆这样说——也为他们万一有什么"老虎打盹"的地方,预先从读者那里祈求谅解。当然,这绝不是一个"预先免责"的声明,好像从此就可以放开手脚去犯任何错误了。可无论如何,我们想要透过这套书提供的,绝不是又有哪位译者在哪个细节上犯下了哪类错误的新闻,而是许多译者经由十分艰苦的还原,总算呈现在图书中的有关日本文明的基本事实——无论知我罪我,我还是把这句老实话讲出来,以使大家的目力得以穿透细枝末节,而抵达更加宏大、久远和深层的问题!

刘 东
2009 年 8 月 16 日
于静之湖·沐暄堂

献给我的父母,

纪念赫舍尔·韦布(Herschel Webb)

目 录

斯坦福版前言 /1

首版前言 /1

第一章　序章 / 1
　　　　近世"锁国论" 12
　　　　"锁国"一词 13

第二章　后丰臣秀吉时代的外交正常化 / 25
　　　　恢复与朝鲜的关系 29
　　　　与琉球王国的关系 48

第三章　认可的透镜：幕府权力正当化过程中的外交 / 57
　　　　恢复东北亚秩序的努力 61
　　　　外国使节与幕府的合法性 71
　　　　幕府对日朝关系中日常业务的统括 82
　　　　国王还是大君？名号里的学问 90
　　　　年号里的学问 97
　　　　敲响新时代：献给家光的钟 104
　　　　天主教与以合法性为目的的外交 111

第四章 通过双筒望远镜看到的世界：动荡东亚中的幕府情报机关与日本国家安全 / **119**
  清的中原征服 129
  三藩之乱与幕府的情报机构 151

第五章 窥视礼仪之镜：映照理想世界的镜子 / **179**
  从中心眺望 224

第六章 终章 / **241**

参考文献 / 259

索 引 / 287

斯坦福版前言

在过去的一个半世纪里,日本发生了巨大改变。从日本的角度看,它转变为西方先进技术的追随者。日本在战后重新成为西方的学徒。到了20世纪80年代末,它惊喜地发现自己已被称作"第一",这是傅高义(Ezra Vogel)做出的富有先见之明的总结,许多日本人也乐于接受这个说法。在每一个变化的阶段,日本人都重新发现(或者说发明)了与现状相符的新的过去。但在明治维新后的百年中,日本人却致力于贬低德川时代,认为它是阻挠日本前进的传统累赘,并认为它在日本政治和经济的现代化中没有起到太大作用。

在过去的一个世纪中,大部分历史叙述都建立在西方中心主义的基础之上。它们无论使用的是斯宾塞、马克思,还是韦伯的理论模式,却都接受了后达尔文主义的社会、经济和政治的发展观。国家的发展总是以工业化、资本主义、帝国主义,或是社会主义为标准。虽然这些原本都是被用来衡量西方的指标,但它们同样被用来评价日本。

在诸多错误的旧框架中,这些指标放大了日本在17世纪

30年代施行的看似断绝与其他国家间外交、商业甚至文化关系的政策。这个所谓的"锁国政策"迫害基督教徒，驱逐葡萄牙商人，将荷兰贸易者几乎以监禁的状态限制在长崎，还禁止日本人远航海外。这一政策被认为掐断了本该繁荣发展的日本的海外扩张。日本人或许本可以建立不亚于荷兰、英国和伊比利亚海上帝国的、从长崎到暹罗（今泰国）的一系列贸易殖民地。而且，如果日本持续保持同西方的交流，那么日本或许可以不断享受欧洲科学、工业和战略发展所带来的最尖端的成果，甚至还可能诞生持久的科学革命和工业革命。在16世纪的科技方面大体能与欧洲比肩的日本就不会在几个世纪的锁国之后"落后于"西方了。

如果可以用锁国理论来解释日本为何落后于西方，那么它同样也可以被用来解释日本为何一直以来都只是科技、工业、经济和政治的"追随者"。从明治维新到太平洋战争，这一理论还使民族主义者幻想"重新征服"在传说的记忆中曾属于日本的大陆，例如朝鲜（今朝鲜半岛）。日本的民族自尊心曾因低人一等的地位而受到伤害，而锁国理论则通过将责任推卸到已经倒台的幕府领导人的错误决定上，为受损的民族自尊心提供了慰藉。

在太平洋战争后的20世纪50年代和60年代，西方的历史学家和其他社会科学家对日本曾经落后的原因并未产生太大兴趣。相反，他们想要弄清楚，在所有非西方国家中，为何只有日本（当时是这样）成功"追随"了西方并实现了"现代化"。近世日本"墙内世界"（world-within-walls）的温室如何使日本产生了如此优秀的追随能力？为何"儒教的"日本成功保持了国家独立，而比日本"更儒教"的中国和朝鲜却在不同程度上失去了国家主权，没能成功实现现代化？日本案例中提供的教训能为后来的其他追随者提供怎样的现代化借鉴？

换言之，这意味着要在已经过去的德川时代（这是一个封闭的、完全本土化的时代）中找到使日本能够成功追随西方的奥秘。例如，在解释农村社会关系时，T. C. 史密斯（T. C. Smith）发现了"现代日本农业的源头"；在"德川时代的教育"方面，R. P. 多尔（R. P. Dore）发现，当时的日本有着比其他前近代社会（除西方的几个国家外）都高的识字率和广泛的大众教育；在"德川时代的宗教"方面，罗伯特·贝拉（Robert Bellah）发现了18世纪和19世纪流行于城市和商人之中的非正统的心学运动与新教伦理之间的相似性，并认为它或许是使明治时代日本资本主义成功发展的精神源头。

如果说日本是工业化和现代化的追随者，那么可以说到了后工业和后现代社会，日本成了领导者。实际上，有些人已经指出，日本早在18世纪就已经出现了一些零星的苗头。毫无疑问，自20世纪70年代中期美国在越南战争中失败且丧失了横跨大西洋的主导权以来，日本在经济和工业领域突飞猛进。这先后表现在钢铁、造船和汽车领域，进入后工业化社会以后则体现在制瓷、生物技术、计算机和机器人领域。这使得日本和西方都开始怀疑所谓日本是追随者而西方是领导者的论断是否合理。日本的实业家和内阁渐渐开始嘲笑日益衰退的西方社会,尤其是美国。他们越来越频繁地将日本捧为全世界最先进的"信息社会"(information society)。而且,随着外国政府的领导者、企业家和学者越来越多地来到日本寻求资金、经验和技术,用追随者的理论来解释日本取得成就的原因就失去了说服力。现在,日本需要的是体现其领导力、主导性、权威性和自足性的伟大的新叙事。

基于此,再版的本书构成了重新定位日本历史这一宏大命题的一部分。本书将为近世日本提供比目前的说法更具有说服力的解释。本书不再从日本是一个孤立的、边缘的、断片发展的追随者的角度来讨论问题,而要把日本放在叙事的中心,让日本自己决定自己的命运。在本研究尚处构想阶段的20世纪70年代中后期,笔者就尽力避免先前的欧洲中心主义的研究范式,尤其是在日本与世界的关系方面,因为这个范式是片面的。它低估了日本在东亚地区的地位,以便进一步对日本在1540年至1640年与欧洲进行早期接触后拒绝欧洲中心主义秩序表示哀悼。

与此相对,笔者在本书中提出的模式强调了日本与外国之间存在着活跃的、自主的联系。正如日本人自己所认为的那样,这一模式将日本置于世界的中心,而非以欧洲为中心的世界的外围。实际上,本书认为,日本并非如"锁国"一词所暗示的那样是一个畏缩的、被动的、孤立的存在,而是有着积极的、主动的态度。日本曾试图通过积极重建其与国际环境的关系来达到外交和内政的目的。同样，日本还积极搜集海外情报（本书将其称作"国家安全情报"），这也不同于以往所认为的日本是一个孤立、迟滞的追随者的观点。但正如笔者在此后出版的研究中所揭示的，幕府为国际贸易和技术情报提供了有力支持（这与18世纪日本国内的进口替代产业的发展联系密切）。本书构想的图景与森屋尅久设想的信息化的过去产生了强烈的共鸣，因此十分符合日本人想象中的信息化时代的当下。

当笔者所认为的17世纪的日本积极参与地区和国际事务的主张，在20世纪70年代中期首次亮相于日本和北美学界的时候，该主张遭到了一些质疑。笔者认为，日本在17世纪积极有序地建立同外界的联系，这一联系不仅强化了国内主权和国家安全，而且使幕府得以规范其想要维持的对外贸易，而不是通过闭锁国门来逃避纠缠不清的外国商人。笔者的这些想法对既有的观点造成了过大的挑战，它们无法与一个封闭的社会、经济、文化和政治的叙事连贯地衔接起来。这一主张同样无法与认为正是热切的欧洲人（从失败的拉克斯曼和列扎诺夫、威廉二世和贝特尔，到最终成功的、代表美国横跨太平洋昭昭天命的佩里）叩开了锁国日本的大门的观点相调和，后者对于19世纪的日本和西方的自我定义来说是一个很重要的观点。

显然，这个认为日本开放而自主的论断无法与近世日本在19世纪中期所面对的封闭而被动的结局相契合，它也无法与用来解释日本无力解决同外国和外国人交涉问题的"锁国"和"内与外"的叙事相衔接。如果想让本书的结论被接受,那么就需要大规模地重构连接近世日本与当代日本的宏大叙事。在20世纪70年代中后期——那个依旧将日本视作追随者,或是视作处于欧美世界秩序边缘的一个缺乏资源的国家的时代,这样的自我认识在日本占据着主流地位,这使得传统叙事难以被超越。

但随着越南战争后美国国力的相对衰弱和日本的复兴,日本和其他国家都开始重构各国间的相互认识。随着环太平洋国家的重要性日益增加、里根经济学解决了美国的生产过剩问题,以及日本取代美国成了世界的首要债权人,日本和其他国家的人们都开始认真思考日本是否有可能成为国际事务的中心。在西贡被攻破后,美国的实力逐渐减弱,而日本持续增长的经济和工业实力则成了关注的焦点。虽然当时的笔者和其他人对这一趋势的影响都没有明确的认识,但现在笔者意识到,正是在越南战争后这一使日本重新中心化的大背景下,借着一种对事物之间关联性的敏感度以及一些预见性,笔者开始试图提出一种认为日本自己打造了以日本为中心的近世东亚秩序的新叙事。

为了取代锁国理论,笔者提出了一套旨在管理日本人和外国人出入境的海禁理论。基于德川幕府的文献资料,笔者还认为日本具有将自己置于地区和国际秩序中心地位的民族自信。虽然日本自诩为中华的说法几乎没有得到多少国家认可,但这一日本中心主义的理念却对建立和维持国内政权的合法性起到了至关重要的作用。该理念是构筑日本民族认同感的重要议题，这一议题既影响了幕府倒台时的国内政治，又影响了日本帝国主义扩张时期的国际政策。

甚至早在20世纪70年代以前，日本学者就曾指出，"锁国"的概念是过时且具有误导性的。他们认为，17世纪上半叶日本国内政权合法性的建立和维持离不开日本对地区间和国际间关系的积极建设。但这些由西岛定生（Nishijima Sadao）和田中健夫（Tanaka Takeo）等人提出的主张并未获得与其创新性和重要性相称的重视度。笔者认为这在很大程度上是因为它们超越了当时的时代。当时的历史叙述还有待进一步发展，而这些理论便成了新叙事的先声。

本书认为日本自诩为中华，并自主地建设与国内社会、文化、政治和思想联系紧密的区域和国际关系，如饥似渴地积极搜集（虽然没有散布）对国家的政权、社会与经济来说至关重要的情报。这些观点都与当下形势相呼应。当下的形势已经准备好接受一个更积极和更国际化的恰当的历史叙述。近年来，新一代日本学者在田中和西岛研究的基础上，将认为日本积极构筑日本中心主义和制定一系列出入境规定（即前文提到的海禁）的看法进一步发展为"海禁兼日本型华夷秩序"的理论。这一理论已经获得了足够的说服力，它足以抵挡来自锁国和日本落后于西方的理论模式的攻击。

除了这一论争，关于中世、近世日本的国界性质问题也引

xix

发了热烈讨论,尤其是在黑田日出男(Kuroda Hideo)和村井章介(Murai Shōsuke)的研究中。笔者欢迎这类讨论。因为正如后文所述,笔者认为近世日本的国界并未像许多学者长久以来所认为的那样是清晰而确定的。黑田、村井和其他学者认为近世日本语境中的国界概念具有易变性和渗透性。他们的研究和笔者的研究都再次提醒我们,不要将现代的、产生于维也纳会议之后的或是联合国定义下的国界和主权概念套用在近世日本的情况中。

在本书的日译本,即《近世日本の国家形成と外交》(创文社,1990)出版后,上述问题得到了进一步讨论。逐字逐句的翻译检查使得笔者不得不重新思考本书的主张。在仔细思考后,笔者依旧对本书提出的论点抱有信心。不过,笔者不完全赞同将本书提出的解释进一步发展为一个刻板模式的做法,尤其是以日本为中心的世界秩序的部分。自本书的首版问世以来,笔者在研究中越来越明确地区分客观存在的秩序和存在于意识之中的这种秩序之间的区别,这也构成了近世日本的一个特点。

笔者希望自己已经将想法表述得很明确了:本书提出的秩序只是一种观念,而非一种客观存在。日本人认为日本和其他国家的外交活动都体现了这个理想化的世界秩序。但后来的一些研究却将这一秩序具体到现实中,这扰乱了本属于观念层面的意义。同样,后来的一些研究还将模糊的甚至有争议的等级秩序、国家主权和领土划分,转化为清晰明确的国界,并将例如虾夷和琉球（今北海道和冲绳）这样的未定区域明确转变为日本领土。实际上，琉球的从属地位模糊。18世纪的剧作家近松门左卫门就曾疑惑："那个国家位于何处？它是中国的领土还是日本的领土？"这个问题直到1879年才得到解决，并且在1972年得到了重新确认。

自本书首版问世以来，笔者关注的正是上述的几个领域。同时，笔者还考察了近世日本大众文化中的外国元素以及日本如何利用这些元素构筑民族认同和日本边界的问题。然而，在这些充满争议的关于自我和他者的民族表现中，想要给近世日本划定一个明确的内外边界变得愈发困难。就日本国内而言，受到蔑视的少数群体声称他们具有外国神圣先祖的血统，作为朝鲜俘虏后代的庞大陶工群体也一直存在，东北部渔民有时还会穿着阿伊努的服装，这些都可以反驳日本存在将外来者排除在外的坚固防线的观点。就日本的对外关系而言，宣称对朝鲜拥有主权的神话传说以及认为中国向日本朝贡的自负都将日本的边界扩展到了岛国之外，并赋予了日本重新征服"失去的"外国领土的幻想。

如果说这些幻想通过二战前的大日本帝国得到了短暂的实现，那么这也只不过是确认了它具有将这一想法付诸现实的能力。在战后的40年中占据主流地位的"日本迟滞论"和"日本追随论"等其他的日本自我认识同样在明治时代早期占据着主导地位。笔者并不认为它们和上述幻想互不相容，即一些人一定是激进而大胆的，而另一些人则相反的是温顺而保守的。

倒不如说，这两种情况共同存在、相互支持并相互制约。不过，无论日本的自我形象是积极的还是保守的，它们都源自日本对于此前构筑的自己与世界之间关系的理解。

人们或许会倾向于主张日本历史在相对保守与向外扩张（甚至扩张主义）之间不断循环往复。锁国的历史叙事具有说服力，也是一个很方便的概念，尤其是在日本还在摸索自己的角色、寻找自己定位的时候。日本人不会对自己所扮演的角色只提供单一的解释，而一个号召"信息化""国际化"和"全球化"的时代则需要一个重新审视日本历史的新视角。

罗纳德·托比
伊利诺伊州，香槟市
1991年4月

首版前言

在大多数时候——尤其是自德川时代（1600—1867年）结束以来——无论是学者还是普通人，不可思议的是，大家都通过把这个时代拆分成不同领域的方式来理解它。于是有了"近世国家史""近世经济史"、研究对外关系的"近世锁国史"，以及"近世文化史""近世社会史"等领域。这些领域都有各自独立的学者和学派，并且直到最近，它们之间也鲜有交流。

这样的领域划分在日本近世对外关系史领域表现得尤为彻底，其中的缘由也显而易见。在国家处于分裂状态的16世纪，日本的对外关系是无序的。这在很大程度上既因为当时的日本还不存在一个能够制定对外关系秩序的强有力的中央政权，又因为欧洲的早期殖民势力持续不断地挺进亚洲。欧洲人既不知道东亚传统的外交秩序，也无意遵守它们。在一个战乱不断且政治风云变幻的时代，日本的都市快速成长，社会高度流动，经济持续变化。所有这一切都为"民间的人们"提供了前所未有的、持续了90年的自由，也使地方的大名拥有了史无前例的参与对外贸易和私人外交的自由。

然而在16世纪80年代后,丰臣秀吉(Toyotomi Hideyoshi)及其后的德川家康(Tokugawa Ieyasu)创造了一统天下的新秩序。这个新诞生的国家不仅需要在被称作"日本"的地理范围内确立支配权,还需要建立起日本对外关系的手段和模式。但是,在对外关系方面建立起的这种"秩序"比既存的秩序在范围上更为狭窄。直接从事对外关系的人员和机构减少了,日本选择保持外交关系的国家也减少了。实际上,除会受到自由贸易中资金和技术的限制外,1575年进出日本没有任何限制。但到了1640年,除少数人外,大多数日本人都被禁止出国,除非他们愿意冒死亡的风险。葡萄牙人和西班牙人[1]都被禁止进入日本,欧洲人和"唐人"[2]进入日本被限制在位于九州西北角的长崎一港。

但是,这种外交渠道的缩小也意味着,比起国家统一进程开始前的对外关系,1640年以后的对外关系具有更大的连贯性。在国家统一的过程中,中央集权式的幕藩制国家逐渐成形。这个代表"日本"的新兴国家将此前混乱的外交整合进了有秩序的国家权力之中。在这个新政权确立后,所有外交、贸易和战略等方面的对外活动都只能通过幕府及其下属机构来进行。来到长崎的外国人以及他们同私人团体(即日本商人)的贸易,都将受到直辖于幕府的长崎奉行的监视。参与对外贸易

---

[1] 实际上是所有的"基督徒",即罗马天主教徒。——译者注
[2] 对于当时的日本人来说,这个词语应该包括来自东南亚、印度尼西亚和菲律宾的所有海外华人。——译者注

的对马藩、萨摩藩和松前的诸大名实际上得到了幕府的认可和书面授权。虽然他们有时会违背幕府的意愿,但他们能够违背意愿的自由也正是得益于幕府的授权。在日本国内建立起500多年以来最强大的中央集权的同时,幕府也需要重建控制对外关系的权力。

虽然贸易渠道减少了,但1640年后的日本依旧维持着巨大的对外贸易额。与大众的认知(甚至学界的认知)相反,日本此后的贸易对象绝不仅限于来到长崎的荷兰和中国商人。对马藩和萨摩藩继续借助日本船只,分别保持着同朝鲜和琉球的大量海外贸易。朝鲜和琉球作为中国和日本之间的中继贸易点发挥着多样的功能。在17世纪余下的年代里,贸易持续增长,这使得元禄年间(1688—1704年)出现了通货危机。这一危机持续影响着日本接下来数十年的国内经济和对外贸易。

就外交方面而言,德川幕府统治下的日本,并不比德川家康取得1600年关原合战胜利前的日本来得更加孤立。诚然,日本人在1600年可以自由进出东亚海域,欧洲人也可以自由往来日本。但在这一自由通航的反面,作为秀吉七年朝鲜侵略(1592—1598年)的结果,日本在外交上被东亚的其他国家孤立。虽然在1640年以后,日本人无法自由航行海外,欧洲人也不能自由进入日本,但此时,德川幕府已经让日本重新回到了东亚世界。日本建立了与朝鲜和琉球的外交关系,也与中国保持着不稳定的民间贸易。

虽然17世纪日本的对外关系日趋正常,对外贸易和外交往来也不断增多，但进入 18 世纪后，随着东亚局势的稳定、欧洲人活动的暂时衰退以及日本国内经济的变化，日本对外交流逐渐萎缩。因此在很多人看来，日本对外部世界"闭锁了国门"。虽然这不完全等同于人们认为 19 世纪的朝鲜是"隐士之国"（hermit kingdom）的看法，但多少也认为日本处于一种孤立状态。其结果是，日本对外关系史研究也脱离了近世史研究的主流。如果将贸易和外交比作细细的纺线，那么它们自然不会成为编织近世日本这条壁毯的经纱和纬纱中的任何一根，最多也只是边缘部分的线头。因此，经济史家几乎不关注近世对外贸易对经济的影响，政治史家也只会对外交关系对构筑幕藩体制的重要性点到为止。

近年来，这种史学研究的领域隔膜开始被打破，一些年轻的历史学家开始拒绝日本近世史领域的这种人为的专门化倾向。可以明显看到，在 20 世纪 70 年代中后期，制度史、思想史和经济史的研究达到了一个高峰。国家、思想、意识形态和经济领域的重要学说要依赖其他领域的成果了。

到 1975 年为止，主要致力于研究近世政治和社会的京都大学的朝尾直弘（Asao Naohiro）在该年出版了《锁国》一书。朝尾在书中指出，近世初期的对外关系是幕藩制国家发展中的重要一环。该书为笔者的研究提供了很多启发。当时，笔者已经完成了本书的第三章和第五章。笔者同样认为，德川幕府在初期有意地操纵了外交，以期增加幕府正在创建的新兴政权和新型政治秩序的合法性。笔者同样得出结论，德川幕府初期的外交战略奠定了日本人在此后数十年甚至上百年中的国际秩序观,也定义了日本人对日本与国际秩序之间的关系的理解。

经济史家也开始注意到,即使在1640年"锁国完成"之后,规模庞大的日本对外贸易对日本经济,乃至对整个东亚的经济都有巨大影响。早在1949年,约翰·W. 霍尔(John W. Hall)就已经注意到清朝初期的货币严重依赖从日本进口的铜。岩生成一(Iwao Seiichi)则利用长崎的荷兰、中国和日本史料于1953年发表了《关于近世日支贸易的数量性考察》(《近世日支貿易に関する数量的考察》)一文,文中指出,17世纪最后25年的年平均铜出口量超过了500万磅,在输出量最大的1698年,出口额竟高达1 300万磅!

接下来的工作就是要揭示这一贸易的规模和数量与日本国内经济之间的关系。这项工作始于一个意想不到的领域,即日朝贸易领域。虽然德川时代的日朝贸易一直存在,但大家普遍认为这一贸易的规模不大且对于17世纪的贸易总量来说并不重要。甚至日朝关系史领域的大家中村荣孝(Nakamura Koya)也持这种观点。田代和生(Tashiro Kazui)在20世纪70年代中后期通过分析独占日朝贸易的对马藩的记录,证明了17世纪的日朝贸易在日本整体对外贸易中占据了重要位置,甚至有可能在其峰值期超过长崎生丝的贸易量。田代和生还进一步证明,17世纪末通过贸易流通到朝鲜的白银占据了日本在那些年中新铸白银总量的8%。实际上,如果用当时的米价标准来衡量的话,对马藩在贸易繁荣期获得的利润足够养活大坂的全部人口。虽然田代教授的研究只涉及日本同朝鲜的贸易，但她的研究显示，这一贸易在近世日本的经济整体中是不可或缺的。

而后，罗伯特·英尼斯（Robert Innes）更是明确地将1640年后日本西部的经济发展与对外贸易的增长联系了起来，毕竟对外贸易本就主要集中在日本西部。英尼斯还认为，德川时代矿业和养蚕业的发展都离不开对外贸易。无疑，长崎、对马、鹿儿岛、大坂、京都和濑户内海沿岸城市中的许多人都依靠对外贸易维持生计。同时，速水融（Hayami Akira）也发现，18世纪为京都提供外来劳工的村庄几乎都参与了京都的丝织产业，而京都的丝织产业直到18世纪为止还严重依赖进口的生丝原料。如果矿业也同逻辑推理和英尼斯的研究所揭示的那样离不开对外贸易的话，那么在17世纪后期的日本，数十万人的生计都要在某种程度上依赖对外贸易。从这个角度上看，很明显，近年的研究都无法将对外关系史排除在日本近世史的主流研究外。

本书关注德川初期日本与东亚的政治和战略关系。在考察了日本对外关系的这些方面后，本书认为，维持对外关系对于幕藩制国家的发展来说至关重要。即使在18世纪以后，幕府的领导者依旧重视对外关系。笔者讨论了日本对外关系中三个相互影响要素中的两个，即外交活动和国家安全。如果要讨论第三个要素（即对外贸易）的话，那么或许需要单独写一本和本书篇幅相当的著作了。田代和生、罗伯特·英尼斯和其他学者已经将近世贸易史的研究推进了一大步，这些研究与本书的内容相互补充。

为了研究上述问题，笔者在第一章"序章"中将先讨论近世对外关系研究史背景。笔者之所以这么做是因为本书将要挑战关于德川时代特征的固有观念。理解这些固有观念的形成和演变是一项重要的前提工作。在这一序章写就后，包乐史（Leonard Blussé）发表了一篇优秀的综述，即《日本历史学与欧洲资料》("Japanese Historiography and European Sources")，读者可以通过这篇论文获得更详细的信息。本书第二章叙述了日本在1592年至1598年的朝鲜战争[1]后与东亚邻国的外交正常化过程。从整体上看，本书的论述多于叙事，而这一章的存在是为了给下文提供重要背景。日本在日后同朝鲜、中国和其他国家的外交关系结构都受到这场战争的影响。并且，德川家康正是通过解决这一外交危机才得以在关原合战前成为对外关系的指导者。

接下来的三章构成了本书的核心，并从三个相互关联的角度分析了到1715年为止的对外关系。各章都将幕府的外交活动与日本国内的政治结构联系起来。在第三章中，笔者认为，在德川幕府建立后的最初半个世纪里，幕府有意将外交（既包括幕府想要维持和发展的外交关系，也包括幕府不愿维持的外交关系）作为一种宣传工具，由此为新政权提供合法性。借由这些外交活动，德川将军在日本国内的政治地位得到了显著提

---

[1] 这是日本历史上首个由中央政权主导的对外侵略战争。

高。德川将军合法性光环的完整度及其独立性也远超此前的任何一位将军。

17世纪的东亚也是一个国内战乱和国际纷争接踵而至的区域。身处这一背景下的日本常常受到动荡的周遭环境的影响。在第四章中，笔者考察了日本应对直到17世纪90年代为止的东亚世界内外纷争的方法。笔者希望借此理解岛国日本是如何看待自己与自己所处的海陆环境之间的安全和战略关系的。笔者还希望通过分析幕府对东亚内外纷争的回应和持续关注的程度来证明，日本的国内情况和国际环境之间存在着紧密联系。

最后，清政府在1683年统一了中国，重构了国际战略环境。这一过程改变了旧有的中国观，也改变了一直维持到德川时期前夕的以明为中心的国际秩序。因此，在第五章中，笔者继续考察幕府保持对外关系的方式，尤其是考察幕府试图建立的外交秩序（当然也包括外交秩序以外的其他秩序）。幕府保持对外关系的方式对于构建以日本为中心的新的国际秩序观念来说至关重要。这种从根本上不同于旧有观念的新观念，重新定义了日本在世界中的位置。自此，日本不再是以中国为中心的世界秩序中的"他者"，而成了以日本为中心的世界秩序中的"自我"。17世纪的德川外交和日本的儒学思想传统创造了一种关于"自我"和"他者"的新的思想观念，这种观念将在19世纪帮助日本抵挡住来自西方的新挑战。

文书和史料

本节将简要介绍史料的情况。笔者在从事本研究时花费了很多时间考察藏于东京、首尔等地档案馆的抄本文书。虽然以往研究德川时代对外关系的西方学者也会利用许多档案史料，但他们基本上只使用荷兰、葡萄牙、耶稣会或其他西方档案馆的欧文档案。坦白地说，笔者在面对这些被虫啃过、写就于400多年前的书信时偶尔也会读到自我怀疑的地步。这时，不从事相关研究的日本人就会安慰笔者："就连我们也读不了这些文书。"此外，已经被印刷出版的一手史料本身就数量庞大。实际上，笔者在开始研究时原本也只打算使用已出版的史料。

然而，不论是解读手稿文书的过程，还是这些文书给笔者带来的身临其境之感，抑或是它们为笔者提供的其他出版史料无法提供的信息，都大大深化了笔者对于研究对象的理解。此外，最令人激动的是，在挥汗如雨地整理藏于首尔的未分类文书档案时，笔者发现了一封江户的幕阁写给对马藩大名的书信。这封书信足以把发生在江户、长崎、对马藩、釜山、汉城和福建的各个事件用因果关系有机地联系起来，并由此证明"锁国"日本与整个东亚地区的发展之间存在着动态联系。

完成此书所用的时长超出了笔者的预想。笔者的大部分时间都花费在学习如何解读这些文书，如何从各地的图书馆和阁楼中找到它们和阅读它们。这一过程并不总是快乐的，但它常常能带来逐渐掌握新技术的喜悦。如果笔者早早放弃这些灰头土脸的朋友和敌人，那么本书应该能完成得更快。不过显然，它或许就不那么令人满意了：笔者既不会排除万难掌握困难的古文书解读法，也不会得到新信息和受到新启发。学习、发现和阅读这些古文书的缓慢过程使得本研究更加扎实，这好过只是根据要求快速完成一项任务。这也使笔者得以沉淀这些史料和自己的想法，它们在之后发酵成了一种不可能在两三年前出现的新观点。笔者对此满怀感激。

年号和历法[1]

在本书中登场的人物使用了多种不同的历法和纪年体系。虽然日本、朝鲜、中国和东南亚国家都使用以中国历法体系为基础的阴阳历，但它们之间也常常相互不一致。例如，中日两国的 1639 年都始于格里高利历的 1639 年 2 月 3 日。但对于日本来说，这年是闰年，因此它结束于格里高利历的 1640 年 2 月 21 日。而对于中国来说，这年是平年（即 12 个月），1640 年才是闰年，因此 1639 年结束于格里高利历的 1640 年的 1 月 22 日。荷兰人、葡萄牙人和西班牙人自 1582 年后都使用格里高利历，而英国人直到 1752 年为止都还在使用儒略历。在 1582 年格里高利历颁布的时候，它比儒略历早 10 天。而到了

---

[1] 作者在此节的第一部分阐述了他在书中如何统一各国专有名词的英文写法。由于该部分对中文读者来说意义不大，故译者省略了该部分的翻译。如读者需要查阅该部分的内容，参见 Ronald P. Toby, *State and Diplomacy in Early Modern Japan*, Stanford University Press, 1991, pp. xxxii - xxxiv. ——译者注

1700 年，二者的差距变为 11 天。

考虑到对本书来说，历法的选择很重要（见第三章），因此笔者将所有的历法都换算成了格里高利历，这样就不会偏向日本、朝鲜或中国中的任何一方。在有必要的情况下，笔者会把事件或记录的原本的日期以括号或是脚注的形式标注在文中。不过有两个例外：理查德·科克斯（Richard Cocks）的日记保留了其原本的儒略历日期；此外，本书提到的一些事件或是引用的一些文献的阴历月只能用日本、朝鲜或是中国的历法标注。在这种情况下，书中将用阴阳历标记月份，用西历标记年份，并在必要的时候用括号标注当事国的年份，例如"1629 年（宽永六年）阴历 4 月"。当书信的日期没有精确到日时，笔者会将其标记为"宽永六年四月日"。根据标准的历法公式，如果要将日本、中国和朝鲜的阴阳历转化为公历的话，需要每三年增加一个闰月。笔者会将这一闰月标记为"闰"。例如，宽永十六年闰二十六日，即 1639 年闰 11 月 26 日，它相当于 1640 年 1 月 19 日。闰月是同一数字的月份的下一个月。本书的年号日期转换参照了《新订增补三正综览》（艺林舍，1973）。

致　谢

虽然笔者对本研究进行了长时间的努力，但之所以能取得成果还是离不开这些年来通过各种渠道得到的鼓励、引导和经济支持。相关人士和机构对本书所取得的成就都作出了贡献，而书中存在的问题则由笔者全权负责。笔者衷心地表达对他们的感谢。

国防外语奖学金（National Defense Foreign Language Fellowship）项目为本研究提供了经济支持。贾尔斯·怀廷夫人基金会（Mrs. Giles Whiting Foundation）和富布赖特博士奖学金（Fulbright Doctoral Fellowship）项目使笔者得以在日本展开为期两年半的研究。日本国际交流基金（Japan Foundation）和哥伦比亚大学东亚研究所的初级奖学金（Junior Fellowship）项目支持了笔者从日本归国后的 1976 年至 1977 年间的写作。加州大学伯克利分校的日本研究中心给予笔者 1980 年春季学期的访问机会。并且，伊利诺伊大学亚洲研究中心在那个学期也没有给笔者安排教学任务，笔者得以自由地前往图书馆展开研究，写作工作也没有被打断。在伊利诺伊大学厄巴纳-香槟分校的亚洲研究中心、国际比较研究中心和研究协会的帮助下，笔者于 1980 年夏再次前往日本和韩国。因为在这次访问前已经积累了很多的经验，得到了许多训练，所以笔者得以在东京和严原的档案馆中发现了大量史料。1974 年，笔者在第一次到访对马藩时，因为能力不足而没能发现这些史料的价值。而后，研究协会为笔者终稿的打印、文字润色、地图的制作提供了资金帮助。

第三章的部分内容已在此前用日文发表，题为《德川初期外交中"锁国"的定位》（东洋经济新报社，1977）。同一内容的英文版参见《"锁国"问题再考：德川幕府合法性中的外交》

("Reopening the Question of Sakoku: Diplomacy in the Legitimation of the Tokugawa Bakufu"),出版社允许将上述文章的内容写在本书中。笔者同样感谢相关档案馆、图书馆、宗教机构和个人收藏家允许在本书的插图和封面上使用收藏于上述机构的图片。笔者还感谢神户市立南蛮美术馆（现神户美术馆的一部分）、佐仓市的国立历史民俗博物馆、首尔的国史编纂委员会、东京的庆应义塾大学三田情报中心、日光的轮王寺、对马藩严原万松院的宗家文库、纽约公共图书馆的史宾塞藏书、东京韩国研究院和日光东照宫提供的帮助。

笔者尤其要感谢许多美国、日本和韩国人士在笔者从事研究期间挤出时间，为笔者提供建议和鼓励。本书的构想来自笔者参加哥伦比亚大学赫舍尔·韦布（Herschel Webb）和加里·莱迪亚德（Gari Ledyard）的研讨班时做的报告。在两位的帮助下，笔者对日本和朝鲜的历史有了一定认识，学习了研究方法和两国的语言。在两位的指导下，本研究开始作为博士论文渐渐成型。在 1974 年至 1976 年旅日期间，笔者在金井圆（Kanai Madoka）教授的帮助下得以在东京大学史料编纂所享受舒适的研究环境，自由地阅览藏于史料编纂所的大量未出版的手稿文书。在庆应义塾大学，笔者在速水融教授和当时还是中央大学博士研究生的田代和生的帮助下得以阅览收藏于庆应义塾大学图书馆的宗家文书。他们同样不惜时间和精力，慷慨地教授笔者如何阅读德川时代的文书，如何利用这些尚未分类、无人涉足的史料。他们无私的思想包容和挤出时间帮助笔者的意愿都使得本人可以反复琢磨自己的想法和解释,由此完成最终的论述。笔者同样要感谢加藤荣一(Kato Eichi)教授、田中健夫教授、山本武夫(Yamamoto Takeo)教授、李元植(Yi Wonsik)教授为笔者提供了许多有益的评论和建议。严原宗家文库的负责人角江笃郎(Tsunoe Atsuro)先生慷慨地允许笔者阅览这些宝贵的史料。现担任国史编纂委员会会长的李铉淙(Yi Hyongjong)教授也为笔者阅览收藏于委员会的宗家文书提供了方便。

除他们外,还有不少老师、同事和朋友阅读过全书(或是一部分)的草稿,并给出了有价值的建议。这使得本书的结构、论述和写作风格得到了很大的改进。哥伦比亚大学的杰拉德·L. 柯蒂斯(Gerald L. Curtis)、詹姆斯·W. 莫利(James W. Morley)以及保罗·H. 瓦利(Paul H. Varley);加州大学伯克利分校的弗雷德里克·E. 韦克曼(Frederic E. Wakeman);伊利诺伊大学的弗洛伊德·伊斯门(Lloyd Eastman)、伊沛霞(Patricia Ebrey)、戴维·古德曼(David Goodman)、弗雷德里克·杰赫(Frederic Jaher)、托马斯·克罗伊格(Thomas Kreuger)、威廉·维德诺尔(William Widenor),以及金滋炫(JaHyun Kim Haboush)博士阅读和评论了草稿的部分或全部。罗彻斯特大学的威廉·豪泽(William Hauser)、南加州大学的卫思韩(John E. Wills)和印第安纳大学的司徒琳(Lynn A. Struve)提供了关于清朝初期地理的宝贵建议。笔者尤其想要感谢高桥登志郎（Takahashi Toshiro）先生多年以来的善意与鼓舞。笔者还要感谢约翰·皮尔逊（John Pierson）和琳达·迈耶（Linda Meyer）一直以来提供的支持和有益批判。

第一章
序　章

1639年仲夏，一艘葡萄牙船在幕府的命令下离开长崎驶向澳门。幕府由于惧怕被葡萄牙人颠覆政权而下达了这一命令。由此，日本与伊比利亚商人和传教士近一个世纪的往来走向终结。1623年，英国放弃了与日本的贸易。1624年，日本中止了与西班牙的关系。因此在驱逐了葡萄牙人后，荷兰东印度公司成为连接日本和欧洲的唯一纽带。中国商人仍然留驻，日本与朝鲜和琉球王国的贸易日趋重要。不过，相比于此前一个世纪不受约束的国际活动，日本的对外关系虽然得到恢复，但日本同外界沟通的渠道和媒介大大减少。

　　如果说，到那时为止，日本完全（或者说主要）通过欧洲人接触外国的贸易和思想，那么对葡萄牙人的驱逐令将会在很大程度上孤立日本：一方面，日本将不再受惠于近代早期的西方文化；而另一方面，日本也将与此后东亚及世界中所发生的贸易、外交与战略所带来的利益和危险无关。更令人感到担忧的是，在发布对葡萄牙人的驱逐令的同时，幕府对日本人国际远航的自由也进行了严格限制。1635年后，依照将军的命令，日本人不得航行到琉球以南和朝鲜以西的区域。然而，贸易还存在着其他的渠道，外交还有着另外的目的。

德川幕府早期的对外关系一直是学界关注的重点，但学者们几乎只关注日本和西方世界的关系。17世纪30年代，日本出于国家安全的考虑断绝了这一关系。这确实主导了西方人对日本的一般印象。许多人认为日欧关系的断绝象征着日本锁国的完成。在这种观念下，就受到关注的程度而言，德川日本与亚洲的关系一直被认为是次要的或是例外的，并且与整个幕藩体制并不相关。在研究德川时代时，日本与欧洲的关系，或者说是相对缺位的日欧关系，占据了中心位置。

关于德川时代对外关系的讨论几乎都是从日本对欧政策演变的角度来进行的。这些政策最终发展为1639年的葡萄牙人驱逐令、基督教禁教令以及荷兰对日欧贸易的垄断权。依照比较普遍的说法，1639年后，"日本帝国关起了大门……并且不会……允许国内外的居民与外国进行任何贸易"[1]。日本被认为开始了"锁国"政策，或者如C. R. 博克舍（C. R. Boxer）所认为的，日本成了"一个封闭的国家"[2]。锁国政策不仅被认为是德川幕府的主要政治特征之一，而且也被用来定义江户时代的

---

[1] 这一引用来自 Engelbert Kaempfer, *The History of Japan together with a Description of the Kingdom of Siam 1690 - 1692*, tr. J. G. Scheuchzer, 3 vols（James MacLehose and Sons, 1906), 3: 301。此书附录中的文章标题与德川早期的对外关系相关，因为此标题正是日本锁国论观点的由来。

[2] C. R. Boxer, *The Christian Century in Japan, 1549 - 1650*（University of California Press, 1951), p. 362.

整体文化。[1]

锁国政策被认为是幕府对外关系的全部，它通过两种不同的、互补的方式与幕藩体制的确立搭建起松散的联系。一些人认为锁国是维持幕府稳定的必要前提[2]，而另一些人则认为幕府具备切断同外界联系的能力正意味着幕藩体制在17世纪30年代得到了确立[3]。在这两种观点下，锁国无疑成为它所支撑的政治体制的必要前提，抑或是这一体制发展的必然结果。

两种观点各有其长，但二者在因果关系性质的具体阐述上都有所欠缺。更重要的是，两种观点都下意识地认为锁国是德川幕府对外关系的全部。本书将通过更广阔的视野来考察德川幕府的对外关系，并重点研究日本与亚洲的关系，以此证明对外关系对于早期的德川幕府至关重要。

总体上，本书的论点是，日本的对外关系，尤其是与亚洲的关系，对于德川幕府的构建来说很重要。就整个德川时代而言也是一样：日本和亚洲密不可分。单单出于历史编纂的便利而认为日本"锁国"，从而将亚洲部分剔除出1640年

---

1 例如 Howard Hibbett, *The Floating World in Japanese Fiction* (Charles E. Tuttle Company, 1975), p. 8; Thomas C. Smith, "Pre-Modern Economic Growth: Japan and the West," in *Past and Present*, 60 (1973): pp. 146 – 150。参看 George Elison, *Deus Destroyed: The Image of Christianity in Early Modern Japan* (Harvard University Press, 1973), pp. 1 – 3。

2 例如 Iwao Seiichi, *Shuinsen boeki shi no kenkyu* (Kobundo, 1958), pp. 1, 369ff。

3 例如 Miki Seiichiro, "Chosen eki ni okeru koksuai joken ni tsuite," in *Nagoya Daigaku kenkyu kiyo*, 62 (1974): 15; John W. Hall, "Tokugawa Japan: 1800 – 1853," in James B. Crowley, ed., *Modern East Asia: Essays in Interpretation* (Harcourt, Brace & World, Inc., 1970), p. 64。

之后的日本历史是不可以的。因为日本并未对亚洲封闭，更没有对欧洲完全封闭。同样，因日本人不再远航至南方海域而将日本排除出1640年之后的亚洲历史也是不可以的。正如明遗民向日本提交的请愿书所体现的，在东亚，日本依旧是一个在经济和战略方面有重要影响的国家，并且与亚洲的发展相伴始终。

锁国理论忽略了日本身在亚洲之中的事实，并且将日欧关系从日本与亚洲的关系和日本整体的对外政策中剥离出来。锁国理论认为，在大航海时代后期的16世纪中叶，向南发展的日本帝国与向东、西方扩张的欧洲帝国相遇，两者的交流日渐增加，并一直持续到日本开始与欧洲的四大列强和罗马教皇进行往来。这一切在17世纪30年代走向终结。其时，日本反常地拒绝同外国的交流，并且开始施行一系列相关政策。这些政策的目的如下：其一，禁绝具有政治颠覆性的罗马天主教；其二，将对外贸易的利润垄断在幕府手中；其三，禁止日本人远航海外。做到第三点有助于达成前两个目的。17世纪30年代的这些政策在日本历史的连续进程中造成了巨大的断裂。然而，这一理论实际上只考虑了日本与欧洲的关系，而随意地忽略了同亚洲的关系。

如果舍弃这种褊狭的视角，将视野扩大至日本身处的亚洲环境（尤其是将朝鲜、琉球和中国纳入考察），那么就会发现日本在17世纪30年代的对外关系并没有经历那么大的断裂。实际上，16世纪90年代的日本经历了一个更大的断裂。其时，

第一章 序　章

日本侵入朝鲜并与整个东亚为敌。不过战争会造成断裂也是"理所应当",而且无论是日本与亚洲在战前的关系,还是二者在战后正常化过程中的关系都不存在明显的断裂。甚至考察更后来的二者关系还可以发现,同样的制度至少持续到19世纪50年代。

实际上,幕府并不打算垄断对外贸易,不过幕府确实维护了某些大名的通商利益。在17世纪的最初十年里,正是幕府授权萨摩藩同琉球和中国进行贸易,也是幕府授权对马藩同朝鲜展开贸易。每一任将军上任时都会重新确认这些授权。不仅如此,在确认这些贸易授权的同时,幕府也会刻意地再次确认1639年的葡萄牙人驱逐令。[1]

事实上,幕府同意日本人出洋,并且也允许日本人自海外返回。从1611年起直至明治时代,对马藩藩主一直在朝鲜的釜山维持着一个长期贸易据点"倭馆"和一个陶瓷制造所。[2] 倭馆人数有时会达到上千。同时,因为贸易往来,对马藩和朝鲜之间的交通不曾中断。萨摩藩与琉球在政治和贸易上的联系

1　宽永十六年九月　日宗义成写给东莱府使的书信, *Honpo Chosen ofukusho*, 120 vols., MS copy, coll. Historiographical Institute, Tokyo University, vol. 4.（这一时期的书信经常不会标明具体日期,因此笔者用"×［月日］"来表示。）

2　Oda Seigo, *Chosen tojishi bunken ko*（*tsuketari*）*Fuzan Wakan ko*（Gakugei Shoin, 1936）, pp. 117–163. 笔者参考下列文献,将"倭馆"的英文翻译为"Japan House"。Martina Deuchler, *Confucian Gentlemen and Barbarian Envoys: The Opening of Korea, 1875–1885*（University of Washington press, 1977）, p. 4, 以及 Key-Hiuk Kim, *The Last Phase of the East Asian World Order: Korea, Japan, and the Chinese Empire, 1860–1882*（University of California Press, 1980）, p. 19 等各处。

也使萨摩藩维持着实质上的海外交通。[1] 日本与东北亚其他国家之间也存在漂流民遣返问题，因而保持着频繁的往来。[2]

在德川幕府的发展史上，对葡萄牙人的驱逐以及由此造成的日本对外关系的萎缩（尤其是日欧关系方面）的确十分重要。但如果说这些被日本拒绝的对外关系因为形成了缺位而变得重要，那么同样可以说，幕府选择留下来培养的那些对外关系则更为重要。事实上，就像本书将会揭示的，1639年之后仍被保留下来的那些对外关系及其形式，在建立和维持幕府政权稳定性方面发挥着重要作用。朝鲜使节和琉球使节对将军的谒见持续到了19世纪，这些活动从幕府的政策决定与对政治群体的回应这两个方面塑造了幕府的合法性。这些外交活动在幕府创造国际社会新秩序的过程中强化了官方和非官方的舆论，也重新定义了日本在这个新秩序中的位置。此外，幕府还动员了外交和战略方面的情报机构，这使日本能够紧跟17世纪东亚地区的战略动态。虽然这些情报机构在19世纪中叶日本开国前后的

---

1 参看 Mitsugu Matsuda, "The Government of the Kingdom of Ryukyu, 1609 - 1872" (unpublished Ph. D. dissertation, University of Hawaii, 1967) 以及 Mitsugu Sakihara, "The Significance of Ryukyu in Satsuma Finances during the Tokugawa Period" (unpublished Ph. D. dissertation, University of Hawaii, 1971) 中的详细论述。Robert Sakai, "The Satsuma-Ryukyu Trade and the Tokugawa Seclusion Policy," *Journal of Asian Studies*, 23. 3 (May 1964): 391 - 403 对萨摩藩和琉球之间的贸易进行了更集中的论述。

2 Okada Nobuko, "Kinsei ikoku hyochakusen ni tsuite—toku ni To Chosen sen no shogu," in *Hosei shigaku*, 26 (March 1973): 39 - 49. 关于德川时代营救漂流民的更全面讨论，参看 Kanezashi Shozo, *Kinsei kainankyujo seido no kenkyu* (Yoshikawa Kobunkan, 1968)，特别是第二部第一章第六节的"外国船救助义务"。

大混乱中发挥得不是那么成功,但它们在 17 世纪幕府应对海盗和制定应对中国内乱的对策时发挥了至关重要的作用。

自 17 世纪初,德川幕府就以打造一个合理、全面的对外政策为目标。这一目标适用于同所有国家的关系,包括亚洲和欧洲,并从 17 世纪 30 年代一直延续了下来。用所谓"基督教世纪"(the Christian century)来概括日本对外关系的说法不足以解释日本的亚洲政策。一言以蔽之,幕府从未想过完全断绝同外国的交流。

如果注意到老中[1]们曾在下达 1639 年葡萄牙人驱逐令前做过仔细调查,以及注意到他们在下达驱逐令后立刻对萨摩藩与对马藩藩主下达的命令,幕府单纯打算锁国的论断就不攻自破。在下达命令的几周前,大名们忙于与荷兰人进行商讨,以确保驱逐葡萄牙人不会威胁到同荷兰的贸易。[2] 在下达了葡萄牙人驱逐令后,将军立即下令应尽量优待在平户的荷兰人[3],并传令对马藩藩主告知朝鲜政府"而自今岁始,禁止[葡萄牙]船路,由是彼之外异邦商旅须宏来,引命已降矣。贵国亦增益于古今,而药录并蚕丝锦绣斯余之物品等"[4]。这并不是一份锁国宣言,而是一种维持平衡的谨慎努

---

[1] 老中,江户时代幕府官名,直属于将军而负责总理政务的主要长官之一。又称阁老。
[2] Nagazumi Yoko, tr., *Hirado Oranda shokan no nikki*, 4 vols. (Iwanami Shoten, 1969-1970), 4: 208-218; cf. Nagazumi, "Orandajin no hogosha to shite no Inoue Chikugo no kami Masashige," in *Nihon rekishi*, 327 (August 1975): 2.
[3] *Tokugawa jikki*, 10 vols. (Yoshikawa kobunkan, 1964), 3: 164.
[4] 宽永十六年九月日(1639 年 9 月 27 日至 10 月 26 日)宗义成写给东莱府使的书信,参看 *Honpo Chosen ofukusho*, vol. 4。

力：幕府试图在国家的政治安全和持续扩大的外贸利润之间寻找平衡。

很快，幕府又要面对另一个难以在政治安全和贸易利润之间平衡的危机。伴随着大规模的内乱和海上贸易秩序的破坏，清政权在1644年征服了中原。在这场大混乱中，幕府在着手处理因明朝灭亡而引发的安全问题时[1]，依旧认为只有维持贸易才最能确保日本的利益。1646年7月23日，战争的前景仍不明朗，但老中还是命令萨摩藩藩主岛津光久（Shimazu Mitsuhisa）继续维持与琉球的贸易从而获得中国的生丝。[2]

同样，禁止日本船只前往东南亚贸易的决定也是经过深思熟虑的。根据一封1980年在一家旧货店发现的古文书，商人角仓家曾在17世纪50年代的某个时候向幕府请求重开停止于1635年的朱印船贸易。人们根据锁国理论通常以为德川幕府会坚决反对贸易，然而出乎意料的是，幕府回答道，虽然最初的三代将军在位时确实有过允许外出贸易的先例，但"［贸易］已停止了一段时间，立即［对你的提议］做出答复有一定困难。但由于［一位幕府官员］即将回到京都，因此可以［与这

---

1 幕府对中国内乱的回应将在第四章中进行详细讨论。
2 正保三年六月十一日阿部重次、阿部忠秋、松平信纲写给岛津光久的书信。参见 *Kagoshima ken shiryo*, *Kyuki zatsuroku tsuiroku*, 8 vols. (Kagoshima Ken, 1971-1978), 1: 45。

位官员和另外的官员〕商谈此事"[1]，幕府而后也会重新考虑这一请愿。无论如何，虽然没有任何证据表明幕府最终放宽姿态并准许重启朱印船贸易，但考虑此事的关键在于幕府的"态度"，即对于17世纪50年代的幕府来说，什么是可以做的，或者说什么是允许被考虑的。正如林屋辰三郎（Hayashiya Tatsusaburo）对这些新发现文书的评论："我们很茫然。在通常的理解中，锁国令阻止了一切对外交流，但现在，这一观点被颠覆了。这甚至使人们开始怀疑整个锁国体制的绝对性。"[2]

幕府在停止与葡萄牙人交易前对其他贸易路线做了认真准备，在东亚卷入内乱时依旧鼓励贸易，并且在17世纪50年代愿意考虑重启日本的海外贸易。这些都暗示幕府行动的"范围"以及幕藩体制的"可能性"远比以往关于德川时代的既有看法来得更加开放和多样。因此在展开论述前，本书先对这一锁国理论的发展史进行梳理。

---

1 三月朔日曾〔根〕源左卫门吉次（花押）、村〔越〕治左卫门吉胜（花押）、伊〔丹〕藏人〔胜长〕（没有登城，因此没有花押）写给平野藤次郎、角仓与一、末吉八郎左卫门的文书（京都市史编纂所所藏，角仓家文书）。笔者十分感谢京都市史编纂所以及林屋辰三郎教授和川岛将生先生为笔者提供这封文书的照片以及与其一同被发现的其他五封文书。川岛将生先生在"Sakokugo no shuinsen boeki-ka," in *Kyoto Shishi Hensansho tsushin*, 143（April 1981）中认为这封文书的作者是幕府勘定奉行，并且翻刻了此封和另外两封文书。根据文本中的证据，川岛先生认为这封文书写于1652年到1659年之间，除此之外，更准确的日期已无法得知。（史料原文："大猷院様御代ニモ両年異国江船被相渡候処、其以後渡海御留被成迷惑被申候間、唐船之御朱印頂戴被致之旨被中越、令得其意候、乍去、久被致中絶候儀候条、早速相談も難成候、頓而五味備州可為帰京之間、其節水野石州、備州江被遂相談、其上にて可被申越候。"——译者注）
2 林屋辰三郎的话被登载在《朝日新闻》，1980年11月23日这一期上。

近世"锁国论"

近世锁国论并未出现在这个理论所描述的时代。虽然在通常的描述中，锁国被认为是幕府从 17 世纪 30 年代开始有意施行的政策，但当时的幕阁未必认为他们自己开启了封闭国家的进程。一般认为，禁止日本人海外远航、限制武器出口、严禁基督教及其教徒来到日本的种种措施构成了锁国政策。虽然幕府的确颁布了这些政策，但它既不认为这些举措会断绝日本与外界的联系，也不知道锁国这个如今常常被用来形容这些政策的词汇。在当今的历史研究中，常常被用来形容德川时代的"锁国"一词在 17 世纪尚未出现。[1] 而且，这个词汇也不是日本人对自己国家政策和历史的看法。相反，它只是一个在 17 世纪 90 年代曾到访过日本的欧洲人的被误译了的日本观。这个经过曲解的概念在更晚的 19 世纪才被传播到日本。

为人们所熟知的 17 世纪早期的日欧关系，结束于 1633 年至 1639 年间老中向长崎奉行下达的一系列命令。[2] 这五次禁令被日本史学家总称为"锁国令"，其中的一次还被列在《国书总目录》中"锁国令"的条目之下。[3] 虽然这些禁令的确结束了葡萄牙人长期以来的对日贸易，也有效地将日本与欧洲的关

---

[1] 当时的用语有"海禁"（明朝的用语）、"御禁制""御严禁""御禁"。

[2] Ishii Ryosuke, ed., *Tokugawa Kinrei ko zenshu*, 6 vols. (Sobunsha, 1959), 6: 375 - 379.

[3] *Kokusho somokuroku*, 8 vols. and index (Iwanami Shoten, 1964 - 1976), 3: 692.

系削弱到只剩下让荷兰商人驻留长崎的程度，但没有任何迹象表明幕府想要切断日本同世界的联系。此外，就像读者将会在下文看到的，幕府通过谨慎的控制，一直维持着与利益一致的国家的关系。[1]

"锁国"一词

"锁国"一词最早出现在1801年的一篇私下流传的文章标题中。该文的作者是长崎的荷兰语翻译志筑忠雄。由于原标题"关于如今的日本人将全国闭锁，国民不分内外绝不与异域之人通商之事是否有利之论"过于冗长，志筑忠雄调整了"将全国闭锁"（国を鎖ざす）的语序，创造了"锁国"（鎖国）这个新词，并将他的作品命名为"锁国论"。[2]

不过，这一作品并非志筑原创，他只是翻译了德国医师恩格尔伯特·肯普费（Engelbert Kaempfer）的《日本志》（*The History of Japan*）的一个附录。志筑发现这一文章可以支持他的观点。志筑反对1800年左右流行于日本的一种看法，即认为应当准许日本与北面的俄国人进行贸易以发展殖民帝国。这一看法曾于二三十年前由本多利明、林子平以及其他知识分子

---

[1] 根据1639年夏写成于葡萄牙驱逐令发布前几周的平户荷兰商馆日记，在幕府驱逐葡萄牙人之前，幕府曾仔细确认过这一行为不会阻碍日荷贸易。原始文献参照 Nagazumi Yoko, tr., *Hirado Oranda shokan no nikki*, 3: 331-333, 348; 4: 208-218. Cf., Nagazumi, "Orandajin no hogosha," p. 10。

[2] *Shonen hitsudoku Nihon bunko*, 12 vols. (Hakubunkan, 1891-1892), vol. 5. 板泽武雄是第一位指出发明锁国的人是志筑忠雄的学者。参看 *Mukashi no nanyo to Nihon* (Nihon Hoso Shuppan Kyokai, 1940), p. 145。

在半公开场合提出（因为在当时，公开讨论国家政策被认为是不合适的），并且由于北方俄国人的逼近和老中田沼意次的提议而更得人心。[1]

志筑忠雄的翻译依赖于肯普费论文的荷兰文译本。该文的英文标题是："关于如今的日本帝国闭锁国门，其居民不分内外均不许同外国贸易之行为是否有利于日本之调查。"[2] 志筑对荷兰文的翻译是准确的。荷兰文译本以英译本为底本，但英译本并不忠实于原始的德文本。德文标题为："关于日本禁止其国民出国和外国人进入日本，以及这个国家断绝和世界诸国交往的正当理由的证明。"[3] 英译本中的"闭锁国门"（to keep it shut up）一词并未出现在原始的德文本中，但这正是志筑翻译中的"将全国闭锁"（国を鎖ざす）和"锁国"（鎖国）的依据。

不过，在志筑忠雄阅读了肯普费的作品，并了解了德川幕府的外交政策史后，他发现肯普费这个欧洲人似乎在拥护日本的锁国。肯普费曾于1690年至1691年间在长崎的荷兰商馆担任医师。

---

1 参看 Inobe Shigeo, *Ishin zenshi no kenkyu* (Chubunkan Shoten, 1935), pp. 275–295。
2 Engelbert Kaempfer, *The History of Japan*, 3: 301. 英文原文为 "An Enquiry, whether it be conducive to the good of the Japanese Empire to keep it shut up as it now is, and not to suffer its inhabitants to have any Commerce with foreign nations, either at home or abroad"。
3 Engelbert Kaempfer, *Geschichte und Beschreibung von Japan*, 2 vols. (F. A. Brockhaus Komm., 1964), 2: 385. 对这些翻译错误的讨论参看 Kobori Keiichi, *Sakoku no shiso* (Chuo Koron Sha, 1974), pp. 58ff。德文原文为 "Beweiss, das im Japanischen Reiche aus sehr guten Grunden den Eingebornen der Ausgang, fremden Nationen der Eingang, und alle Gemeinschaft dieses Landes mit ubrigen Welt untersagt sey"。

当时日本的对外政策看上去似乎不允许日本同除荷兰之外的其他欧洲国家接触。因为到17世纪90年代止，荷兰人是仅有的被允许留在日本的欧洲人。1673年，一艘名叫"归来号"（Return）的英国船只出现在长崎港，并请求重开中断了50年的英日贸易（英国人在此前因为不盈利而放弃了这一贸易）。¹幕府拒绝了"归来号"的请求。此事在肯普费看来只是确认了日本拒绝与除荷兰人之外的欧洲人接触的事实。但肯普费恐怕不知道，幕府之所以拒绝"归来号"主要是因为英国国王查理二世（Charles II）娶了一位葡萄牙公主，当时的日本认为英国与基督教亦敌亦友。虽然很难推测如果查理二世娶的是一位荷兰女子，幕府会做何反应，但可以知道的是，17世纪70年代的日本依旧乐于接受外国提出的建立关系的请求。因为在1674年，即"归来号"来日的第二年，幕府回应了暹罗国王的提议，重启了中断40余年的两国关系。²

历史学家笔下的日本锁国论常常与另一要素成对出现，这一要素也经常被用来形容17世纪30年代以后日本的对外政策。即，17世纪30年代的日本被认为建立了"通信"（外交关系）和"通商"（不考虑外交关系的贸易往来）两种对外关系。"通信"指的是日本与朝鲜和琉球王国的关系，而"通商"指的是日本与荷兰和中国的关系。不过，这种归类的问题在于，

---

1 "归来号"事件在 Iwao Seiichi, *Sakoku*（Chuo Koron Sha, 1966），pp. 431 – 434 中被简要讨论。相关文书收录于 Hayashi Akira, comp., *Tsuko ichiran*, 8 vols.（Kokusho Kankokai, 1913），6：352 – 398。

2 Iwao Seiichi, "Reopening of the Diplomatic Relations between Japan and Siam during Tokugawa Days," in *Acta Asiatica*, 4 (1963)：1 – 31.

就像"锁国"一词一样,这个在田沼意次倒台之后才出现的分类却被用来形容整个德川时代。[1]

最早将德川时代的对外关系分成"通信"和"通商"这两种类型的例子出现在1793年。当时,幕府拒绝了要求展开俄日贸易的亚当·拉克斯曼(Adam Laxman)的请求。为了拒绝拉克斯曼,松平定信(Matsudaira Sadanobu)声称日本对外交往的对象仅限于那些一直与日本保持外交关系或贸易往来的国家。[2] 12年后,当幕府拒绝列扎诺夫伯爵(Count Rezanov)开启俄日贸易的请求时,模糊的说辞变得清晰了起来:同日本建立外交关系的国家只有朝鲜和琉球,同日本保持贸易关系的国家只有荷兰和中国。[3] 到了1853年林韑编纂《通航一览》(Tsuko ichiran)的时候,这一历史认识已经根深蒂固,并被认为是幕府对外关系的常态。[4]

因此,曾经作为对外关系争论的一部分1790年至1805年间的

---

[1] "通信之国"与"通商之国"的区分依旧被一些日本史家看作是17世纪30年代政策的一部分,因此也常被视作分析17世纪对外关系的前提,而不是被视为产生于18世纪末或19世纪初的概念。例如 Arano Yasunori, "Bakuhansei kokka to gaiko—Tsushima han o sozai to shite," in 1978 - nendo Rekishigaku Kenkyukai taikai hokoku, p. 95。

[2] Hayashi Akira, comp., Tsuko ichiran, 8 vols. (Kokusho Kankokai, 1913), 7: 94ff; Matsudaira Sadanobu, Uge no hitokoko; Shugyoroku (Iwanami Shoten, 1942), p. 164. 也可参见 Herman Ooms, Charismatic Bureaucrat: A Political Biography of Matsudaira Sadanobu 1758 - 1829 (University of Chicago Press, 1975), pp. 119 - 121。

[3] Hayashi Akira, comp., Tsuko ichiran, 8 vols. (Kokusho Kankokai, 1913), 7: 192 - 193。

[4] Hayashi Akira, comp., Tsuko ichiran, 8 vols. (Kokusho Kankokai, 1913), 1: 1. 林韑受将军之命编纂此书以作为外交手册。此书搜集了德川幕府在1825年前处理对外关系的先例。其续编 Tsuko ichiran zokushu, 5 vols. (Seibundo Shuppan, 1967 - 1973)则记载了1825年至19世纪50年代之事。

第一章 序　章

政治回复，到了19世纪50年代初成为对对外关系的历史解释，"通信"和"通商"成为解释历史的词汇。关于"锁国"一词最初在何时被用于历史编纂中的答案尚不明确。"锁国"一词最早出现在幕府记录中也是在19世纪50年代，只是它在当时还不常见。

在美国公使汤森·哈里斯（Townsend Harris）到访江户前的1857年，海防掛[1]在给老中的上书中用"锁国"一词来形容历史事实："1636年，第三代将军建立了御禁制，在那之后……除荷兰人之外，其他南蛮船均不得来到［日本］……在岛原之乱后……他设立了锁国之御法。"[2] 这或许是"锁国"一词第一次被用于正式文书中。此后，这一词汇也开始被用于史书之中。至少在4年前，当幕府讨论应对佩里来航的对策时，大老[3]井伊直弼没有使用这一词汇，但编撰自佩里来航到明治

---

[1] 德川幕府为处理对外问题而设置的职务。——译者注

[2] *Dai Nihon komonjo bakumatsu gaikoku kankei monjo*，44 vols.（Shiryo Hensanjo, 1910- ），16：549-552，安政四年六月日（1857年7月—8月）条。1637年至1638年的岛原之乱是一场发生在西九州的大规模农民叛乱，许多叛乱者都是日本基督徒。关于反叛的起因，现代的研究者们讨论了基督徒的反抗和野心勃勃的地方大名的过度剥削这两个原因，但幕府似乎将其看作一场基督徒的起义，并依此进行处理。关于这场叛乱的大致情况，参见 Boxer, *The Christian Century in Japan*, pp. 375-383；Elison, *Deus Destroyed*, pp. 217-222；以及 Asao Naohiro, *Sakoku* (Shogakkan, 1975), pp. 279-325。朝尾直弘仔细考察了大名的严酷统治和基督教的热情这两个方面的重要性。关于岛原之乱和对外政策之间的关系，参见 Nakamura Tadashi, "Shimabara no ran to sakoku," in *Iwanami koza Nihon rekishi*, 2 (1975)：227-262。（史料原文："御三代様寛永十三年、南蛮船を御制禁被遊候以来……阿蘭陀の外……御厳禁と相成、島原の逆徒伏誅の後、天下の為ニ鎖国之御法を御創建被遊……"——译者注）

[3] 大老是高于老中且在特殊情况才下被任命的特别官职，它也会作为荣誉授予老中当中受到特殊眷顾的人。在德川时代260年的历史中，共任命了13位大老（对比175位老中）。关于堀田正俊作为大老的特殊意义，参见 Conrad Totman, *Politics in the Tokugawa Bakufu*, pp. 211-214。——译者注

时代的对外关系文书集的编者们将井伊的上书文解释为"我们不应囿守锁国之法"[1]。

到了19世纪50年代,"锁国"作为描述17世纪30年代外交政策的概念,成为一种历史事实并渗透进了日本的大众意识之中。到了19世纪90年代,重野安绎、久米邦武和星野恒在他们撰写的《稿本国史眼》中使用了"锁国"的概念,此时,这一词汇成为专业史家的用语。但出于谨慎,重野、久米和星野并未用锁国来描述17世纪30年代的对外政策和历史发展,他们只提到幕府选择性地关闭了对外贸易的口岸。[2] 他们仅仅在回顾明治维新时才提到了锁国,即"锁国之旧法"[3] 或是"锁国之旧习浸染人心"[4]。这些说法都是在引用或阐释幕末政治论争的语境下被使用的。重野和其他几位作者在这一近代词汇产生的时代语境中大致恰当地使用了锁国概念。虽然他们的著作只简单提及17世纪40年代后的对外关系,但他们并不认为对外关系随着葡萄牙人的被驱逐而减退。事实上,他们甚至在讨论恩格尔伯特·肯普费时也没有提及他的锁国论。[5]

---

1 *Dai Nihon Komonjo bakumatsu gaikoku monjo*, 2: 255,嘉永六年八月二日(1853年9月4日)条。(原文:"鎖国ノ法ヲ守ル能ハズ。"——译者注)

2 *Kohon kokushigan* (Shigakkai, rev. ed., 1908), pp. 436f.

3 *Kohon kokushigan* (Shigakkai, rev. ed., 1908), p. 451. (原文:"鎖国ノ旧法。"——译者注)

4 *Kohon kokushigan* (Shigakkai, rev. ed., 1908), p. 463. (原文:"鎖国ノ積習人心ニ染ム深シ。"——译者注)

5 *Kohon Kokushigan* (Shigakkai, rev. ed., 1908), pp. 396f. (原文:"鎖国ノ法ヲ守ル能ハズ。"——译者注)

第一章 序 章

但 25 年后，锁国论变得如此深入人心，以至于中村孝也将其关于德川时代对外关系的研究命名为"江户幕府锁国史论"。[1] 他在序论中仔细地解释道，"锁国"是幕府统治末期的一个常用语，需要被谨慎定义。[2] 接着，他将锁国的概念解释为："在所谓的锁国之前，日本主要与朝鲜、明朝、安南、暹罗、南洋诸岛的东洋人以及葡萄牙、西班牙、荷兰和英吉利的西洋人打交道。即使在所谓的锁国之后，日本也依旧与朝鲜、中国、荷兰等国往来，进一步吸收物质文明和精神文明。日本的对外关系既包括政治关系，也包括经济关系，只有在涉及基督教问题时才完全地锁国。锁国政策并未影响整体的对外关系，日本只不过是封闭了部分而已……事实上，日本绝非是孤立的存在，这也不是幕府的方针。因此，若将江户幕府时代六分之五的对外关系冠以'锁国时代'的名号，则不免粗糙随意。"[3]

在以如上方式提出自己的观点后，中村孝也转而论证道，锁国政策既对德川幕府的存续来说至关重要，也是塑造江户时代文化和社会的重要前提。[4] 在剩下的部分里，中村几乎只考察了在 17 世纪最初 40 年间日本与欧洲贸易大国之间的关系，

1　Nakamura Koya, *Edo bakufu sakoku shi ron*（Hokosha, 1914）.
2　Nakamura Koya, *Edo bakufu sakoku shi ron*（Hokosha, 1914），p. 1.
3　Nakamura Koya, *Edo bakufu sakoku shi ron*（Hokosha, 1914），pp. 5f.
4　Nakamura Koya, *Edo bakufu sakoku shi ron*（Hokosha, 1914），pp. 6 - 14.

这一关系以"1639年最后的锁国令"和"锁国政策"告终。[1]

总而言之，在这之后，德川时代对外关系史的研究者们将葡萄牙人驱逐令以及德川幕府的总体对外防御姿态看作幕府在1640年后忽视对外关系的证据，并认为此后的对外接触都只是例外事件或出于好奇，它们对于江户时代整体的历史没有产生过重大影响。甚至日朝关系史的研究者们也进入了这一误区。中村荣孝是研究前近代日朝关系史的大家，本书也在很大程度上得益于他的研究，但他关于江户时代日朝关系史的论文《江户时代的日鲜关系》(《江戸時代の日鮮関係》) 仅讨论到17世纪30年代为止，而他的《外交史上的德川政权》(《外交史上の德川政権》) 一文则跳过了17世纪40年代至19世纪40年代之间的时段，好像这200年间什么也没有发生。[2] 但中村很清楚这段时期发生了多少事。收录这两篇论文的《日鲜关系史的研究》(《日鮮関係史の研究》) 一书还收录了多篇讨论这些年间日朝关系史相关问题的论文，只是他并未将这些问题整合进整个大时代中。

基督教禁教令对西方的日本史叙述的影响也与上述情况大

---

[1] Nakamura Koya, *Edo bakufu sakoku shi ron* (Hokosha, 1914), pp. 290-310. 中村荣孝只关注日欧关系，但唯一的例外是他也简单考察了郑芝龙向日本求援以复兴明朝一事，参见第358—365页。中村荣孝认为幕府之所以拒绝郑芝龙的请求是因为存在锁国政策。中村荣孝忽视了他自己曾提出的锁国定义的局限性。笔者认为他更没有意识到幕府拒绝请求的实质以及影响这一决定的其他因素。参见本书第四章。

[2] Nakamura Hidetaka, *Nissen kankei shi no kenkyu*, 3 vols. (Yoshikawa Kobunkan, 1965-1969), 3: 245-336, 465-563.

体相同。詹姆斯·默多克（James Murdoch）的《日本对外关系史（1542—1651）》(*A History of Japan During the Century of Foreign Relations，1542 - 1651*) 几乎只关注日本与欧洲的关系，极少提到16世纪90年代朝鲜战争之后日本与亚洲的关系。[1] 在追溯了驱逐葡萄牙人以前日本的"对外关系"后，默多克又介绍了幕末之前的情况。在"对外关系"这一大章中，他基本只关注长崎的荷兰贸易。虽然其中偶尔提到中国人，但基本都是为了解释中国人对荷兰人的影响。[2] 他几乎没有提到日本与朝鲜的关系，仅将其掩埋在论述18世纪初期政治的一章中，仿佛这还是小题大做了的。[3]

C. R. 博克舍通过"基督教世纪"一词精彩地阐述了德川幕府早期的对外关系。他描绘了1549年至1650年间生动无比而又振奋人心的日欧关系。[4] 博克舍在"锁国"一章中提到，日欧关系走向终结，仅剩同长崎荷兰人的往来。[5] 他在这一章中考察了幕府在1633年至1640年间实施锁国政策的原因。[6] 博克舍能干的继承者乔治·埃里森（George Elison）在分析日本与基督教碰撞的最初一个世纪时，总结了日本因疏远好斗且危

---

1 James Murdoch, *A History of Japan During the Century of Foreign Relations, 1542 - 1651*, 3 vols. (Kobe, 1903, 1910; London, 1926), vol. 2.
2 James Murdoch, *A History of Japan During the Century of Foreign Relations, 1542 - 1651*, 3, pp. 259 - 312.
3 James Murdoch, *A History of Japan During the Century of Foreign Relations, 1542 - 1651*, 3, p. 252.
4 C. R. Boxer, *The Christian Century in Japan*.
5 C. R. Boxer, *The Christian Century in Japan*, pp. 362 - 387.
6 C. R. Boxer, *The Christian Century in Japan*, p. 362.

险的西方人而带来的不利影响:"德川幕府的政策制定者将不信任的原则一举扩大。锁国的原因十分复杂,但最主要的原因是日本将基督教视作外来威胁并保持警惕。而后锁国成为幕府处理对外关系的全部。"[1] "这一举措在阻止外来的基督教进入日本方面发挥了作用。日本与外部世界的联系被切断……德川时代的日本是一个孤立的存在。"[2]

在撰写日本通史时,史家们常常以同样的方式忽视德川时代的对外关系。他们或是被伊利森这样的概述和西方中心论、进步论的思想带偏,或是出于叙事的方便。本庄荣治郎在《明治维新以前日本海外发展的事实与思想》("Facts and Ideas of Japan's Overseas Development Prior to the Meiji Restoration")一文中写道:"在这一〔锁国〕政策之下,外国人不得来到日本,日本人的海外渡航也被严令禁止。因此,'锁国'成为德川时代对外关系的特征。"[3] 威廉·比斯利(William Beasley)对德川时代总结道:"这一'锁国'体制延续了200年。"[4] 本庄与肯普费,以及比斯利与博克舍在语言表述方面的相似性不言而喻。

不管怎么说,若要使锁国的概念成为一个有效的分析工具,

---

[1] George Elison, *Deus Destroyed*, p. 3.
[2] George Elison, *Deus Destroyed*, p. 2.
[3] Eijiro Honjo, *Economic Theory and History of Japan in the Tokugawa Period* (Russell & Russell, Inc., 1965), p. 215.
[4] W. G. Beasley, *The Modern History of Japan* (Frederick A. Praeger, Inc., Publishers, 1963), p. 2.

那么它必须被严格定义。也就是说,我们必须知道锁国的"范围"(limits)、"程度"(degree)以及锁国能提供给当时的日本和世界的最大可能性。而且为了做到这点,我们必须同时定义日本在德川时代的对外开放程度。因为如果要论证德川时代的日本没有像我们现在所认为的那样孤立,那么在另一方面,我们也必须承认,日本也没有像同时代的伊丽莎白统治下的英格兰那样开放。或许同英格兰的类比有利于我们的比较。因为对于英格兰来说,它也正面临着基督教的威胁,但它以一种十分不同于德川幕府的方式进行了回应。

为了从政治、思想和安全保障的角度定义德川时代对外关系的范围,我们可以参考几位研究美国外交政策史的历史学家的研究方法。威廉·阿普尔曼·威廉姆斯(William Appleman Williams)的《19世纪20年代孤立主义的传说》("The Legend of Isolationism in the 1920s")从充分性和有效性上质疑了被用来解释美国经验的"孤立主义"这一分析范畴。[1] 正如斯蒂芬·彼得·罗森(Stephen Peter Rosen)所观察到的,就算在美国,对外政策的冲突也不是"孤立主义和干涉主义之间的斗争,而是两个对国内体制和外交政策之间的恰当关系持相反意见的阵营之间的对立"。[2] 同联邦时期(Federal Period)和19世

---

[1] William A. Williams, "The Legend of Isolationism in the 1920s," in *Science & Society*, 18 (Winter 1954): 1–20, reprinted in *Issues in American Diplomacy*, ed. Armin Rapoport (The Macmillan Company, 1967), pp. 215–228.

[2] Stephen Peter Rosen, "Alexander Hamilton and the Domestic Uses of International Law," in *Diplomatic History*, 5.3 (Summer 1981): 183–202.

纪20年代的美国一样，对于佩里来航前的德川日本来说，问题的关键并不是要在无差别的干涉主义和封闭的孤立主义之中简单地二选一。相反，无论是当时的美国还是德川时代的日本，两者都在以各自的方式试图制定有效的政策来化解对外关系的矛盾。这些政策不仅要能被自己的人民接受，可以维护本国的价值观，还要满足国家在政治政策、意识形态、安全保障以及经济发展方面的需求，更要能够维系国内制度和确保对国家的认同感。

　　本书的论点是，即使在17世纪30年代"完全锁国"之后，整个德川时代的日本依旧在很大程度上保持着与东亚地区的联系。这一联系不仅包含政治、外交领域，也包括了思想、文化、学术交流以及国家的安全防卫和情报活动，广义上还包含了贸易和经济领域。不仅如此，这些领域的联系与交流也是双向的，即日本和亚洲对于彼此而言都十分重要，这是在双方的历史中都无法否认的事实。因此，无论是将军禁令还是历史编纂都无法将日本从亚洲中剥离。同样，亚洲也无法离开日本。

第二章
后丰臣秀吉时代的外交正常化

1598年秋，丰臣秀吉去世，五大老成为日本政务的代理人。很明显，德川家康在五大老中最有影响力[1]，他甚至试图独掌对外事务[2]。秀吉发动的对朝鲜和明朝的七年战争使得日本被亚洲孤立，甚至也疏远了它的琉球近邻。其间，日本的对外关系很大程度上需要依靠海盗、独立经营的日本商人以及欧洲人来维持。因此，恢复与东亚国家的正常关系（如果用现代词汇来表述的话）成为当时对外事务中亟待解决的问题。

这一正常化需要通过多种手段来实现。在入侵朝鲜前，日本和朝鲜间一直保持着外交、贸易和文化的交流，这种关系偶尔会因日本侵扰朝鲜而被打断。京都的足利将军和汉城的朝鲜国王都能平等地接待外交使节，且两国使节也往来频繁。贸易主要由位于西日本的诸大名主导。在1551年位于西日本的大

---

1 家康位居五大老之首的地位体现在丰臣秀吉的遗言觉书中。参见 *Dai Nihon komonjo iewake dai ni Asano ke monjo*（Tokyo Teikoku Daigaku, 1906），pp. 135-138。

2 家康在1598年独自处理对外事务的一个例子可见于庆长三年十一月十五日他给浅野长政的书信。参见 *Dai Nihon komonjo iewake dai ni Asano ke monjo*（Tokyo Teikoku Daigaku, 1906），pp. 119f。参考 Nakamura Koya, comp., *Tokugawa Ieyasu monjo no kenkyu*（4 vols., Nihon Gakujutsu Shinkokai, 1958-1961），2: 357，以及庆长三年十一月四日德川家康给藤堂高虎的书信，Nakamura Koya, comp., *Tokugawa Ieyasu monjo no Kenkyu*, 4 vols., p. 356。

内氏灭亡之后，对马藩的宗氏成为唯一被允许同朝鲜进行贸易的主体。因此，如果朝鲜愿意和解，那么主持协商的也只会是对马藩的宗氏。[1]

恢复与琉球的关系则不那么困难，因为琉球并未受到日本的侵略。不过，在过去的一个世纪里，琉球已经发展成为一个繁荣的商业国度，并小心翼翼地维护着自身的独立。虽然琉球在1589年曾派遣庆贺使节谒见丰臣秀吉，但它并未像臣服于明朝那样臣服于日本。尚宁王也拒绝了日本提出的向朝鲜派兵的要求。[2] 如同在日朝关系中一样，日本与琉球之间也有一个明显的中介者，即萨摩藩的岛津氏。岛津氏会在日后德川家康的命令下再次登场。

日本与中国的关系则更为复杂。就像读者将会在第三章中看到的，二者的关系最终未能完全恢复。1401年，足利义满接受了对明朝的朝贡关系，正式开启对明外交，也由此控制了日明贸易。然而在1547年，这一权利走向终结，日本人不再被允许进入中国，且根据中国的海禁政策，中国人也不可以前往日本。此后，在中国的港口进行的中日贸易开始由欧洲人和琉球人接管，而中国人和日本人只能在非中国管辖的港口进行贸易。在很大程度上，因

---

[1] Nakamura Hidetaka, *Nissen kankei shi no kenkyu*, 1: 141–302 对丰臣秀吉前的日朝关系做了全面考察。同时参照 Tanaka Takeo, *Chusei taigai kankei shi* (Tokyo Daigaku Shuppankai, 1975), pp. 53–94。

[2] George H. Kerr, *Okinawa, The History of An Island People* (Charles E. Tuttle Company, 1958), pp. 151–156; Shin'yashiki Yukishige, *Shinko Okinawa issennen shi*, 2 vols. (Yuzankaku, 1961), 2: 420.

第二章 后丰臣秀吉时代的外交正常化

为德川幕府并不承认与中国有朝贡关系，所以日本无法与中国确立和像其他亚洲国家一样的正式关系。但就像中国接受来到中国港口的外国商人一样，德川幕府也允许中国商人来到日本。

接下来的部分将简要考察日本如何分别恢复与朝鲜和琉球的关系。德川时代早期的中日外交关系则留待第三章单独介绍。早期的德川幕府利用外交来证明其政权的合法性，中日两国的外交失败也与此密不可分。

恢复与朝鲜的关系

1598年9月18日，丰臣秀吉去世。五大老旋即下令从朝鲜撤军。[1] 这一撤退并不像日本历史教科书中所写的那样轻而易举和辉煌壮烈。日军虽损失惨重，但撤军确实在短时间内得以完成。小西行长（Konishi Yukinaga）、加藤清正（Kato Kiyomasa）、岛津义弘（Shimazu Yoshihiro）等日军将领随即与明朝将领展开谈判，以确定他们的撤退路线。日军与明军进行了一系列人质交换，以确保能够迅速结束战争，日军能够安全撤回日本。[2] 虽然人质交换顺利进行，但日军在成功撤退前仍在朝鲜南部海岸遭遇了激烈的战斗。[3]

根据对马藩的文献记录，1599年，德川家康授权对马藩藩

---

[1] *Dai Nihon komonjo iewake dai ni Asano ke monjo*, pp. 117 – 120；Nakamura Hidetaka, *Nissen kankei shi no kenkyu*, 3：253.

[2] Nakamura Hidetaka, *Nissen kankei shi no kenkyu*, 3：254.

[3] 关于日本在朝鲜侵略中的最后一战的简要记述，参见 Yi Pyongdo et al., *Han'guksa*, 7 vols. (Uryu Munhwasa, 1959 – 1965), 3：657 – 669.

主宗义智与朝鲜谈判，以图恢复日朝关系。宗义智、小西行长和加藤清正等人认为日朝关系的恢复已经在前一年人质交换的谈判中实现。[1] 甚至在此之前，宗义智已在1598年12月派出一位使节前往釜山，希望和朝鲜展开谈判。但那位使节最终并未回到日本，这一尝试就这样不了了之。朝鲜尚未准备与日本谈判，这也在意料之中。事实上，在那时，朝鲜政府正在商议打算向对马岛发动报复性的劫掠。[2] 在德川家康的授意下，宗义智再次向朝鲜派遣使节。使节不仅带去了由宗义智的重臣柳川调信撰写的文书，还送还了一批在战争中掳掠的朝鲜俘虏。

对马藩关心日朝关系的恢复并非偶然。对马岛伫立于博多和釜山之间的朝鲜海峡上，且农业疲敝，这使对马藩不得不在几个世纪中依靠其地缘优势发展日朝贸易以维持经济基础。[3] 如果日朝关系和对马藩在釜山的贸易权无法得到恢复，那么对马藩的经济将难以为继。可以推测，或许正是考虑到这点，德

---

1 *Chosen tsuko taiki*, MS, 10 vols. (So Collection, Banshoin, Tsushima), kan 4；参照近年出版的 Tanaka Takeo and Tashiro Kazui edited, *Chosen tsuko taiki* (Meicho Shuppan, 1978), p. 147. 为了便于读者阅读，本书在引用《朝鲜通交大纪》(*Chosen tsuko taiki*) 时将一并写上抄本和刊本的页码。这份抄本标记了交给幕府版中被省略的部分。由于对马藩需要持续记录实际发生之事，因此这一抄本可以被认为真实地反映对马藩的所知所闻，同时也可以反映对马藩所了解的被幕府记录之事。Tanaka Takeo, *Chusei taigai kankei shi*, pp. 249, 261 和 Tashiro kazui, *Kinsei Nitcho tsuko boeki shi no kenkyu* (Sobunsha, 1981), p. 37 质疑了此处对马藩声称的得到了家康授权的真实性。

2 *Sonjong taewang sillok*, 107: 20a–20b, in *Choson wangjo sillok*, 48 vols. and index (Kuksa P'yonch'an Wiwonhoe, 1955–1963), 23: 547f.

3 Nakamura Hidetaka, *Nissen kankei shi no kenkyu*, 1: 311–338, "Tsushima no rekishi teki ichi". 关于对马岛农业疲敝的生动的历史叙述，参见陈寿编：《三国志·魏志》5卷，北京：中华书局1971年版。

川家康才在日朝贸易恢复前对对马实行石高分封制。[1]

朝鲜直到 1600 年才开始回应对马藩的这些外交尝试，并提出以送还尚在日本的朝鲜俘虏作为进一步谈判的前提条件。[2] 对马藩立即在下一年开始了遣返俘虏的工作。[3] 朝鲜的勉强态度一方面是因为朝鲜憎恨日本在这场七年战争中对朝鲜进行的蹂躏。日本占领了朝鲜的部分领土，还使得大量朝鲜人滞留日本。另一方面也由于留在朝鲜的明朝官员在一定程度上控制着朝鲜政府并拖延着日朝谈判。此外，对马藩有时也试图以威胁的姿态来"鼓励"朝鲜展开谈判，但这一策略适得其反。不过，朝鲜的答复在关原合战的前夜送抵日本。只是当时的日本正忙于内战，无暇顾及朝鲜。

关原合战使朝鲜认为日本在短时间内会集中精力解决国内问题，不会对外部表现出太强的攻击性。这使得朝鲜更乐意展开谈判。借由对马藩的帮助回到朝鲜或是自己逃回去的俘虏也为朝鲜政府提供了日本国内的实时情报。[4]

---

1 Nakamura Hidetaka, *Nissen kankei shi no kenkyu*, 3: 257.

2 Hayashi Akira, comp., *Tsuko ichiran*, 8 vols. (Kokusho Kankokai, 1913), 1: 303; *Chosen tsuko taiki*, kan 4, pp. 148–150.

3 同上。

4 同上。详细情况参见内藤隽辅关于战俘送还的仔细考查，即 *Bunroku Keicho no eki ni okeru hiryonin no kenkyu*（Tokyo Daigaku Shuppankai, 1976）。同时参见 *Sonjong taewang sillok*, 136: 2b, in *Choson wangjo sillok*, 24: 228。在庆尚左道兵使金太虚 1601 年的报告中，内藤隽辅称自己从一群归国俘虏处听闻小西行长"因战致死"（实际上是被处刑）。1601 年 5 月 26 日，归国俘虏中的一位名叫姜士俊的人报告了自秀吉去世至关原合战期间政治发展的详细情况。他总结道，日本"只欲交邻，通商贾之船云云"。他同时报告说对马藩的和平性试探得到了德川家康的支持。参见 Tokugawa Ieyasu, *Sonjong taewang sillok*, 136: 21b–23b, at *Choson wangjo sillok*, 24: 237f.

在接下来的几年中，谈判逐渐展开。对马藩不断向朝鲜送去请求，每次都会附带送还一批俘虏。但出于对日本的憎恨和怀疑，朝鲜举棋不定。不过，明朝将军万世德在1600年底带着他的军队返回了中国，因此明朝不再直接干预日朝谈判。[1] 同时，通过遣返的俘虏，越来越多关于日本的消息传入朝鲜，而朝鲜人也希望了解他们的敌人。由此，朝鲜政府在日后成为领议政的李德馨（Yi Tokhyong）的再三提议下，于1602年初派遣使者前往对马藩进行侦察。[2] 全继信（Chon Kyesin）和孙文彧（Son Munik）在1602年下半年前往对马藩与宗义智进行谈判，以摸清日本的意图。[3]

翌年，宗义智找到了在1597年被岛津义弘俘虏的朝鲜王室宗亲金光，并于1603年将其带回对马藩。同时，朝鲜政府再次派遣孙文彧前往对马藩。据推测，金光有可能就是被孙文彧带回朝鲜的。[4] 从金光回到汉城后向朝廷极力主张要恢复日朝关系的行为推测[5]，宗

---

[1] Nakamura Hidetaka, *Nissen kankei shi no kenkyu*, 3: 257.
[2] Nakamura Hidetaka, *Nissen kankei shi no kenkyu*, 3: 260. 李德馨的上书参见 *Sonjong taewang sillok*, 144: 19b-20a, in *Choson wangjo sillok*, 24: 330; *Sonjong taewang sillok*, 145: 8a-9b, in *Choson wangjo sillok*, 24: 335f, etc. 李德馨在1602年3月26日（宣祖二十四年十二月三日）成为领议政，参见 *Sonjong taewang sillok*, 147: 3a, in *Choson wangjo sillok*, 24: 350。
[3] Hayashi Akira, comp., *Tsuko ichiran*, 8 vols. (Kokusho Kankokai, 1913), 1: 308f.
[4] Hayashi Akira, comp., *Tsuko ichiran*, 8 vols. (Kokusho Kankokai, 1913), pp. 308-313.
[5] *Sonjong taewang sillok*, 171: 19b-20a, in *Choson wangjo sillok*, 24: 572f; *Sonjong taewang sillok*, 171: 22a-24a, in *Choson wangjo sillok*, 24: 575f. 关于金光，参照 Nakamura Hidetaka, *Nissen kankei shi no kenkyu*, 2: 477-496。金光与宗义智的外交顾问禅僧景辙玄苏的谈话被认为发挥了关键作用。Nakamura Hidetaka, *Nissen kankei shi no kenkyu*, 2: 479ff 引用了二者的谈话。关于玄苏以及禅僧在日本外交中的作用，参见 Osa Masanori, "Keitetsu Genso ni tsuite—ichi gaiko so no shutsuji to hokei," in *Chosen gakuho*, 29 (1963): 135-147。

义智似乎成功使金光相信了恢复日朝关系的必要性。[1]

1604年，为了回应对马藩的再三请求，也出于对送还俘虏的期待，朝鲜又一次派遣孙文彧前往对马藩。不过这一次，孙文彧是作为杰出的僧侣政治家松云（Song'un）的助手出使的。松云曾在朝鲜战争中奋力保护王室，并曾与加藤清正等日本将领进行过谈判。[2] 朝鲜之所以会派出如此重量级的人物，或许很大程度上是因为明朝终于放弃了六年以来的反对，允许朝鲜与日本展开和谈。[3]

1604年深秋，松云和孙文彧到达对马藩。他们调查了日本的情况，以确定和谈的下一步策略。[4] 由于他们并未携带朝鲜国王宣祖给德川家康的国书，因此他们或许不应被看作是正式的外交使节。事实上，朝鲜政府似乎不希望他们的活动范围超出对马藩，这么说是因为他们只携带了礼曹判书成以文写给宗义智的书信。这封书信表达了朝鲜对送还俘虏的感激之情，并特地提到了被送回的金光。成以文明言，朝鲜的行动要尊重明朝的意向，"日本若能自此更输

---

[1] Hayashi Akira, comp., *Tsuko ichiran*, 8 vols. (Kokusho Kankokai, 1913), 1: 308-313.

[2] Hayashi Akira, comp., *Tsuko ichiran*, 8 vols. (Kokusho kankokai, 1913), 1: 314-327 收录了关于松云使节的史料。关于松云和加藤清正，参见 Yi Wonsik, "Jinran sosho Shoun Taishi bokuseki no hakken ni yosete-Kato Kiyomasa jin'ei e no ohen o chushin ni," in *Kan*, 5. 5-6 (1976): 218-234。

[3] *Sonjong taewang sillok*, 174: 9b, in *Choson wangjo sillok*, 24: 611. 辽东御史的书信。

[4] *Sonjong taewang sillok*, 175: 7b, in *Choson wangjo sillok*, 24: 617; Hayashi Akira, comp., *Tsuko ichiran*, 8 vols. (Kokusho Kankokai, 1913), 1: 314.

诚意"[1]，朝鲜则愿意重启对日外交和贸易关系。因此，显而易见的是，松云和孙文彧的出使目的是要恢复日朝关系。

宗义智立刻派遣柳川调信前往江户。在德川家康的外交顾问本多正信和禅僧西笑承兑的帮助下，柳川调信得以让宗义智带领朝鲜使节前往京都谒见德川家康。[2] 宗义智和朝鲜使节在1605年3月5日到达京都，一行人住在丰光寺并等待德川家康的到来。[3] 他们在1605年4月22日于伏见城谒见家康，而后与西笑承兑和本多正信商讨了日朝和谈。日本坚持认为，因为德川家康并未参与朝鲜侵略，所以无论如何都不能说是朝鲜的敌人，日朝关系应该得到和解。[4] 多份日本史料显示，德川家康最关心的事是，他想在不久的将来安排朝鲜使节前往江户。根据其中一份资料，家康想让朝鲜使节作为庆贺使，庆祝他的

---

1 *Chosen tsuko taiki*, kan 4. 万历三十二年四月（1604年7月27日—8月24日），成以文给对马藩守的书信，同见于 Hayashi Akira, comp., *Tsuko ichiran*, 8 vols. (Kokusho Kankokai, 1913), 1: 315。Tsuji zennosuke, *Zotei kaigai kotsu shiwa* (Naigai Shoseki, 1930), pp. 466f 中写道："1604年，朝鲜接受了对马藩宗氏的请求，允许对马藩人前往釜山进行贸易。"成以文确实提到，"赍持物资，往来交易，姑且许之"，但依管见所及，笔者并未发现在1611年前除外交使节附带的贸易之外，还进行了常规贸易的证据。或许这句"日本若能自此更输诚意"给出了这样的提议。

2 *Chosen tsuko taiki*, kan 4; Hayashi Akira, comp., *Tsuko ichiran*, 8 vols. (Kokusho Kankokai, 1913), 1: 317-322; "Ho Choro Chosen monogatari tsuketari Yanagawa shimatsu," in *Shintei zoho shiseki shuran* (41 vols., Rinsen Shoten, 1967), 28: 455; *Kansei choshu shokafu*, 22 vols. plus 4 index vols. (Gunsho Ruiju Kanseikai, 1964-1968), 8: 255; Tsuji, *Zotei kaigai kotsu shiwa*, pp. 466f.

3 *Rokuon nichiroku* 庆长十年二月二十八日（1605年4月16日）条，参见 *Dai Nihon Shiryo*, 293 vols. to date, in 12 series (Shiryo Hensanjo, 1901-   ), 12. 2: 989f。

4 *Kosa ch'waryo* (Keijo Teikoku Daigaku Hobun Gakubu, 1941), p. 112.

儿子德川秀忠继任将军。[1] 为了促进和证明成以文所说的"诚意",德川家康送还了1 300多位朝鲜俘虏,让他们与松云一道返回朝鲜。[2]

虽然松云的出使和家康的回应有助于加快和解,尤其是家康还送还了如此多的俘虏,但朝鲜政府始终不满日本的态度。因而,在1606年,朝鲜提出了正式派遣使节的两个前提条件:其一,德川家康应作为"日本国王"送来正式的国书邀请朝鲜使节;其二,应引渡亵渎朝鲜先王陵墓[3]的日本士兵。正如日本学者敏锐观察到的[4],这样的国书将会暗示日本接受了战败,而从未参战的德川家康应该最不乐意起草这样的国书。

对马藩左右为难。很显然,家康不大可能会送去朝鲜所要求的国书。但只有当两国重启了外交关系,对马藩赖以生存的日朝贸易才可能得到恢复,而重开两国贸易的前提是日本要满足朝鲜的两个条件。因此,当1606年底朝鲜的侦察使还停留在对马藩时,宗义智、柳川调信的嗣子景直以及宗义智的外交顾问景辙玄苏伪造了"日本国王"给朝鲜国王的国书以满足朝鲜的要求,同时,对马藩也交出了两位年轻的犯人,他们将作为亵渎朝鲜王陵的罪

---

[1] Hayashi Akira, comp., *Tsuko ichiran*, 8 vols. (Kokusho Kankokai, 1913), 1: 317-322.
[2] *Chosen tsuko taiki*, kan 4, pp. 173-174.
[3] 即中宗之墓和成宗嫔御之墓。Nakamura Hidetaka, *Nissen kankei shi no kenkyu*, 3: 265.
[4] Tsuji, *Zotei kaigai kotsu shiwa*, p. 467.

人被处决。[1] 朝鲜政府立刻发现"罪犯"们过于年轻,不大可能是朝鲜战争时的士兵。同时,国书也是伪造的,因为它跟日本一般的文书惯例相比歧异甚多,尤其是署名和盖章来自"日本国王",而且文书还使用了明朝年号。虽然如此,但他们还是认为派遣使节前往江户以重开日朝关系的时机已经成熟。[2] 三宅英利(Miyake Hidetoshi)对此进行了有力论证[3],朝鲜政府之所以在这个时候对恢复日朝关系产生兴趣是因为女真对朝鲜北面边境的侵扰日益增加[4],这迫使朝鲜需要维持一个和平的南部边界。

从名义上讲,朝鲜派出使节是为了回应家康的邀请,因此使节被冠以"回答使"的名号,同时也兼有"刷还使"(送还俘虏的使节)之名。1607年阴历一月,正使吕祐吉及其500名随从离开汉城(今首尔),并在阴历五月到达江户。[5]

---

[1] Nakamura Hidetaka, *Nissen kankei shi no kenkyu*, 3:264f. 伪造的家康国书被记录在 *Sonjong taewang sillok*, 205:10a (*Choson wangjo sillok*, 25:284,宣祖三十九年十一月十二日条中)。朝鲜将此封国书报告给了明朝,这收录在《皇明实录》中。Kondo Morishige, comp., *Gaiban tsusho*, in *Kondo Seisai zenshu*, 3 vols. (Kokusho Kankokai, 1906), vol, 3. 该全集中近藤的作品都是独立编页。Kondo Morishige, *Gaiban tsusho*, p. 15.

[2] Nakamura Hidetaka, *Nissen kankei shi no kenkyu*, 3:264f; *Sonjong taewang sillok*, 205:14a–14b (*Choson wangjo sillok*, 25:286)。当副使庆暹看到秀忠在1607年给宣祖的回复时,他立刻确定1606年的国书是伪造的。*Kyong Ch'ilsong haesarok*, in *Kaiko sosai*, 4 vols. (Chosen Kosho Kankokai, 1914), 2:49.

[3] Miyake Hidetoshi, "Tokugawa seiken shokai no Chosen shinshi," in *Chosen gakuho*, 82 (January 1977):109.

[4] *Sonjong taewang sillok*, 185:10a, at *Choson wangjo sillok*, 25:63; *Sonjong taewang sillok*, 187:3a, at *Choson wangjo sillok*, 25:63; etc.

[5] Kyong Son, *Kyong Ch'ilsong haesarok*, in *Kaiko sosai*, 2:1, 43. 朝鲜历的五月相当于日本庆长十二年的闰四月。不同的史料对使节人数的记载不一致。参见 Miyake, "Tokugawa seiken shokai no Chosen shinshi," pp. 119f; 130, n. 85.

值得注意的是，日本民众，甚至连德川幕府都不清楚朝鲜政府的目的，也不知道朝鲜使节的正式名衔，更不用说这批使节所回应的伪造国书了。京都的公家壬生孝亮（Mibu Takasuke）认为，使节是为了"与将军商议日本与朝鲜国之和谈"[1]而来，虽然这也不完全错误。而为纪念足利义满而建的鹿苑院的住持则记录道，使节是"以两国和合之故"[2]被派来的。1605年松云离开京都之后，德川秀忠继任将军之位，因此也有人认为这些使节是前来庆贺将军继位的[3]，甚至是来对日本朝贡的[4]。这些显然都不是朝鲜政府的意图。正使吕祐吉带来了宣祖国王的国书，国书以"朝鲜国王 李珲 奉复[5] 日本国王殿下"[6]开头。这迫使对马藩不得不再次伪造国书，以掩盖此前曾伪造的家康给宣祖的国书。宗义智的家臣想方设法完成了这一伪造。因此，1607年6月20日吕祐吉呈给

---

[1] *Takasuke no sukune hinamiki*，庆长十二年四月八日条，引自 *Dai Nihon shiryo*，12.4：785。（史料原文："日本與朝鮮国和談之御礼申将軍。"——译者注）

[2] *Rokuon nichiroku betsuroku*，庆长十二年四月八日条，引自 *Dai Nihon shiryo*，12.4：785。

[3] "Ho Choro Chosen monogatari tsuketari Yanagawa shimatsu," in *Shintei zoho shiseki shuran*，vol. 28，p. 456.

[4] *Keicho nikki*，in Hayashi Akira, comp.，*Tsuko ichiran*，8 vols.（Kokusho Kankokai，1913），1：318。朝鲜和日本对1607年朝鲜使节性质的不同看法在 Miyake，"Tokugawa seiken shokai no Chosen shinshi," pp. 110–113 中得到了详细考察。

[5] 奉复即答复。——译者注

[6] Kondo Morishige，*Gaiban tsusho*，pp. 9–15。担任德川家齐的书物奉行等文书管理职务的《外蕃通书》编者近藤守重是第一位发现1606年至1607年伪国书的人。这份国书的原本被收录在 *Chosen tsuko taiki*，kan 5，pp. 173–174 中，其中还写着不应让幕府看到的提示和"柳川景直此时伪造了两封国书"的注释。

幕府的国书看起来好像是宣祖自发写给秀忠的问候。[1] 使节同时也带来了礼曹参判吴亿龄写给老中的文书，以及松云写给西笑承兑、林罗山（Hayashi Razan）和幕阁的书信。使节团的首席译官朴大根在第二天将这些文书交给了本多正信。[2]

正使吕祐吉及其使团与幕府官员在江户所讨论的问题几乎没有留下任何记录。不过很显然，朝鲜使节一定十分关心德川幕府在多大程度上是一个稳固的政权，以及两国的和平在多大程度上能得到保证的问题。此外，由于带回俘虏也是使节团的指定任务，因此这也会是另一个主要问题。1607年7月7日，使节与本多正信在江户讨论了遣返俘虏的问题。而后，本多将此事禀报给家康。考虑到有些沦为战俘的朝鲜人此时已在日本居住了15年，其中一些人可能并不想回家，因此家康下令各大名，让他们允许希望回家的俘虏跟随使节团回乡。[3] 在使节离开对马藩时，他们一共从全日本集合了1 418名归国俘虏。[4]

对于朝鲜使节来说，另一个重要的问题是，如何使日本遵循以明朝为中心的东亚外交秩序。虽然对马藩在1606年伪造的国书中使用了明朝年号，但秀忠在给宣祖的国书中并未使用明朝年号，这明显暗示了日本拒绝接受以明朝为中心的华夷秩

---

1 江户城的拜谒被详细记录在 Kyong Son, *Haesarok*, in *Kaiko sosai*, 2: 48-50 中。
2 *Chosen tsuko taiki*, kan 5, p. 176; Hayashi Akira, comp., *Tsuko ichiran*, 8 vols. (Kokusho Kankokai, 1913), 3: 87 收录了吴亿龄的书信内容。Kyong Son, *Haesarok*, in *Kaiko sosai*, 2: 48 中记录了这一转交。
3 Miyake, "Tokugawa seiken shokai no Chosen shinshi," p. 113.
4 Kyong Son, *Haesarok*, in *Kaiko sosai*, 2:65.

序。在江户展示给朝鲜使节的国书草稿明显使用了日本年号[1]，但最终递交的国书干脆直接绕开了这一问题，没有使用任何年号。[2] 此外，秀忠的国书也没有像对马藩伪造的国书那样称将军为"日本国王"。如果秀忠自称"日本国王"，那么他将同朝鲜国王一道从属于明朝。[3] 实际上，据说西笑承兑曾进言秀忠，日本天皇的存在本身就足以使日本与中国的"天子"地位持平。[4] 这一问题在1607年并未得到解决，但它对日本和朝鲜来说显然是一个至关重要的课题。

朝鲜使节离开江户后去往骏府（今静冈）拜访"隐居"的家康。[5] 家康坚持表示让在江户的秀忠处理使节的国书和正式的外交事务。他强调幕府权力已然制度化，并指出将军的世袭制传统。这两个问题也是朝鲜政府的关心所在。[6]

1607年的朝鲜使节致力于恢复日本和朝鲜的两国关系，虽然当时没有人清楚类似的使节在什么样的情况下还会被再次派遣。事实上，在整个德川时代，使节又被派出了11次。最后一次的朝鲜使节是在1811年被派出的。在那之后，关于是否再派使节的讨论持续到19世纪50年代。表2-1展示了这些使节团以及他们的规模和正式目的。

---

1 Kyong Son, *Haesarok*, in *Kaiko sosai*, p. 49.
2 Hayashi Akira, comp., *Tsuko ichiran*, 8 vols., 3: 88f.
3 这两个问题的意义留待之后的第三章讨论。
4 Kyong Son, *Haesarok*, in *Kaiko sosai*, 2: 55.
5 同上书，第54页。
6 同上书，第49页引用了对马藩顾问僧规伯玄方的话以强调这点。

表 2-1 德川时代的朝鲜使节[1]

年份	将军	朝鲜国王	正使	遣使目的[2]	总人数
1607	秀忠	宣祖	吕祐吉	修好（日） 回答兼刷还使（朝）	467
1617	秀忠	光海君	吴允谦	大坂平定祝贺（日） 刷还使（朝）	428
1624	家光	仁祖	郑岦	袭职庆贺（日） 刷还使（朝）	300
1636	家光	仁祖	任絖	泰平之贺（日）	475
1643	家光	仁祖	尹顺之	世子诞生庆贺	462
1655	家纲	孝宗	赵珩	袭职庆贺	488
1682	纲吉	肃宗	尹趾完	袭职庆贺	475
1711	家宣	肃宗	赵泰亿	袭职庆贺	500
1719	吉宗	肃宗	洪致中	袭职庆贺	479
1748	家重	英祖	洪启禧	袭职庆贺	475
1764	家治	英祖	赵曮	袭职庆贺	472
1811[3]	家齐	纯组	金履乔	袭职庆贺	336

1 本表格的制作依据 Nakamura Hidetaka, *Nissen kankei shi no kenkyu*, 3: 302f; *Kaiko sosai*; Hayashi Akira, comp., *Tsuko ichiran*, 8 vols., Yi Wonsik, "Chosen Shunso shinmi Tsushima no honichi ni tsuite—Tsushima ni okeru Nikkan bunka koryu o chushin ni," in *Chosen gakuho*, 72 (1974): 4.

2 （日）指日本的观点，（朝）指朝鲜的观点。第 41 页注 1 中列出的三宅英利的论文详细分析了朝鲜与日本对这些遣使活动的不同看法。

3 1811 年的使节比家齐继任将军晚了 27 年。一方面是因为幕府不愿意承担接待使节所需的费用，另一方面是因为新井白石最初在 1710 年对在江户接待朝鲜使节的适当性提出了质疑（*Arai Hakuseki zenshu* [6 vols., Kokusho Kankokai, 1905 - 1907], 4: 628f），毕竟前往朝鲜的日本人甚至不能离开釜山。关于此次使节的详细内容，参见 Tabohashi Kiyoshi, *Kindai Nissen kankei no kenkyu* (2 vols., Chosen Sotokufu, 1940), 2: 639 - 894。

很明显，大多数使节都是前来庆贺新将军继位的。不过从朝鲜的角度看，这些使节也另有目的。[1] 而对于日本来说，朝鲜使节既可以被用来宣传幕府的合法性，又可以被当作一种获取大陆情报的政治和战略手段，还是一项展开日朝贸易的政治根据，更可以被用作一种展现日本构想中的国际秩序的外交手段。

同样值得注意的是，除了在女真第一次入侵朝鲜时日本派出了考察战况和提供军事援助的使节，在整个德川时代，江户都没有向汉城派出过如朝鲜通信使那样的外交使节。[2] 朝鲜认为这证明了它在日朝关系中处于优位，虽然日本并不这么认为。实际上，朝鲜拒绝了对马藩提出的希望允许日方使节前往汉城的所有请求（除1629年的使节外，因为这次的遣使明确得到了幕府的指示），朝鲜确实也不存在像对马藩那样将外交关系看得如此重要的主体。此外，这一时期朝鲜向日本派出使节都不是朝鲜政府的自发行为，而只是为了回应日本的具体请求。

与此形成对比的是，朝鲜政府从未请求将军派出使节，幕府也没有派出使节的意思。不过，对马藩自己会在朝鲜王室的子嗣诞生和储君继位时向釜山派遣庆贺使，也会在王室成员去世时派遣吊问使。[3] 朝鲜政府也对对马藩藩主的去世、降生或

---

1 三宅英利的许多论文讨论了这一认识分歧。例如，"Genna Chosen tsushinshi raihei riyu e no gimon," in *Kyushu shigaku*, 52 (1973): 31–42。

2 这一侦察使将在第四章中进一步讨论。

3 *Honpo Chosen ofukusho*; *Chosen tsuko taiki*。

继位送去类似的吊唁和庆贺。到达或经过对马藩的朝鲜使臣还会到位于宗家菩提寺的历代藩主牌位前拜谒，以表敬意。这些行为都无法与两国统治者在各自首都进行外交接待相提并论。如果要从外交关系的角度评价日朝两国的相对地位，那么我们需要分析双方在外交接待中使用的礼仪。而外交文书的格式和外交接待的礼仪显示，日本和朝鲜之间存在着对等关系。[1]

1607 年的朝鲜遣使重新建立了日朝关系，也为重启对马藩与朝鲜之间的官方贸易提供了可能。在 1607 年前的交涉阶段，朝鲜允许对马藩使节展开小规模的贸易，但这只是出于礼貌，并没有形成足够的规模以解救在经济困境中挣扎的对马藩。

1608 年，柳川景直宣称朝鲜准许对马藩向汉城派出回答使。[2] 但由于宣祖在 3 月 8 日突然去世[3]，朝鲜政府便借机回绝了对马藩使节从釜山前往汉城的请求，即使他们只是想前往已故国王的陵墓进香拜谒。[4] 景直一行人滞留在釜山。他们在那里呈上了家康的国书——虽然这一国书现已不存，但这显然是封伪造的国书。1609 年，景直携带另一封国书又一次来到釜山。这封国书希望朝鲜能够提供通往明朝的道路让日本得以朝贡[5]，只是国书在用词上不幸地选择了"假道"（"假"是"借"的通假字）

---

1 这一点将在第五章中进一步讨论。
2 Hayashi Akira, comp., *Tsuko ichiran*, 8 vols., 3: 403.
3 *Sonjong taewang sillok*, 221: 4a (*Choson wangjo sillok*, 25: 395; 宣祖四十一年二月一日条).
4 *T'ongmun'gwanji* (Chosen Sotokufu, 1944; repr., Kyong'in Munhwasa, 1973), p. 81; *Chungjong Kyorinji* (Tongmunsa, 1974), p. 158.
5 *Kosa ch'waryo*, p. 120.

一词，这使人联想起丰臣秀吉希望通过朝鲜借道入明一事。[1]

不过，在这些使节滞留釜山期间，他们也进行了重开对马藩和朝鲜间贸易的谈判。这一系列谈判的结果是，双方签订了1609年的《己酉约条》[2]。由此，对马藩在釜山的贸易得以在这些条款下展开。很明显，《己酉约条》延续了1443年、1512年和1547年制定的一系列约条[3]，它们使日朝间的贸易维持了两个世纪[4]。《己酉约条》允许对马藩在釜山倭馆[5]进行贸易。

1609年的《己酉约条》确定了对马藩每年派出进行"公贸易"的船只数。公贸易的实施主体为日本"国王"（即将军，

---

1 *Chosen tsuko taiki*, kan 3, p. 127.
2 这里的"约条"指的是朝鲜王朝与对马藩藩主之间的协约（相当于英文的"agreement"），不同于作为国与国之间盟约的"条约"（相当于英文的"treaty"）。作者在下文中也指出了二者的不同。——译者注
3 即1443年的《癸亥约条》、1512年的《壬申约条》以及1547年的《丁未约条》。——译者注
4 1443年、1512年和1609年的约条内容收录于 *T'ongmun'gwanji*, pp. 81f, 以及 *Chungjong Kyorinji*, pp. 171ff 中关于1443年的《癸亥约条》，参见 Seno Bayu, "Seito kigai joyaku ni tsuite," *Shigaku zasshi*, 26.9 (1926): 103 – 123; *Chosen tsuko taiki*, kan 1; *Sejong taewang sillok*, kwon 100 – 104. 关于1512年的《壬申约条》，参见 Nakamura Hidetaka, *Nissen kankei shi no kenkyu*, 3:9 – 12, 以及 Yi Hyonjong, *Choson chon'gi tae-Il kyosop-sa yon'gu* (Han'guk Yon'guwon, 1964), pp. 278 – 293. 关于1547年的《丁未约条》，参见 Nakamura Hidetaka, *Nissen kankei shi no kenkyu*, 3:170 – 183; Yi Hyonjong, *Choson chon'gi*, pp. 294 – 299. 关于1609年的《己酉约条》，参见 Nakamura Hidetaka, *Nissen kankei shi no kenkyu*, 3: 282 – 300, 以及 Yi Hyonjong, "*Kiyu choyak songnip simal kwa segyon sonsu*," in *Hangdo Pusan*, 4 (1964): 229 – 312. Yi Hyonjong, "*Kiyu choyak naeyong ui saso-byol ch'ongnam komt'o*," in *Taegu sahak*, 7 – 8 (1973): 281 – 300 中收录了1609年约条的所有现存版本，这些版本来自 *T'ongmun'guanji*, kwon 5; *Chungjong kyorinji*, kwon 4; *Pyollye chibyo*, 2 vols. (Tamgudang, 1973), kwon 5; *Kosa ch'waryo*, kwon 2; *Choptae waein sarye*, kwon 1 以及首尔国史编纂委员会的宗家文书。李铉淙在"*Kiyu choyak naeyong*," pp. 279ff 给出了一个整理本。
5 倭馆类似于后来荷兰人在长崎建立的商馆。——译者注

虽然他实际上从未派遣过贸易船只)、对马藩藩主和由朝鲜或对马藩授权允许参加贸易的对马藩居民。该约条同样规定了船只尺寸、乘客数量、在釜山滞留的时间、提供给他们的食粮[1]以及他们应当携带的证明。

公贸易以对马藩藩主和朝鲜政府之间的朝贡贸易形式展开,更大规模的双方贸易也由此合法化。此外,对马藩也进行着未经约条规定的私人贸易,并想尽办法扩大这一私贸易。在17世纪末,对马藩和釜山间的私人贸易有时能为对马藩创造超过1万贯银的利润,这相当于除最高一级大名之外普通大名能获得的最高一年贡米的收入。[2]

1609年《己酉约条》的内容和作用常常被误读。乔治·麦丘恩(George McCune)将其视为两个主权国家之间建立"条约关系"的"条约"。这意味着《己酉约条》与幕府有关,但事实并非如此。麦丘恩还认为,虽然"朝鲜在17至18世纪和幕府建立了直接关系,但这种关系相对而言并不重要"[3]。然而,朝鲜政府和幕府的直接关系正是整个日朝关系的基础,只有

---

[1] 根据外交礼仪,朝鲜应当为前来朝鲜的日本使节提供食物,而日本也应在朝鲜使节来访时提供食物。

[2] Tashiro Kazui, "Kinsei Tsushima ni okeru Nissen boeki no ichi kosatsu," in *Nihon rekishi*, 268 (1970): 88 – 114.

[3] McCune, "Korean Relations with China and Japan, 1800 – 1864," (unpublished Ph. D. dissertation, University of California, 1941), p. 12; James B. Palais, "Korea on the Eve of the Kanghwa Treaty, 1873 – 1876," (unpublished Ph. D. dissertation, Harvard University, 1967), p. 537. 两篇论文都认为这一"条约"决定了1876年之前的朝鲜与日本关系。Key-Hiuk Kim, *The Last Phase of the East Asian World Order*, pp. 15 – 16 采取了同样的立场。虽然汉城与江户之间的交涉并不规律,但它们构成了两国关系的基础。

第二章 后丰臣秀吉时代的外交正常化　　　　　　　　　45

在1607年日朝关系重新建立之后，1609年《己酉约条》的谈判才成为可能。同时，麦丘恩和其他一些学者还强调，日朝关系是一种朝贡关系，且朝鲜在其中居于优位。[1] 但不应忘记的是，朝鲜政府同作为日本一介大名和朝鲜属臣的[2]对马藩之间的关系，与朝鲜政府同德川幕府之间的关系是不同的。朝鲜的地位高于对马藩，这是无可争议的，但朝鲜和日本的相对地位却还有很大的讨论余地，也还有模糊之处。许多江户时代的日本人都称朝鲜使节为"来贡"或"来朝"，或是认为朝鲜"臣属于"幕府[3]，也有人认为日本丧失访问汉城的权利体现了日本地位的下降[4]。虽然几乎不存在像日本人

1　McCune, "Korean Relations with China and Japan, 1800 – 1864," p. 12；参照 Key-Hiuk Kim, *The Last Phase of the East Asian World Order*, p. 23。

2　*Sungjongwon ilgi*, 115 vols. (Kuksa P'yonch'an Wiwonhoe, 1961 –   ), 25：10ba；Ronald P. Toby, "Korean-Japanese Diplomacy in 1711：Sukchong's Court and the Shogun's Title," in *Chosen gakuho*, 74 (January 1975), pp. 10, 23, n. 40.

3　*Kokusho somokuroku*, 5：694 – 698 列出了50余册与江户时代的朝鲜使节相关的同时代书籍，它们将使节称作"来朝"或"来贡"，这二者都含有臣属和朝贡之意。其中的2册，即描绘1617年使节的《朝鲜来贡记》(*Chosen raiko ki*) 和描绘1624年使节的《朝鲜信使来贡记》(*Chosen shinshi raiko ki*) 都由林罗山写就，因此具备了半官方的性质。在林罗山为本多正纯起草的1611年给中国的书信中，林罗山将朝鲜描绘为向日本朝贡的国家。本多正纯给福建总督的书信，收录于 *Hayashi Razan bunshu* (Kobunsha, 1930)。地方的官员同样认为朝鲜是前来朝贡的，例如 *Chosenjin raicho ni tsuki muraura atemono kakiage cho* (MS, 1710, collection of the author) 记录了1711年为了接待通信使而向东海道的滨松附近各村征收物品的明细。参照 Nakai Chikuzan, *Sobo kigen*, in *Nakai Chikuzan to sobo kigen* (Taisho Yoko, 1943), p. 165。

4　新井白石主张应在对马藩接待朝鲜使节，以改善这一情况。见 *Arai Hakuseki zenshu*, 6 vols. (Kokusho Kankokai, 1905 – 1907), 4：682。这一主张在75年后，即1787年德川家齐继任将军之位时，由中井竹山提议，被松平定信积极采纳，最终于1811年得到实施。参见 Tabohashi kiyoshi, *Kindai Nissen kankei no kenkyu*, 2：639 – 894。

钦慕朝鲜或朝鲜特定文化那样钦慕日本的朝鲜人[1]，但人们很容易发现日朝双方都发表过贬低对方的言论。而且在整个江户时代，双方都认为自己在日朝关系中占据优位。但就外交礼仪的关系而言，朝鲜政府和德川幕府之间从本质上说是平等的。

也有学者认为，1609 年的《己酉约条》标志着日朝两国重新建立的"国交"是一种完整的外交关系。[2] 然而，由于幕府并未参与约条的缔结，这种说法似乎高估了《己酉约条》的意义。两国关系在 1607 年朝鲜使节来访和朝鲜国王与日本将军互换国书之时就已恢复，《己酉约条》所制定的仅仅是贸易条款。

麦丘恩还认为，"《己酉约条》最重要的特征之一是，朝鲜将不再接待将军派出的使节"，而"另一个特征是……所有日本使节都不得前往朝鲜的首都，朝鲜只在釜山接待他

---

[1] 李瀷有感于日本人忠诚和义理的美德。参见 Yi Ik, "Ilbon chung'ui," in *Songho saesol*, 2 vols. (Kyong'in Sorim, 1967), 1: 602。这部分的日文引用参见 Nakamura Hidetaka, *Nissen kankei shi no kenkyu*, 3: 314–315。李瀷曾预言尊皇派会发起叛乱，推翻将军，复兴天皇，并使其恢复原有的权力。他所描绘的场景与 100 多年后实际发生的倒幕过程惊人地相似。他的这种想法是基于阅读崎门学派的学者山崎暗斋、山崎的弟子浅见䌹斋，以及浅见的弟子若林强斋的著作而得来的，这表明 18 世纪初期的朝鲜能够见到日本学者的学术作品。相反，山崎暗斋也是朝鲜朱子学者李滉的崇拜者，这点山崎自己也承认。参见 Ryusaku Tsunoda et al., comp., *Sources of Japanese Tradition* (Columbia University Press, 1958), p. 356。林罗山积极向朝鲜使节询问朱子学的相关问题，这进一步体现了这种崇拜。Ryusaku Tsunoda et al., comp., *Sources of Japanese Tradition*, pp. 350f.

[2] Tashiro Kazui, "Jushichi juhachi seiki Nissen boeki no suii to Chosen toko sen," in *Chosen gakuho*, 79 (April 1976): 14.

们……日本人一步都不得踏出朝鲜为他们设定的贸易据点"。[1] 麦丘恩在这里混淆了《己酉约条》和记载朝鲜外交先例礼仪的外交行政手册《通文馆志》以及《交邻志》的内容。《己酉约条》本身并没有上述内容。[2] 但朝鲜政府的确在1609年拒绝了景辙玄苏和柳川景直前往汉城到宣祖陵墓前进香的请求[3]，这在后来成为先例。因此麦丘恩所说的内容是先例的一部分，而不是《己酉约条》的一部分。

1614年，德川家康又一次请求朝鲜派出使节。[4] 但这一次，使节在大坂之役和家康去世后的1617年才来到日本。[5] 下一次的朝鲜使节来访是在1624年。而后，朝鲜使节不定期到访日本，直到19世纪初。幕府一般将前来的各类使节都称作"庆贺使"，意为庆贺新将军就任。正如第三章将要详细论述的，这些使节还在证明幕府合法性（甚至每任新将军的合法性）方面发挥了重要作用。在第四章中，

---

1 McCune, "Korean Relations with China and Japan, 1800‒1864," pp. 156f.
2 请比较 Yi Hyonjong, "Kiyu choyak ui saso-byol ch'ongnam komt'o," pp. 291‒295 中的文本、李铉淙在第297页以下给出的整理本、*T'ongmun'gwanji*, pp. 82f 的文本和 *Chungjong kyorinji*, pp. 12‒17 的内容。尤其是，马科恩将后者史料注释的一部分（第14页）解释为"（上述日本官方贸易船的类型）应当被分门别类。他们不被允许前往汉城，而应当在釜山的倭馆受到接待"，将其认为是约条的一部分（他还将这一约条看作条约）。笔者认为这一内容是注释和既有礼仪的一部分的看法与铉淙的分析以及 Nakamura Hidetaka, "kiyu yakujo saiko," in *Chosen gakuho*, 101 (October 1981)：49‒50 的观点一致。
3 万历八年三月一日（1610年3月25日）礼曹的记录，收录于 *Chosen tsuko taiki*, kan 5, pp. 180‒183。
4 *Chosen tsuko taiki*, kan 5, pp. 199‒200。
5 参照第三章。

我们将会看到，日本与朝鲜持续的外交关系为幕府提供了关于亚洲大陆政治情况的实时情报。

不过，朝鲜在17世纪派出这些使节的目的却与日本的大不相同。朝鲜更加注意国防安全、俘虏送还以及日本政治形势的情报问题。[1] 但从另外的角度看，这些使节的最大意义或许在于，他们为两国之间的基层往来（例如贸易或救助漂流民和渔民等）提供了合法性。更进一步说，这些使节构成了日本型华夷秩序的重要一环。日本通过这一秩序发挥作用和定位自己。

与琉球王国的关系

在丰臣秀吉殁后的外交正常化过程中，日本为恢复与琉球中山王国的关系而采取的手段，比对马藩为重新与朝鲜建交而利用家康名义伪造国书来得简单些。位于九州南部的萨摩藩藩主岛津家长期与琉球保持着贸易关系。岛津家曾多次请求、威胁和命令琉球政府，希望尚宁王派遣朝贡使节表达对家康的臣

---

[1] 三宅英利在下述一系列论文中考察了日本幕府和朝鲜政府对这些遣使活动所抱有的不同目的。"Tokugawa seiken shokai no Chosen shinshi," "Genna Chosen shinshi raihei riyu e no gimon," "Kan'ei shokai no Chosen shinshi," in *Kyushu shigaku*, 53 – 54（1974）：63 – 78；"Kan'ei jusannen Chosen shinshi ko," in *Kitakyushu Daigaku Bungakubu kiyo*, 6：（1970）：1 – 20，"Sakoku chokugo no Chosen tsushinshi," in *Kitakyushu Daigaku Bungakubu kiyo*, 51 – 52（1971）：23 – 52；"Rishi Kyoso-cho Nihon tsushinshi ko," in *Kitakyushu Daigaku Bungakubu kiyo（B keiretsu）*, 3. 1（1969）：1 – 32；"Tenna Chosen shinshi ko," in *Shigaku ronshu-taigai kankei to seiji bunka*, 2 vols.（Yoshikawa Kobunkan, 1974），1：163 – 192.

服，即使这些要求无先例可循。但正如尚宁王早年无视了秀吉曾下达的要求援助朝鲜的命令一样，他也无视了岛津家的这些要求。[1]

这些问题终于在 1609 年得到解决。岛津家久（Shimazu Iehisa）于该年得到了德川家康的许可，即允许他派遣军队征服琉球。同年初夏，一支约 3000 人的军队从萨摩藩出发入侵琉球，顷刻之间使得这个小国跪地求饶。一支小规模占领军驻守在首都那霸，而尚宁王和他的主要官员则作为囚犯被带往萨摩藩的政治中心鹿儿岛。1610 年，岛津达成了幕府的指令，将尚宁王带到了家康和秀忠面前表达臣服之意。[2]

不久之后，家康授权岛津家"统治"琉球。[3] 很快，岛津家又得到了将琉球的石高（即领地内的贡米产量）纳入萨摩藩石高中的权利，这抬高了萨摩藩在日本诸大名中的地位。[4] 同时代的一些日本人甚至称岛津家为"四国主"，这是将琉球王

---

[1] George H. Kerr, *Okinawa*, p. 155; Shin'yashiki Yukishige, *Shinko Okinawa issennen shi*, 1: 420.

[2] 与萨摩藩的琉球征服和尚宁王的江户参府相关的文书收录于 Hayashi Akira, comp., *Tsuko ichiran*, 8 vols. (kokusho kankokai, 1913), 1: 5 - 291。关于此事的英文概述可参见 George H. Kerr, *Okinawa*, pp. 151 - 166; Robert K. Sakai, "The Ryukyu (Liu-Ch'iu) Islands as a Fief of Satsuma," in John K. Fairbank, ed., *The Chinese World Order* (Harvard University Press, 1968), pp. 115 - 118。（此书的中译本为费正清著：《中国的世界秩序：传统中国的对外关系》，杜继东译，中国社会科学出版社 2010 年版。——译者注）

[3] 庆长十四年七月三日本多正纯给岛津家久的书信以及同日本多正纯给岛津家久的书信。收录于 *Dai Nihon komonjo iewake dai juroku Shimazu ke monjo*, 2 vols. (Tokyo Teikoku Daigaku, 1942 - 1966), 2: 336f。

[4] 相关讨论参见 Robert K. Sakai, "The Ryukyu Islands," pp. 118f。

国也算在了其中。[1]

不过，这既不意味琉球不再是外国，也不意味琉球王国与德川幕府之间的关系不再是外交关系。虽然关于1610年尚宁王被引见给将军的史料不多，但与琉球王室在那之后派往幕府的使节相关的史料很丰富。琉球的使节派遣开始于1634年，而后一直持续到了幕末。从这些史料可以看出，就接待制度和外交礼仪而言，琉球王国派出的使节都被看作外交使节。而日本用以接待琉球使节的制度和礼仪都与接待朝鲜使节的相似，只是琉球的地位明显低于朝鲜。[2]

判断琉球在外交方面是否依旧是外国的一个重要标准是考察自林罗山到林复斋为止林家对待琉球的方式，因为林家是17世纪30年代到19世纪50年代（除18世纪初期的一小段时间外）幕府外交典礼的主要负责人。林罗山的儿子林鹅峰（Hayashi Gaho）在编纂其父的文集时列出了"外国书上"这一分类，其中，他除了将林罗山起草给明朝（包括澳门）、暹罗、朝鲜和其他明显属于外国的文书编入此类，还编入了同琉球的往来文书。[3] 1674年，当林鹅峰利用幕府收集的外国情报编

---

[1] *Hitomi Chikudo zenshu* (abridged MS copy, 3 vols., collection Historiographical Institute, Tokyo University), v. 3. *Ryukyu heishi ki* (MS copy, Nanki Bunko, Tokyo University Library) 中反映了对1711年琉球使节的一种矛盾。荻生徂徕一方面明确地将琉球看作外国，但同时又写道，"盖中山王实为萨附庸而其使人与萨侯之老比者"。

[2] 关于笔者对日本接待朝鲜和琉球使节时安排的相对外交地位问题的看法参见第五章。

[3] *Hayashi Razan bunshu*, pp. 130–163.

第二章 后丰臣秀吉时代的外交正常化

纂《华夷变态》时,琉球又一次与明朝、朝鲜和其他外国并列在了一起。[1] 几年后,幕府警告荷兰人不要骚扰琉球船只,其理由并不是认为琉球是日本的一部分,而是认为"琉球乃日本藩屏"[2]。朝鲜也经常用相同的表述形容对马藩[3],但并未认为对马藩是朝鲜的领土。

幕府将琉球视为外国的事实清晰地体现在奥利弗·斯塔特勒(Oliver Statler)所描述的轶事中。1857年10月,当幕府商讨将军应当使用怎样的礼仪来接待汤森·哈里斯(Townsend Harris)时,幕府所设想的两种模式正是其接待朝鲜使节和琉球使节的外交礼仪模式![4] 甚至在幕府的法令中,接待朝鲜和琉球使节的问题与其他对外关系问题归属同一分类。[5]

---

1 Hayashi Gaho, comp., *Ka'i hentai*, 3 vols. plus suppl. (Toyo Bunko, 1958 – 1960), 1: 79 – 91.
2 Mitsugu Sakihara, "The Significance of Ryukyu in Satsuma Finances during the Tokugawa Period," (unpublished Ph. D. dissertation, University of Hawaii, 1971), p. 11; *Tokugawa jikki*, 5: 403. (史料原文:"琉球は日本の藩屏。"——译者注)
3 *Sungjongwon ilgi*, 25: 10ba; Ronald P. Toby, "Korean-Japanese Relations in 1711: Sukchong's Court and the Shogun's Title," in *Chosen gakuho*, 74 (1975): 10; 23, n. 40.
4 Oliver Statler, *Shimoda Story* (Random House, 1969), p. 491. 斯塔特勒对这段的引用有误,但 *Dai Nihon komonjo bakumatsu gaikoku kankei monjo*, 16 第 42 页(安政四年七月二十一日下田奉行给老中的书信)以及第 158 页(安政四年七月十六日海防掛大目付给老中的书信)证明了面临重大外交危机的幕府高官们将琉球和朝鲜的关系看作可参考的先例。
5 *Tokugawa kinrei ko zenshu*, 6 vols. (Sobunsha, 1959), 6: 375 – 439; *Ofuregaki kanpo shusei* (Iwanami shoten, 1934), pp. 1336 – 1356 等通常会做出这样的分类。

表 2-2 德川时代的琉球使节[1]

年代	将军	琉球国王	正使	遣使目的
1610	秀忠	尚宁	尚宁	表示臣服于日本（尚宁王作为俘虏前往日本）
1634	家光	尚丰	佐铺、玉城、金武王子	庆贺家光就任、恩谢尚丰袭封
1644[2]	家光	尚贤	金武王子	庆贺将军世子诞生
1644	家光	尚贤	国头王子	恩谢尚贤袭封
1649	家光	尚质	具志川王子	恩谢尚质袭封
1653	家纲	尚质	国头王子	庆贺家纲就任
1671	家纲	尚贞	金武王子	恩谢尚贞袭封
1682	纲吉	尚贞	名护王子	庆贺纲吉就任
1711	家宣	尚益	美利、丰见城王子	庆贺家宣就任、恩谢尚益袭封
1714	家继	尚敬	金武王子	恩谢尚敬袭封
1714	家继	尚敬	与那城王子	庆贺家继就任
1718	吉宗	尚敬	越来王子	庆贺吉宗就任
1748	家重	尚敬	具志川王子	庆贺家重就任
1753	家重	尚穆	今归仁王子	恩谢尚穆袭封

---

[1] 本表的制作根据 Hayashi Akira, comp., *Tsuko ichiran*, 8 vols., 1: 1-250; Hayashi Akira, comp., *Tsuko ichiran zokushu* (5 vols, seibundo shuppan, 1968-1973), vol. 1; Oshima Nobujiro, "Ryukyu shisetsu no Edo sarei," in *Rekishi chiri*, 61.3 (1933): 50; Shunzo Sakamaki, *Ryukyu: A Bibliographic Guide to Okinawan Studies* (University of Hawaii Press, 1963), p. 90; *Jinmei Daijiten* (10 vols., Heibonsha, 1953-1955). 琉球姓名的读法根据 Sakamaki, ed., *Ryukyuan Names: Monographs on and Lists of Personal and Place Names in the Ryukyus* (East-West Center Press, 1964).

[2] 使节接见在旧历的最后一个月进行，这在格里高利历中算作是前一年。以下 1644 年、1711 年、1753 年、1791 年、1797 年同。

(续表)

年代	将军	琉球国王	正使	遣使目的
1764	家治	尚穆	读谷山王子	庆贺家治就任
1791	家齐	尚穆	宜野湾王子	庆贺家齐就任[1]
1797	家齐	尚成	大宜见王子	恩谢尚成袭封
1806	家齐	尚灏	读谷山王子	恩谢尚灏袭封
1832	家齐	尚育	丰见城王子	恩谢尚育袭封
1842	家庆	尚育	浦添王子	庆贺家庆就任
1850	家庆	尚恭	玉川王子	恩谢尚恭袭封

学界对琉球的地位有不同的看法。罗伯特·堺[2]（Robert Sakai）写道："近世琉球王国的地位不仅使西方研究者困惑，也令日本研究者费解。"[3] 这是因为琉球国王在向萨摩藩和德川幕府朝贡的同时，也继续向明清皇帝朝贡。因此，琉球国王成了一个半属于德川幕府，或者说同属于日本和中国的外国君主。武野要子（Takeno Yoko）认为萨摩藩与琉球间的贸易是一种外国贸易。[4] 但另一方面，渡口真清（Toguchi Masakiyo）则认为，因为琉球的石高被算进萨摩藩中，检地在琉球得到实施，幕府的部分法规适用于琉球，幕府也将琉球纳入锁国体系之

---

1 大岛延次郎将此次的使节误认为是谢恩使。参照 Hayashi Akira, comp., *Tsuko ichiran*, 8 vols., 1：198。
2 经与本书作者确认得知 Robert Sakai 的姓氏 Sakai 对应的汉字为堺。——译者注
3 Robert K. Sakai, "The Ryukyu Islands," pp. 112-115.
4 Takeno Yoko, "Satsuma han no Ryukyu boeki to boeki shonin Ishimoto ke no kankei," Hidemura Senzo, ed., *Satsuma han no kiso kozo* (Ochanomizu Shobo, 1970); *Han boeki shi no kenkyu* (Mineruva Shobo, 1979), chs. 5, 9.

中，所以1609年被萨摩藩征服后的琉球成了日本的一部分。[1]这两种观点都与琉球当下的地位问题相关，现代政治使这一问题变得更为复杂。

约50年前，日本殖民理论家山本美越乃（Yamamoto Mieno）则提出了更微妙的见解。山本认为萨摩藩在"错误的殖民政策"下征服了琉球。[2] 琉球时而臣服于萨摩藩，但从法律上讲它仍然是他国。

如果站在渡口真清及其支持者的角度上，认为琉球自1609年起就成了日本的一部分，虽然可以避免从德川对外关系史的角度分析日琉关系从而引起麻烦，但会引发一系列新问题。即，人们不得不从日本对外关系的角度理解琉球和中国的关系，以及琉球在幕府的了解和允许下服从于中国的事实。人们可以不用从幕府对外政策的角度思考琉球对幕府派遣使臣的意义，但要处理由琉球派往北京的使臣、中国皇帝给琉球的册封[3]、中国的琉球留学生以及琉球持有远洋船这一事实（这明显违反幕府的法令）所引发的问题。即使将琉球派往幕府的使节理解为外交使节也无法解决这一困境，这两种问题无法同时

---

[1] Toguchi Masakiyo, *Kinsei no Ryukyu* (Hosei Daigaku Shuppankyoku, 1975), pp. 359–373.

[2] Yamamoto Mieno, "Ayamareru shokumin seisaku no kikeiji-Ryukyu," in *Keizaigaku ronso*, vols. 23 (1926), 24 (1927), 25 (1927), 28 (1928).

[3] 关于这些使节以及中国对琉球的册封的详细考察，参见 Ch'en Ta-tuan, "Investiture of Liu-Ch'iu Kings in the Ch'ing Period," in Fairbank, *The Chinese World Order*, pp. 135–164。

第二章 后丰臣秀吉时代的外交正常化

被避开。

与朝鲜一样，琉球也是被有意编入德川幕府对外体系之中的。虽然萨摩藩对琉球的殖民剥削肯定与对马藩对朝鲜的态度大不相同，但在贸易特权、外交礼仪和情报搜集方面，萨摩藩与琉球的关系近似于对马藩与朝鲜的关系。幕府授予萨摩藩的权力也与幕府给予对马藩的权力相似。正如罗伯特·堺所言，"岛津藩藩主通过琉球岛民获得珍贵的中国货物，再将其出售到日本各处以获得利润"[1]，这也正是对马藩藩主所从事的事务。不过，人们很难同意他所认为的"这一行为违反了幕府试图将对外贸易限制在长崎这一仅有的口岸以垄断对外贸易"[2]的观点。这是因为，正如我们已经看到的，当幕府授权、认可并用特铸银[3]来保证对马藩的朝鲜贸易持续进行时，幕府已经认可了除长崎外其他地方的对外贸易，而这些贸易由不受幕府直接控制的中介者进行。幕府没有持续垄断对外贸易，萨摩藩和琉球之间的贸易也并未违反锁国政策，相反，它构成了幕府对外政策的一部分。

---

[1] Robert K. Sakai, "The Satsuma-Ryukyu Trade and the Tokugawa Seclusion Policy," in *Journal of Asian Studies*, 23.3 (1964): 391.
[2] 同上书。
[3] Tashiro Kazui, "Tsushima Han's Korean Trade, 1684–1710," in *Acta Asiatica*, 30 (1976): 97.

第三章
认可的透镜：幕府权力正当化过程中的外交

对德川幕府确立其正统性的机制和过程的理解和分析，因受到意识形态和史书编纂的影响而变得复杂。人们通常认为，政权的合法性存在于皇室朝廷之中，其他合法的世俗权威都只是其衍生品。这一观念有时会使得现代研究者无法梳理出一个令人满意的德川政权合法性构建过程。实际上，这一想法同样困扰着德川时代的学者。他们难以将自己所处时代的制度和惯例嵌入由中国传入的儒家正统性的规范模式中。这一严峻的政治课题在德川幕府统治力衰退的时代日趋突出。不过在大多数情况下，德川时代的学者认为幕府的合法性在于，幕府掌握的世俗权力源自朝廷，而德川幕府名正言顺地承袭这种权力。他们常常利用儒家伦理和政治理论为自己辩护，使朝廷的地位维持在理想状态的同时，也使源自天命的将军权力符合了道德标准。[1] 幕府如何确立其合法性的问题是研究德川时代的现代历史学家所面临的一项重要课题。政权合法性是"统治权力的基础……它的运作一方面有赖于统治者意识到自己有权力进行管

---

[1] Ito Tasaburo, "Edo bakufu no seiritsu to buke seijikan," in *Rekishigaku kenkyu*, 131 (January 1948): 1 - 11; 132 (February 1948): 29 - 47 中简略地讨论了这一问题。

理,而另一方面,被统治者也需要在某种程度上接受这一权力"[1]。直至最近,关于确立合法性问题的讨论在很大程度上都离不开上述框架,即幕府如何从朝廷承袭世俗权力,以及幕府如何借助儒家意识形态来华丽地包装这些权力及其附属权威。[2] 虽然确立自身的合法性是每一个新政权都要面临的最重要的课题之一,对于希望建立一个新型政治秩序的政权来说更是如此,但依旧没有太多人关注过幕府在其建立的最初几十年中在内政外交方面的政治作为(这些作为可以更具体地体现出幕府希望确立合法性的意志)。在构建新型政治秩序的过程中,新政权有时会利用外交关系来宣传对内统治的合法性。查尔斯·P. 科尔(Charles P. Korr)论证了在 17 世纪中叶的英格兰,奥利弗·克伦威尔(Oliver Cromwell)为建立稳定政权而考虑的

---

[1] Dolf Sternberger, "Legitimacy," in *International Encyclopedia of the Social Sciences* (1968), 9: 244.

[2] David Margarey Earl, *Emperor and Nation in Japan, Political Thinkers of the Tokugawa Period* (University of Washington Press, 1964), pp. 15ff; John Whitney Hall, *Government and Local Power in Japan, 500 – 1700, A Study Based on Bizen Province* (Princeton University Press, 1966), pp. 345 – 353; Conrad Totman, *Politics in the Tokugawa Bakufu, 1600 – 1843* (Harvard University Press), 1967, pp. 39f; Herschel Webb, *The Japanese Imperial Institution in the Tokugawa Period* (Columbia University Press, 1968), pp. 168 – 174. 近十年来关于将军合法性问题的研究层出不穷。特别参见 *Japan before Tokugawa: Political Consolidation and Economic Growth, 1500 – 1650*, ed. John W. Hall et al. (Princeton University Press, 1981) 中收录的以下论文: Asao Naohiro, "Shogun and Tenno," Fujiki Hisashi, "The Political Posture of Oda Nobunaga," John Hall, "Hideyoshi's Domestic Policies," Katsumata Shizuo, "The Development of Sengoku Law," and Sasaki Junnosuke, "The Changing Rationale of Daimyo Control in the Emergence of the Bakuhan State".

合法性问题如何影响了对外政策的制定。[1] 本章的中心问题是，在17世纪上半叶的日本，制定对外政策和确立新政权的合法性之间如何相互作用。

合法的政权建立在一系列复杂的基础之上，其中包括保持权力以及正当地继承权力，这两点也需要得到政治社会主体的认可。政治社会既包括国内的政治群体，也包含国际社会。对17世纪初期的日本来说，国内政治群体指的是朝廷、上层武士阶层以及极少数的僧侣、学者和商人，而国际社会通常指的是以明朝的朝贡体系为中心的国际秩序。

对于1600年的德川家康来说，他的合法性既尚未得到国内政治群体的认可，也还未被国际社会承认。就国内而言，虽然关原合战已经过去，但国家层面世俗权力的合法性依旧属于丰臣秀吉7岁的儿子秀赖；而对于国际社会来说，秀吉发动的长达7年的朝鲜战争使得日本被排除在东北亚之外，只有比安南更远的地方才会对日本表示欢迎。但到了1651年家康的孙子家光去世之时，幕府已然控制了对外关系，确立了毋庸置疑的内政外交合法性，日本也重回东亚舞台。

恢复东北亚秩序的努力

本书的第二章已详细讨论了恢复日本和朝鲜之间外交和经济

---

[1] Charles P. Korr, *Cormwell and the New Model Foreign Policy* (University of California Press, 1975), pp. 5, 7.

关系的细节（包括 16 世纪 90 年代的早期协商、1604 年至 1605 年和 1607 年的外交使节、1609 年的《己酉约条》以及 1611 年两国贸易的重开）。[1] 有证据表明，家康恢复日朝关系的动机之一是希望借助朝鲜的调停加入明朝的国际秩序。日本已经在这一秩序之外游离了半个多世纪。[2]

通过家康及其顾问和一直以来担任日朝中介的对马藩藩主宗义智及其家臣的努力，新兴的德川幕府成功迎来了一支 467 人的庞大使节团。使节团携带着朝鲜宣祖给将军的国书和礼物到访江户和骏府。一些日本人认为这一行为意味着家康统一日本的事实得到了认证。[3] 在深受中国传统思想影响的地方，国家统一被认为是政权合法的标准之一。[4] 事实上，在三年后，当幕府最重要的理论家林罗山试图让明朝认可幕府时，他就利

---

[1] 与恢复外交关系过程相关的史料和基本研究，参照 Tsuji, *Zotei kaigai kotsu shiwa*, pp. 465 - 480; Kondo Morishige, *Gaiban tsusho*, pp. 9 - 21; Hayashi Akira, comp., *Tsuko ichiran*, 8 vols., 1: 241 - 328; Nakamura Hidetaka, *Nissen kankei shi no kenkyu*, 3: 234 - 336。

[2] 早在 1609 年，家康就曾下达命令告诉朝鲜 "欲假道路修贡大明"。O Sukkwon, comp., *Kosa Ch'waryo* (Keijo Teikoku Daigaku Hobungakubu, 1941), pp. 120f. *Chosen tsuko taiki*, kan 5 中收录了一封重复这一要求的书信。Tsuji, *Zotei kaigai kotsu shiwa*, p. 473 以及 Tanaka, *Chusei taigai kankei shi*, p. 54 同样记述了相关证明，但辻善之助 (Tsuji Zennosuke) 避开了含有 "贡" 的意思的语句。

[3] 参见 Hayashi Gaho, "Chosen raio gaishu jo," in *Gaho Sensi Hayashi Gakushi bunshu* (contents, prefaces 1 and 2, and 120 kan, in 51 fascicles 1689), 90: 3b。

[4] 欧阳修：《正统论》，《欧阳文忠公集》四部丛刊本, 59, 第 5 页 a—第 18 页 a; 苏轼：《正统论》，《经进东坡文集事略》四部丛刊本, 11, 第 5 页 b—第 11 页 a; 司马光：《资治通鉴》11 卷, 新华书店, 1956 年, 3, 第 2185—2188 页。加上训点的文本参照 Morohashi Tetsuji, comp., *Daikanwa jiten*, 13 vols. (Taishukan Shoten, 1955 - 1965), 6: 673ff。

用了这次使节团以证明幕府的合法性。[1] 日朝关系的恢复在幕府看来是一个巨大的胜利。

可以用类似的逻辑来理解1609年的琉球入侵以及1610年尚宁王一行访问江户的行为。在1603年家康被封为征夷大将军之后，萨摩藩藩主便催促尚宁王派遣庆贺使。在催促未果之下，岛津家久向德川家康提出请求，而后收到了家康谴责琉球并催促其屈服和派遣使节的命令。从表面上看，入侵琉球的理由在于琉球没有履行朝贡义务，拒绝作为日本的附属国臣服于日本。在萨摩成功入侵琉球和尚宁王访问江户之后，这一"附属国"的"从属"地位成为幕府合法性的又一证明，出现在写给明朝的书信之中。[2] 虽然明朝完全知道琉球事件的真实情况[3]，也不认为幕府可以通过入侵明朝的附属国来证明其合法性。

下文还会再对日本与朝鲜和琉球的关系进行论述。但在这之前，我们需要先考察日本在后丰臣秀吉时代试图接近明朝的努力，毕竟以明为中心的"中国型世界秩序"（Chinese world

---

[1] 本多正纯给福建总督的书信，收录于 *Hayashi Razan bunshu*, p. 130。

[2] Hayashi Akira, comp., *Tsuko ichiran*, 8 vols., 1: 9–39; *Kagoshima kenshi*, 5 vols. (Kagoshima Ken, 1940–1943), 4: 660–679. 关于家康试图通过琉球与明朝取得联系，参见 Yasushiko, *Nisshi Kotsushi*, 2 vols. (Kinshi Horyudo, 1926–1928), 1: 459f. 关于萨摩入侵琉球的英文简述，参见 George H. Kerr, *Okinawa*, pp. 156–166; Robert K. Sakai, "The Ryukyu (Liu-ch'iu) Islands as A Fief of Satsuma," in John King Fairbank, ed., *The Chinese World Order*, pp. 115–118。

[3] *Ming-shih*, 6 vols. (Kuo-fang Yen-chiu Yuan, 1962), 1: 145f; 6: 3700. 琉球与明之间的通信被收录在《历代宝案》(*Rekidai hoan*)中，引自 Miyata Toshihiko, "Kinsei shoki no Ryumin boeki," in *Nihon rekishi*, 340 (September 1976): 2–6。

order）是 1600 年前影响日本对外关系的主要因素。虽然关于这个问题，最早的直接史料几乎只有本多正纯（Honda Masazumi）在庆长十五年（1610 年）写给福建道总督军务都察院都御史的书信，但毫无疑问的是，家康热切地希望能够获得曾结束于 1547 年的与明朝的直接贸易权。

既然家康如此希望与明朝展开直接贸易，那么我们就有必要先回溯一下日本与明朝此前的贸易模式，并考虑其对德川政权合法性的意义所在。15—16 世纪的日本船只，在持有名为"勘合"的特许状时才能来到中国进行贸易。明朝政府先向"日本国王"发放勘合，再由将军把勘合分发给希望进行贸易的日本人。足利义满为了得到日本国王的称号，接受了明朝朝贡体系中的"附属国"地位，并由此控制了对于明、日贸易来说必不可少的勘合。[1] 义满通过垄断勘合来压制桀骜不驯的守护大名和寺社势力。[2] 义满有时也无法完全与他们达成妥协。这时，他就会通过增加他们的利益以向他们证明自己地位的正当性。通过进入以明朝为中心的朝贡体系，义满提高了自身的威信。但是，接受由明朝授予的"国王"称号也有其弊端——损害了日本的主权。因此义满也持续不断地受到

---

[1] 这一关系还包括从日本不定期地派遣使节到明朝。详细讨论参见 Wang Yi-t'ung, *Official Relations between China and Japan*, 1368 – 1549（Harvard University Press, 1953）以及 Tanaka Takeo, *Wako to kango boeki*（Shibundo, 1961）。

[2] Zuikei Shuho, *Zenrin kokuho ki*, in *Kaitei shiseki shuran*, 33 vols.（Kondo Shuppanbu, 1900 – 1902），21：37f.

批判。[1]

日本试图在17世纪进入明朝的朝贡体系，但有两个因素阻碍了这一进程。其一，进入朝贡体系意味着作为日本代表的家康需要向明朝的皇帝递送被称作"表"的正式文书，并在其中对明称臣、使用明朝年号。[2] 这意味着家康需要让渡其试图建立的独立的正统性和主权，这将使他受到与义满一样的非难。其二，明朝依旧对日本发动的朝鲜战争记忆犹新。此外，《明史》中常常提到的倭寇活动也一直持续到了17世纪10年代。

因此，家康很难让明朝承认其正统性。如果他硬要这么做，他就会失去日本政治社会对其合法性的认可。幕府与明朝间的早期书信往来证实了这一矛盾，也明确揭示了亚洲外交与幕府合法性之间存在的关联。

在1610年末，林罗山奉家康之命，与家康主要的外交顾问本多正纯和以心崇传（Ishin Suden）商讨并起草了带有正纯签名和家康之印的写给福建道总督军务都察院都御史的书信。这封以1611年1月29日为日期的书信，是日本在1611年至1625年间为重开与明朝直接贸易而写就的一系列书信中的第

1　Sato Shin'ichi, "Muromachi bakufu ron," in *Iwanami koza Nihon rekishi*, 23 vols. (Iwanami Shoten, 1962-1964), 7：48.
2　Tanaka, *Chusei taigai kankei shi*, pp. 23f, 55f 对"表"有所解释。

一封。¹

为了向明朝证明家康的真诚和合法性，书信本该迎合明朝的特定标准，但家康并不情愿。首先，也是最重要的是，书信不是"表"。它不由统治者署名，而是由其下属签发，因此这不符合明朝的规定。此外，书信也没有使用明朝的年号，虽然林罗山知道年号是承认明朝宗主权的强制要求。林罗山确实对明朝适当地使用了恭敬的称谓，但他将明朝皇帝称为"大明天子"，而为日本天皇保留了"京之天子"的称呼，这便否认了中国皇帝的普世性。林罗山对侵略朝鲜之事只表达了些许歉意，也丝毫没有提及在不久前的1609年发生的倭寇侵扰温州之事。² 对于入侵明朝附属国琉球一事，林罗山不仅没有道歉，还试图利用"琉球称臣"的宣言来美化这一行为。为了强调德川幕府的合法性，林罗山声称从朝鲜到暹罗的明朝的所有附属国都开始向日本朝贡。林罗山的做法无异于声称日本正试图取代明朝在华夷秩序中的地位。

林罗山、德川家康和本多正纯请求明朝颁发勘合，虽然他们知道这要以日本先接受明朝册封并积极承认华夷秩序为前提。不过，册封日本的前提之一是家康可以证明自己是日本的合法统治者，因此林罗山便试图做出这一证明。证明家康对内统治具有合法性的最有力的证据来自天皇对将军的任

1　*Hayashi Razan bunshu*，p. 130.
2　《明史》1，第145页。

命，但是在明朝看来，这一点不仅构不成合法性的证据，反倒还会有害于合法性主张。因此，林罗山略过了这一点。相反，他提到了认证合法性的三个经典标准，即家康统一了全国，他重振了统治并为人民带来繁荣，他的统治已经传承了三代（原文如此）。最后一个标准明显过度利用了当时只有7岁的家光。不过这三条都是根深蒂固于传统之中的合法性标准。前文引用的欧阳修的《正统论》由两个部分组成，一个是统一的标准，另一个是三代的标准。[1] 下文将会提到，这些标准都是确定政治合法性的重要指标，并因此常常出现在江户时代初期的对外通信中。

无需将幕府写给明朝的书信全都细究，分析幕府收到明朝第一封回信时的反应更为重要。[2] 随着日本国内对幕府的抗拒日渐消退，朱印船制度（即幕府自己建立的特许贸易和确保国

---

[1] 参照欧阳修：《正统论》，《欧阳文忠公集》四部丛刊本，59，第5页a—第18页a；苏轼：《正统论》，《经进东坡文集事略》四部丛刊本，11，第5页b—第11页a；司马光：《资治通鉴》11卷，新华书店，1956年，3，第2185—2188页。关于三代标准的精彩论述，参见 Ojima Sukema, *Chugoku no kakumei shiso* (Chikuma Shobo, 1967), pp. 25-28。

[2] 大部分通信都收录于 Kondo Morishige, *Gaiban tsusho*, kan 8-9, pp. 52-62 中。1620年前写给明朝的所有书信都以各种各样的形式请求加入明朝的朝贡体系并与明朝展开直接贸易。所有书信都反映了日本对承认中国普遍正当性的矛盾心态，这一矛盾心态可见于 *Hayashi Razan bunshu* 第130页收录的本多正纯写给福建总督的书信。然而，经过了1619年至1621年间发生的一系列事件之后，日本便不再寻求对明朝的直接贸易，此后写给明朝的书信在内容上集中于基督教问题。这明显体现在 *Hayashi Razan bunshu*, pp. 136f; Kondo Morishige, *Gaiban tsusho*, pp. 58f 收录的1625年8月末次平藏写给福建总督的书信中。林罗山起草了这些书信，因此可以认为它们体现了幕府的决策。

际贸易安全的制度)[1] 成为使日本免于让渡主权的有效替代机制，幕府对于进入华夷秩序的兴趣日益衰减。这一点明显体现在 1619 年至 1621 年发生的事件之中。

以心崇传在元和七年（1621 年）3 月记录道，一位名叫单凤翔的中国商人把浙江都督写给将军和长崎奉行的书信（信中的日期为 1619 年）带到了长崎。[2] 这两封信，尤其是写给将军德川秀忠的那一封，在幕阁和幕府的主要外交顾问中引发了一场为期 3 个月的讨论：以心崇传、林罗山的弟弟永喜（林罗山那时在京都）以及长崎代官长谷川藤广讨论了是否应该接受以及如何处理这封书信的问题。这封信似乎是明朝对日本自 1605 年至 1606 年以来（甚至还可以追溯到关原合战以前）发出的一系列试探性书信的第一封回信。按照原本的期待，虽然这封书信语气强硬，但幕府应该要对终于开启了通向明朝的道路而感到高兴。除秀忠之外，参与此事的都曾是家康身边的顾问，

---

[1] 朱印状是由幕府颁发的特许状，它加盖了将军的红印，允许其携带者进行特定的海外远航。家康最迟在 1604 年开始实行这项制度。在发行朱印状之前，家康曾致信包括吕宋和暹罗在内的东亚诸国的统治者，告知他们这些朱印状可以证明其携带者的真实性，并请求允许携带者在被许可的目的地进行自由贸易，任何没有携带朱印状的日本船只都应该被视作海盗。参见 Kondo Morishige, *Gaiban tsusho*, p. 73 收录的 1601 年春家康写给安南王的书信。这一制度几经修改，一直持续到 1635 年。在执行力最强的时候，它甚至能保证战争区域的航行安全。简单的相关论述参见 Boxer, *The Christian Century in Japan*, pp. 261－267。权威的研究参照 Iwao Seiichi, *Shuinsen boeki shi no kenkyu*。

[2] 此事被记录于 Ishin Suden, *Ikoku nikki*, 4 vols. (MS copy, collection Historiographical Institute), vol. 2 中；Hayashi Akira, comp., *Tsuko ichiran*, 8 vols., 5：555－561 也进行了收录。后者还给出了书信的原文。其他相关记录参见以心崇传的日记，即 *Honko kokushi nikki*, 7 vols. (Zoku Gunsho Ruiju Kanseikai, 1970), 5：103－117。下文的讨论建立在这些史料的基础之上。

第三章 认可的透镜：幕府权力正当化过程中的外交

其中大部分也为家康试图接近明朝而努力。做出最终决定的不是将军，而是这批人。虽然明朝的书信有含糊的地方，但它似乎提议与日本进行直接贸易。作为交换条件，明朝希望日本镇压倭寇。这种外交交换在过去也时常发生在中日之间。[1]

崇传等人围绕着如何处置这封信的问题讨论了三周，并常常与老中一起商议。幕府认为，出于以下两个主要原因，他们无法接受这封信。其一，写给秀忠的这封信和写给长崎代官长谷川的信是一样的，这忽视了上下级的等级差别。其二，书信将秀忠称作"日本将军様"[2]，他们认为这种称呼在外交文书中是不礼貌的。前长崎代官寺泽广高甚至认为，与明朝进行任何关于和平问题的直接交涉都有悖于日本的国法（即"日本的御法度"），日本应当命令明朝通过朝鲜与日本交涉。1621年6月26日，秀忠批准了这一羞辱明朝的要求，与此同时也拒绝了明朝的提议。日本的回复以非正式的方式传达给在京都的明朝使节："大明日本之通信，近代自朝鲜告对马藩，对马藩奏上之。今猥无由执奏之，忽还邦，而以朝鲜通译可述所求之事也。"[3]

家康倾尽余生耗费精力希望恢复与明朝的直接关系从而展开对明贸易，但为何秀忠在此时选择拒绝这个机会？与此事相

---

1 Nakamura Hidetaka, *Nissen kankei shi no kenkyu*, 1：141-202.
2 "様"，日语中对人的敬称。——译者注
3 *Ikoku nikki*, vol. 2; Kondo Morishige, *Gaiban tsusho*, p. 58; Hayashi Akira, comp., *Tsuko ichiran*, 8 vols., 5：558.

关的主要人员，除了秀忠（他似乎只是批准了幕阁的决定而已），都曾作为家康的顾问参与了直到几年前一直持续进行的希望加入华夷秩序的尝试中。那么这是否单纯是因为——就像人们常常认为的那样——秀忠不如其父亲那样热心于贸易和对外关系？

如此多位明显对外交兴趣盎然，也认识到贸易对幕府的潜在利益的经验丰富的顾问们都参与了此事，这点足以推翻上述推测。因此，需要用更大的形势转变来解释这一疑问：随着大坂之阵的平定和家康的去世，所谓的"二元政治"带来的紧张日渐消失；后阳成院的去世削弱了对将军正统性构成威胁的国内潜在因素；1617年，幕府在京都成功接待了朝鲜使节，取得了一次外交胜利；由于朱印船制度成功保护了海外的日本商人，麻烦的欧洲人也只能乖乖就范；荷兰人和葡萄牙人之间激烈的竞争也减缓了幕府的海外商业和战略压力。这些都使得幕府感到自己不再需要通过让渡其日益增长的自主的正统性来换取对明直接贸易所带来的微乎其微的利益。事实上，幕府在1621年决定拒绝的正是对明的直接关系。

四年后，当林罗山为长崎代官末次平藏起草一封给1624年福建总督来信的回信时，他既没有提到勘合也没有提到日本参与对明贸易或朝贡体系的事。与此相对，他集中于另一个对身处亚洲的日本来说棘手的问题，即对基督教的控制。这也将会在接下来的60年中成为日本外交书信常常提到的一个话题。[1] 对明朝"外交正常化"的努力就这样被放弃了，因为幕府不愿让渡其合法性。

外国使节与幕府的合法性

上述的外交发展与幕府建立其合法性之间的关系是清晰明了的。然而，虽然许多重要的外交通信会在日后以《林罗山文集》的形式被公开，但大部分书信仍不为公众所知。总之，利用外交进行政治宣传的最重要方式是将军在居所接待外国使节，这一做法始于1605年德川家康与朝鲜外交僧松云在京都的交涉。

在众多以政治宣传为目的的外交活动中，最明显的例子莫过于德川秀忠在1617年于京都的伏见城接见朝鲜使节，以及德川家光于1634年在京都新建的二条城中接待琉球使节这两件事。朝尾直弘认为，接待这两拨使节与增强幕府合法性有关，但他举的所有例子以及他的讨论几乎都只局限在分析秀忠和家光在接待使节的这段时间里对国内的政治作为上。事实上，朝尾既不能证明幕府想要利用这些使节来达到增强合法性的目的，也不能说明它们产生了如此效果。[2] 因此，本节将主要证明幕府通过操纵外国使节来进行政治宣传，以期增强幕府的权威和合法性。

---

1 *Hayashi razan bunshu*, pp. 136f; Kondo Morishige, *Gaiban tsusho*, pp. 58f, etc.
2 Asao Naohiro, *Sakoku*, pp. 359f; Asao, "Shogun seiji no kenryoku kozo," in *Iwanami koza Nihon rekishi*, 10 (1975): 5, etc.

在 1615 年上半年取得大坂之役的胜利并消除了对德川政权来说最大的隐患之后，不到一年，德川家康便撒手人寰。他的儿子秀忠不再受限于他在骏府进行的幕后操纵，成为掌握实权的将军。秀忠继承的是一个有效率的"统一的封建国家"，但他同时也将面对父亲留下的顾问们（秀忠接连铲除了其中好几位）以及有可能取代他成为政权中心的有力竞争者（即朝廷和几位西日本大名）。对于在 1600 年关原合战中表现尴尬的秀忠来说，他是否可以统帅幕府便成了重要的问题。

正如朝尾指出的，秀忠在翌年夏天前往京都的行为在构建其统治的合法性和权威性方面具有决定性意义。这是他作为日本世俗统治者第一次单独前往京都。此次上洛[1]是将军在江户时代最初 30 年中 10 次上洛中的一次。此次上洛除了履行统治者传统的国见（即对领土宣示主权）职责，以及让秀忠拜访位于久能山（今静冈县）的祭祀其父的东照宫，还为秀忠提供了向朝廷和诸大名展示其威严和权力的机会，借此巩固秀忠自身的合法性。秀忠选择在这个时间上洛并在京都停留了将近 3 个月的事实印证了辻达也的说法，即在秀忠的政治议程中，处理天皇与将军的关系是最迫切的议题。[2]

与此同时，好运与努力使秀忠得以在诸国，尤其是京都，

---

[1] 前往京都的雅称。——译者注

[2] Tsuji Tatsuya, "Kan'ei-ki no bakufu seiji ni kan suru jakkan no ko-satsu," in *Yokohama Shiritsu Daigaku ronso*, 24. 2/3（1973）：31–35. Compare Totman, *Politics in the Tokugawa Bakuju*, pp. 38f.

第三章 认可的透镜：幕府权力正当化过程中的外交

展示由朝鲜国王派来的428人的使节队伍。[1] 自1614年以来，家康一直想通过对马藩的斡旋让朝鲜派遣使臣。对马藩同朝鲜的交涉越来越急迫，甚至暗示如果无法为将军提供朝鲜使节，自己将有地位不保的危险。事实上，朝鲜认为他们派出使节是为了回应据称是发自将军的寻求和平的"国书"。该"国书"实系伪造，并由对马藩于元和二年十一月（即1616年12月9日至1617年1月8日）递送。[2] 日本官方认为使节是前来庆祝秀忠征服大坂、统一全国的，而朝鲜政府则认为他们派遣使节是为了回应秀忠寻求和平的国书。因此朝鲜将此次的使团称作"回答使"，同时附带遣返因秀吉侵略而被掳掠到日本的朝鲜俘虏的任务。

虽然朝鲜使节访日的时间被大大推迟，但以心崇传很可能知道，如果秀忠在6月中旬启程前往京都的话，那么他便能够在逗留京都期间接待期盼已久的使节。秀忠于6月抵达京都，而后立即专注于向朝廷和诸大名展示自身权威。[3] 此后，他一直忙于这一事务直至朝鲜使节于8月底到来。幕府要求诸大名

---

1 关于此次使节派遣的背景，参见 Miyake Hidetoshi, "Genna Chosen shinshi raihei riyu e no gimon". 关于使节自身，参见 Hayashi Akira, comp., *Tsuko ichiran*, 8 vols., 1: 381-384; 2: 303f; 3: 9off, 209-213. 朝鲜正使吴允谦（O Yun'gyom）的日记 *Tongasang illok*, in *Kaiko sosai*, 2: 78-110, 以及副使李景稷（Yi Kyongjik）的日记 *Pusangnok*, in *Kaiko sosai*, 2: 111-205.

2 *Kwanghaegun ilgi*, 112: 9b, at *Choson wangjo sillok*, 32: 565; Hayashi Akira, comp., *Tsuko ichiran*, 8 vols., 1: 381-384.

3 *Honko kokushi nikki*, 4: 143; *Dai Nihon shiryo*, 12.27: 417-656. 其中秀忠给荷兰人的朱印状参见第606页，对葡萄牙人的接待参见第581—588页。

前来京都[1]，外样大名以及德川氏的亲藩大名也被召集过来。他们聚集在京都以亲眼见证秀忠政权的伟大。

由于朝鲜使节到达的日期被严重推迟，质疑使节确切目的的流言甚嚣尘上。直到 1623 年闭馆为止，理查德·科克斯（Richard Cocks）一直担任平户的英国商馆长，也是一位不懈的日本时事观察者。他在 1617 年 8 月 31 日（儒略历）的日记中记录道，"皇帝"（即将军）向全国发布命令，朝鲜使节应当受到优待。他继续写道："一些人（百姓）认为他们来这里是为了表示服从和献上贡物的，如果不这样的话，皇帝便会对他们再次发起战争。"[2] 在朝鲜使节停留于京都期间，科克斯也在京都，并试图获得开启英国与朝鲜贸易的许可。[3] 他在 9 月 20 日（儒略历）写道：

> 据说朝鲜人向皇帝（秀忠）献上礼物……并说明了朝鲜国王派遣他们的原因：首先是访问和祭拜去世的大御所样皇帝（德川家康）的灵庙；其次是庆祝现在的陛下没有经过战争或流血就顺利继承了父亲的皇位；最后希望陛下

---

1 *Dai Nihon shiryo*，12.27：308 - 360，关于对大名下的命令，参见 *Honko kokushi nikki*，4：135。

2 Richard Cocks, *Diary Kept by the Head of the English Factory in Japan*：*Diary of Richard Cocks*，1615 - 1622，3 vols.，ed.，Historiographical Institute（Tokyo Daigaku Shuppankai, 1978 - 1980），2：156 - 157（31 August 1617［O. S.］）。这一版本取代了村上版 *Diary of Richard Cocks*，2 vols.（Sankosha, 1899），不过读者可以通过日期在后者的版本中找到引文。

3 Richard Cocks, *Diary Kept by the Head of the English Factory in Japan*：*Diary of Richard Cocks*，1615 - 1622，2：171（21, 22 September 1617［O. S.］）。

第三章 认可的透镜：幕府权力正当化过程中的外交　　75

像其父一样保护朝鲜人，并且请求陛下在其他国家企图打扰朝鲜安宁的时候保护他们免于受到侵略。[1]

虽然这样的流言无法体现朝鲜使节对这些问题的看法，但它体现了朝鲜使节所具有的提高幕府权威和增强将军合法性的作用。一位京都的公家在之后的 1643 年同样认为朝鲜使节的到来证明了将军的权威已驰名海外。两天后，这一流言发展为认为将军正企图引诱朝鲜脱离明朝的朝贡体系。科克斯报告，"日本的领主们……得到皇帝的授意，皇帝试图切断朝鲜与中国国王的友好关系"[2]。

不过，对出现在将军面前的朝鲜使节感触深刻的不止理查德·科克斯一人。400 余名朝鲜使节于 1617 年 9 月 25 日在伏见城谒见秀忠之事被著名僧侣义演记录在其日记中。[3] 编撰外样大名和其他诸大名的家谱和记录的人员也认为此事意义重

1　Richard Cocks, *Diary Kept by the Head of the English Factory in Japan*: *Diary of Richard Cocks*, 1615-1622, 2: 170 (20 September 1617 [O.S.])

2　Richard Cocks, *Diary Kept by the Head of the English Factory in Japan*: *Diary of Richard Cocks*, 1615-1622, 2: 171 (22 September 1617 [O.S.])。虽然这些传闻不符合朝鲜的真实想法，但它们十分流行。老中酒井忠胜在 18 年后也说了一样的话，他记录道，1629 年的汉城也流传着这样的说法，见宽永十二年八月二十九日（1635 年 10 月 10 日）酒井忠胜给宗义成的书信（带有花押的抄本，宗家文书，东京大学史料编纂所）。根据酒井的说法，流言称朝鲜想成为日本的附属国。

3　元和三年八月二十六日（1617 年 9 月 25 日）条以及元和三年九月十八日（1617 年 10 月 17 日）条，引自 *Dai Nihon shiryo*, 12.27: 884; 12.28: 12。义演生于上层公卿之家，而后成为最后一位足利将军的养子。他也与丰臣家关系密切。丰臣家出于回报，也对义演的寺院三宝院进行财政支援。三宝院的住持曾在室町时代在天皇对将军的任命过程中担任证明将军合法性的礼仪人员，家康在 1603 年也如此任用了义演。参见 Ito Tasaburo, "Edo bakufu no seiritsu," p. 31。

大,以至于他们将其领主的参与过程尽可能详细地记录在案。
由于朝廷的上层公卿都被召集到伏见以见证朝鲜国王光海君的
国书被呈递给将军的仪式,因此公卿壬生孝亮得以在其日记中
记录了将军赐给朝鲜使节的大量礼物。[1] 10月17日,京都所
司代板仓胜重被派往朝廷,再次说明使节的重要性,并确保此
事给公家留下了深刻印象。[2] 此外,西日本大名(多是外样大
名)遵从幕府的指示,负责在使节往返京都的沿途提供接待。
由此,这个国家更多的集团参与到了此事之中。[3] 但也不能因
此就过度解读在京都的所有大名都被要求参加接待朝鲜使节一
事,因为如果将军没有大名们的陪侍,接待仪式就无法顺利举
行。不过似乎可以肯定,这位不久前刚脱离父亲控制的新将军
正试图用自己的威严震慑大名,并强化自己在他们眼中的合
法性。

当林罗山用"来贡"一词形容朝鲜使节时[4],他确实同时
考虑了增加时任将军合法性以及强调幕府制度正统性的必要。
两年前,身为与朝鲜谈判中介的对马藩藩主宗义成认为,家康
之所以要求朝鲜遣使,理由之一便是"吾殿下至今不忘往年信

---

[1] *Hayashi Razan bunshu*,p. 248.

[2] Otsuki (Mibu) Takasuke, *Takasuke no Sukune hinamiki*, 5, 元和三年九月十八日 (1617年10月17日)条,引自 *Dai Nihon shiryo*,这里同时记录了使节。即使在朝鲜使节没有停留于京都的时候,他们也必定令朝廷印象深刻,因为他们"着官服走过了城中",参见 *T'ongmun'gwanji*, p. 91。

[3] 例如 *Hosokawa kaki*, 21 ("Tadotashi fu," 1), and *Takayama-ko Tbdo Takatora jitsuroku*, 42, in *Dai Nihon shiryo*, 12.27:885。关于接待的最好描写参见 Yi Kyongjik, *Pusangnok*, in *Kaiko sosai*, 2:149-153。

[4] *Hayashi Razan bunshu*,p. 248.

第三章 认可的透镜：幕府权力正当化过程中的外交　　77

使（1607年）之夸光"[1]。此外，从日本的角度看，朝鲜使节来访的官方理由是庆祝秀忠平定大坂、统一日本。这一理由有利于增加将军的权威，虽然关于遣使的商议实际上比大坂陷落至少早了半年。[2] 再者，国家的统一与否正是判断政权合法性的传统标准之一，这是欧阳修、司马光以及前文所引其他理论家在讨论合法性问题时所强调的。

实际上，为了证明自身的合法性而招徕朝鲜使节的意图，在1624年对马藩派往朝鲜的礼使平智正的描述中显露无遗。他将请求朝鲜遣使一事称作"镇定人心之计"[3]。几个月后，这一表述在回到汉城的朝鲜正使郑岦向国王报告秀忠让位于儿子家光的原因时又一次出现。[4] 因此，当时的幕府明显是在有意地争取政治社会人们的支持。

在朝鲜使节于1624年停留于江户时，负责安排使节住宿的安藤重长明确地将将军的合法性和朝鲜使节的到来以及林罗山在1611年提出的"三代"标准联系在了一起：

> 家康虽克殄秀赖，奄有诸道。传子传孙，至于三世。而承袭继序，不以功最。故域中人心，尚未镇服。以此尤待我使之来。以为夸衿镇服之地，而使臣之行适及此际。将军

---

[1] 宗义成于元和元年十一月日（1615年12月21日—1616年1月18日）写给礼曹的书信，收录于 Kondo Morishige, *Gaiban tsusho*, p. 19。
[2] Miyake Hidetoshi, "Genna Chosen shinshi" 充分讨论了这一点。
[3] *Injo cho sillok*, 5：19a, at *Choson wangjo sillok*, 33：598.
[4] *Injo cho sillok*, 8：51a, at *Choson wangjo sillok*, 33：692.

> 深以为喜。使臣若趁不入来，则倭人疑其绝和。各道将官，皆会国都。或有生心兴兵西侵者，而秀忠之意，恐诸将乘时作乱，不欲动兵云。[1]

与幕阁亲近并居于高位的谱代大名在此表达了幕府对朝鲜使节的高度重视，也明确揭示了幕府关于亚洲外交与幕府合法性之间联系的想法。

在十年后的 1634 年，秀忠的嗣子兼继承人家光前往京都。在那以后直到幕末时代，再也没有将军访问过这座皇都。从很多方面来看，家光的京都之行与其父在 1617 年的行动具有相似性。秀忠的去世终结了幕府第二期的"二元政治"，因而家光需要证明自己有能力掌握幕府。诚然，时间的积累和制度的完善使得家光的统治相比其父来得更为稳固，但他依旧需要证明自己有能力抓住机会。幕府最高外交顾问以心崇传于 1633 年初去世，这使家光证明自己对外交领域有控制力成为一个紧迫的议题。作为应对方法，家光将自己的心腹置于关键的外交职位上，尤其是任命"智慧伊豆"松平信纲为老中，委任榊原职直和神尾元胜为新长崎奉行。他们在受到任命后不久就开始积极处理具有政治颠覆危险的基督教问题，并发布了前述五次

---

[1] Kang Hongjung, *Tongsarok*, in *Kaiko sosai*, 2：256. 安藤是老中安藤重信的儿子，他后来成为第一任寺社奉行，并且经常在将军接待外国使节时掌管仪典。

锁国令中的第二次。[1]

不过，家光对自己完全掌控对外关系的夸示其实是忠实继承了其父的模式。家光在停留于京都期间，接见了琉球王国派出的使臣。就像当初秀忠对待朝鲜使节那样，家光将琉球使节的队列展示在朝廷和诸大名面前，以此制造"将军的恩宠光耀海外的幻想"[2]。此次的琉球使节对家光的意义与1617年朝鲜使节对秀忠的意义大致相同，即确认了在父亲去世后家光独自继承将军职位的合法性。

德川幕府前三位将军的确都采取了生前继承和二元政治或联合统治的方式。这一方式通过选定有能力的继承人来确保幕府统治的合法性，从而使德川家世袭将军职位的做法具有正统性。[3] 同样，在德川时代最初几十年中，幕府也常常利用外国使节的隆重仪式来标记二元政治过渡期的关键节点。为了将秀忠确立为家康的有力继承人，首先要做的自然是让家康引退并让秀忠正式升任

---

1 五次锁国令，更准确地说是1633年、1634年、1635年、1636年和1639年发给长崎奉行的一系列备忘和命令，被收录于 *Tokugawa kinrei ko zenshu*, 6: 375—379。即使是被广泛引用的具有权威性的 Okubo Toshikane et al., eds., *Shiryo ni yoru Nihon no ayumi, kinsei hen* (Yoshikawa Kobunkan, 1955) 一书也将这些命令不加解释地总称为锁国令。关于家光重编幕阁的近年研究，参见 Tsuji Tatsuya, "Kan'ei ki"。关于长崎奉行的最好的编年记是 Shimizu Hirokazu, "Nagasaki bugyo ichiranhyo no saikento," in *Kyoto Gaikokugo Daigoku kenkyu ronso*, 40 (1974): 14-22。

2 Asao, *Sakoku*, p. 259.

3 关于生前继承，参见 Jack Goody, "Introduction," in Goody, ed., *Succession to High Office* (Cambridge University Press, 1966), 尤其参看第9—11页。伴随选定继承人的其他生前继承事例，参见 Andrew W. Lewis, "Antipatory Association of the Heir in Early Capetian France," in *American Historical Review* 83.4 (October 1978): 906-927。卡佩王朝的例子从时机和目的上看都与德川家的情况十分类似。

将军。但为了突出这一权力交接,为了向日本和东亚的其他国家宣布秀忠现在是将军,是日本至少在名义上的统治者,家康需要让他的继承人成为外交认可中的焦点。1607年朝鲜使节来到日本时,他们原本打算在家康面前行正式的礼节。但家康坚持认为,既然现任将军是秀忠,那么使节应该对秀忠表达正式的敬意,宣祖国王的国书也应当被交付给秀忠。秀忠应该在国际上代表日本。仿佛是为了强调权力已经被交接,朝鲜使节只是在从江户回国的途中到骏府对家康进行了非正式的礼仪性访问。通过强调秀忠具有合法权力的中心地位(虽然当时日本所有有政治敏感的人都很清楚家康才是实际的掌权者),年长的"上位统治者"可以在自己尚在人世时快速将自己的个人魅力和权力从自己身上转移到选定的继承人身上,并在有需要的时候以实质的方式增强权力的转移。同样,秀忠在家康去世后不久的1617年,通过在朝廷和诸大名面前接待来到京都的朝鲜使节来全方位展示自己的权力,表明他完全继承了父亲的个人魅力。如表3-1所示,秀忠和家光继续操纵着外交表演,这一做法一直延续到第四代将军统治初期。实际上,家光利用朝鲜和琉球两国的使节来庆祝其儿子兼继承人家纲的诞生,这暗示了家光原本也打算在家纲成长到继位年龄时引退,并复制将军体制下的二元政治或联合统治的做法,只是这一打算因为他在1651年过早离世而没能实现。

虽然幕府没有跟中国建立直接关系,但这也无伤大雅,因为它已经发展出了替代的贸易模式,不过幕府不能忍受被完全孤立于东北亚。与朝鲜和琉球的关系是日益成型的德川世界秩序中的重要组成部分,这一秩序的目的之一便是增强幕府的合法性。初期将军在日本的土地上盛大地接待外交使节的能力,一方面夸示了幕府具有国际层面的正当性,另一方面也是构建对内统治合法性的强有力的宣传工具。

表3-1 德川幕府初期二元政治转换期的外交标志		
年份	单独统治/上位统治者	下位统治者
1600年	家康于关原合战取得胜利	
1601年		
1602年		
1603年	家康成为征夷大将军	
1604年	家康在京都接见朝鲜使节	
1605年	家康成为大御所,隐居骏府	秀忠在江户成为将军
1606年		
1607年		秀忠在江户接见朝鲜使节
1608年		
1609年		
1610年		
1611年		
1612年		
1613年		
1614年	大坂之战	
1615年	丰臣氏和反德川联合势力灭亡	
1616年	家康去世/秀忠成为独立统治者	
1617年	秀忠在京都接见朝鲜使节	
1618年		
1619年		
1620年		
1621年		
1622年		

（续表）

年份	单独统治/上位统治者	下位统治者
1623 年 1624 年 1625 年 1626 年 1627 年 1628 年 1629 年 1630 年 1631 年	秀忠作为大御所引退	家光继承将军之职 家光在江户接见朝鲜使节
1632 年 1633 年 1634 年 1635 年 1636 年 1637 年 1638 年 1639 年 1640 年	秀忠去世/家光成为独立统治者 家光在京都接见琉球使节 家光在江户接见朝鲜使节 朝鲜使节最初的日光参庙	
1641 年 1642 年 1643 年 1644 年	朝鲜使节前往日光参庙/赠送阳明门钓钟 琉球使节前往日光参庙/在家康墓前奉献	将军继承人家纲诞生 朝鲜使节庆祝家纲诞生 琉球使节庆祝家纲诞生

幕府对日朝关系中日常业务的统括

我们现在需要回到对制度的考察，即通过研究京都临济宗五山僧侣轮番制的建立，来审视幕府从日常事务方面直接控制对朝关系的程度。这些僧侣供职于对马藩城下町的以酊庵，在对马藩藩主宗义成及其家老柳川调兴于1634年至1635年间向幕府提出诉讼和反诉之后，开始被幕府委任管理所有与朝鲜互通书信的任务。这一诉讼案以"柳川一件"之名为世人所知，是一场在将军面前裁决的大名与其家老之间的纷争。裁决留下了丰富的记录，值得仔细研究，但这里仅取重要部分简述事件的概要。[1]

在1598年日本从朝鲜撤军至1607年第一批朝鲜国王的使节到达日本之间的动荡期里，柳川一件埋下了"种子"。对马藩的经济几乎完全依赖于日本和朝鲜之间的中介贸易，而战后的对马藩无法取得足够的收入。在宣祖国王的特使僧人松云和孙文彧于1605年从日本回国之后，朝鲜向对马藩提出，在恢复正式国交前，家康应当先向朝鲜国王递送国书邀请使节（这无异于承认战败）。这使对马藩陷入了两难的境地：如果无法在两国关系正常化的基础上完全恢复与朝鲜的贸易，那么对马藩就会面临生存危机。但反过来，这一正常化以家康的书信为前提，而对马藩知道家康是不会写的。

对马藩通过伪造国书解决了这一问题。这封写给朝鲜国王的国书被冠以"日本国王德川家康"的名号，并使用了万历三十四年（1606年）的明朝年号。这封伪国书由柳川景直、宗义智和僧人景辙玄苏策划，很可能得到了朝鲜派往对马藩的密使全继信的默许。这封国书并没有骗过宣祖国王，他清楚日本不喜欢"国王"的称呼，因为当秀吉在1596年愤怒地拒绝了明朝授予的体现中国朝贡体系的"日本国王"称号时，他的使臣

---

[1] 下述讨论根据 Nakamura Hidetaka, *Nissen kankei shi no kenkyu*, 3: 267-269。

也在场。[1] 宣祖也知道日本有自己的年号，并不承认明朝的年号，但他选择接受这封国书，并派出"回答使"作为答复。"回答使"于1607年阴历一月离开汉城，并在五月（日本历的闰4月）到达江户。[2]

由于宣祖要作出回应家康国书的姿态，因此他以"朝鲜国王李昖[3]奉复日本国王殿下"开篇，明确暗示了不为幕府所知的国书的存在，由此产生了暴露对马藩骗局的危险。因此，1606年的伪国书迫使作为江户和汉城中介的对马藩展开一长串搪塞、伪造和密谋的行动，以掩盖最初的谎言。鉴于已经有了"将军即国王"的先例，对马藩不得不继续欺瞒，在将军的国书里不断伪造"国王"的字样。将军称号问题注定成为日朝关系中的一个重要问题，并反复出现于1617年、1624年、1636年、1711年和1719年。[4]

---

1 朝鲜使节黄秋浦（Hwang Ch'up'o）的日记 *Tongsarok*：*Mallybk pyongsin ch'utong t'ongsinsa ilhaeng Ilbon wanghwan illok*（MS, 1596, in Kawai Bunko, Kyoto University Library）中9月的记录，及 Nakamura Hidetaka, *Nissen Kankei shi no kenkyu*, 3：266f。

2 朝鲜副使庆暹（Kyong Son）的日记 *Kyong Ch'ilsong haesarok*, in *Kaiko sosai*, 2：1, 2：43。

3 朝鲜国王的名讳是禁忌，不应该被读出来。宣祖的名讳是罕见的汉字，其读法不确定。同时代的日本文献认为应该读作"Yŏn"，不过笔者在这里采用现在韩国的惯用法（Kong）。在给将军的国书中使用国王的名讳意味深长，因为使用朝鲜国王真名的其他场合只有在他给中国皇帝的国书中。

4 关于1617年的此问题，参见李景稷的日记 Yi Kyongjik, *Pusangnok*, in *Kaiko sosai*, 1：156；*Ikoku nikki*, vol. 2；*HKN*, 4：163；以及"Ho Choro Chosen monogatari," in *Kaitei shiseki shuran*, 28：455–470。关于1711年短暂的外交改革中将军称号在外交方面的意义，参见 Ronald P. Toby, "Korean-Japanese Diplomacy in 1711：Sukchong's Court and the Shogun's Title"。

第三章　认可的透镜：幕府权力正当化过程中的外交　　　　　85

使用"国王"的称号具有表示日本已接受儒家世界秩序下中华帝国普遍宗主权概念的含义。我们已经看到，正是由于日本不愿以这种方式让渡自主的统治权力和德川幕府的合法性，日本才最终没能与中国建立直接的关系。

但在1631年，宗义成和家老柳川调兴的关系出现了裂痕。这显然是因为柳川调兴的实力在不断增长，他希望切断与对马藩的关系，成为旗本武士。[1] 在接下来的四年里，关于此次纷争的调查和裁决开展了数次，与此同时，1617年的伪国书也浮出水面，于是原本的问题被这一大不敬的问责问题所取代。虽然1606年至1607年的伪国书没有在审讯中被暴露，但1617年和1624年的伪国书被揭发了出来（据称是由对马藩的政僧规白玄方于1629年，在被幕府派往汉城时犯下的不端行为）。这两份伪国书以及宗义成及其家臣之间的矛盾已经严重到需要将军插手的事实，给了幕府足够的理由没收对马藩的领地，并废绝宗家和柳川家。[2] 在这个时期，大名会因为诸如没有能力

---

[1] 关于此事还没有令人满意的研究，不过以下文献简要提及此事。见 Nakamura Hidetaka, *Nissen kankei shi no kenkyu*, 483–486; *Nagasaki kenshi hansei hen* (Yoshikawa Kobunkan, 1973), pp. 845–851。东京大学史料编纂所的宗家文书中有许多史料文献，包括 *Yanagawa Shigeoki kuji no toki Ho Choro narabini Matsuo Shichiemon e otazune nararu seito no cho*, 1 vol., *Yanagawa kuji kiroku*, 3 vols., 以及题为 *Yanagawa kuji kiroku* 的书信集。其他史料见同编纂所 *Dai Nihon shiryo* 未刊稿本 *Shiryo kbhon*, vols. 169–171, 以及 Hayashi Akira, comp., *Tsuko ichiran*, 8 vols., 1: 328ff。关于向朝鲜传递的情报，见 *Sungjongwon ilgi*, 50: 273–278。

[2] 玄方在1629年奉家光之命前往汉城调查1627年后金人侵朝鲜之事。关于玄方前往汉城之事的进一步讨论参见第四章，及 Tashiro Kazui, "Kan'ei 6 nen (Jinso 7; 1629) Tsushima shisetsu no Chosen-koku 'Go-jokyo no toki mainikki' to sono haikei," in *Chosen gakuho*, nos. 96, 98, 101 (1980–1981)。

维持家臣团的和睦之类的轻微问题而被废绝、没收和移封,而眼下这起诉讼也已有了初步证据。[1] 然而,虽然对双方都不利的证据比比皆是,但最终只有柳川家受到了惩罚。尽管宗义成被严厉训斥,但其对朝鲜贸易的特权和作为朝鲜与幕府的中介身份再次得到了确认。[2]

为了防止大名们忘记此事的教训,当时在江户的所有大名都被要求亲眼见证审判[3],许多大名在其家谱和系谱中记录了审判和裁决,这样他们的子孙就不会忘记这一教训。[4] 需要注意的是,此事发生在没收大名领地的高峰期。还要注意的是,在琉球使节离开江户的 8 个月后,家光首次将包含交替参觐和人质义务的参觐交代制扩展到所有大名。关于柳川一件的消息迅速传播,在 1635 年 3 月 30 日,弗朗索瓦·卡伦(François Caron)在滨松对平户的荷兰商馆长尼古拉斯·库克贝克(Nicholaes Couckebacker)报告了此事的进展。4 月 25 日,库克贝克记录了最终判决。[5] 所有方面都被处理得四平八稳,滴水不漏,我们不得不认为柳川一件的判决是经过深思熟虑、

---

[1] Kurita Motoji, *Edo jidaishi jo* (Naigai Shoseki, 1928), pp. 279 – 302; Fujino Tamotsu, *Shintei bakuhan taiseishi no kenkyiu* (Yoshikawa Kobunkan, 1961), pp. 251 – 264. 秀忠于 1632 年去世之后的几年间是处置大名的高峰期。

[2] 关于这一决定,见 *Tokugawa jikki*, 2: 674f。

[3] 裁判座次的示意图见 "Kuji taiketsu goza-kubari ezu" (MS, So Collection, Historiographical Institute)。

[4] *Hosokawa kaki*, "Tadatoshi-fu"(宽永十二年三月十二日、十六日); *Date (Jozan) chika kiroku*(宽永十二年三月十二日); *Maeda (Kanazawa) kafu*; *Ogasawara Tadazane ichidai oboegaki (ken)*, etc. in *Shiryo kohon*, 170. 3.

[5] Nagazumi Yoko, tr., *Hirado Oranda shokan no nikki*, 3: 205, 232.

第三章 认可的透镜：幕府权力正当化过程中的外交　　　　87

精心策划的。[1]

不法行为的败露从国际和国内两个层面极大影响了将军的合法性，这表明对外关系的某些方面不受将军控制。幕府需要做出快速而坚决的回应。首先，幕府需要组织起对朝鲜关系的制度性控制，以减少将来再次发生类似的破坏将军权威的行为；其次，由于意识到将军被冠以不为幕府所承认的称号，因此幕府需要决定将军在对外关系中使用的正式称呼，并针对朝鲜外交国书制定制度化的全套礼仪。

在我们进一步讨论这两个问题之前，我们应当注意到幕府解决柳川一件的根本意义，即幕府适当扩大了对朝鲜事务的管理监督，并维持了宗家独占对朝贸易及其中介地位的状态。

学界在研究德川时代初期的外交史时主要关注日欧关系的面向，因此最常见的观点是将17世纪30年代定义为幕府大步迈向锁国的时期。诚然，前文已经提到，幕府在1634年中传达给两位新上任的长崎奉行的命令就是所谓的第二次锁国令。如果锁国真的是幕府的最终目标的话，那么对柳川一件事件的合理解决方案应该是废绝宗家，没收领地，并向作为日本西部国境的对马藩派兵戍守。但实际上，幕府并没有这么做，幕府选择了维持与朝鲜的关系（宗家是朝鲜认可的唯一中介）。我

---

[1] 宗义成虽然领地小，却有重要的亲缘关系。其岳父是朝廷的幕府代表（武家传送）日野资胜（Hino Sukekatsu），而其长女是公家左大臣转法轮公富（Denboin Kintomi）的妻子。参见 *Kansei choshu shokaju*, 8: 262。翌年来到日本的朝鲜副使金世濂报告了大名伊达政宗和御三家的德川义直为挽救宗义成而奔走之事，因为他们认为调兴对所有大名的地位来说都是威胁。参见 Kirn, *Sasangnok*, in *Kaiko sosai*, 2: 471。

们可以看到，幕府重新确认对马藩权力的时期正与 1639 年幕府发布对天主教和葡萄牙贸易政策的时期重合。[1] 基于这些事实，一些关于德川初期对外政策方向的误解便会不攻自破。幕府积极建立与朝鲜和其他国际社会的联系，只有在察觉到切实的危险时才选择撤退。

现在回到幕府对朝鲜事务的管理制度问题。表面上看是为了回应宗义成请求的[2]家光任命了一位五山僧侣监督对朝鲜的外交书信，并下令建立轮流任命五山僧侣的制度。这些五山僧侣对幕府负责，常驻当时被玄方空出来的对马藩的以酊庵。[3] 第一位上任的僧侣是东福寺宝胜院的玉峰光璘，他于 1635 年 10 月到达对马藩。[4] 与此同时，在 1635 年 9 月 16 日（宽永十二年八月五日），宗义成被要求向家光提交 17 封誓文，保证他会公正地履行对朝关系的义务，并且以自绝家门作为任何滥用职权的惩罚。[5]

在 1635 年 1 月 6 日，幕府暂停了在裁判结果出来前对马

---

1 宽永十六年九月日（1639 年 9 月—10 月），宗义成给东莱府使的书信，收录于 *Honpo Chosen ofukusho*, vol. 4。

2 Hayashi Akira, comp., *Tsuko ichiran*, 8vols., 1: 328, 365; *Taishu hennen ryaku* (Tokyodo Shuppan, 1974), p. 256.

3 *Kansei chbshit shokaju*, 8: 260.

4 同上书；Hayashi Akira, comp., *Tsuko ichiran*, 8 vols., 1: 367ff 之后有最初 63 位任命者的列表。*Nikkan shokei* (MS copy, 8 vols., Historiographical Institute) 有更多细节。1635 年至 1871 年以酊庵管理的外交书信收录于 *Honpo Chosen ofukusho*。

5 *Kan'ei jusan heishinen Chosen shinshi kiroku* (3 vols., MS, collection Historiographical Institute), vol. 1 收录了誓文。

藩与朝鲜之间的一切联系¹,而现在则需要重开对马藩与釜山之间的往来。此事得到了允许,同时,宗义成也被要求把对柳川家的有罪判决告诉朝鲜政府。² 对马藩派出的使节在 6 月带着预备通知书到达朝鲜。³ 不过,细致的报告还要等到以酊庵轮番制建立之时以及 1635 年 5 月 21 日(诉讼判决结束后 3 周)在江户的家光面前表演的马戏团回到朝鲜之后。⁴

1635 年 10 月,宗义成回到对马藩并将正式的诉讼通知书发给朝鲜礼曹。⁵ 这封书信在德川外交史上具有以下几个方面的重要意义。其一,它由幕府新委任的监督员玉峰光璘起草和联署姓名,由此表明幕府的直接控制首次延伸到了对朝鲜的日常书信往来方面。正如长崎奉行的任命标志着幕府侵入了一个原本独自发展的权限领域,现在幕府剥夺了对马藩到那时为止享有的几个世纪以来不受控制的自由权利。其二,这封书信否认了此前所有的对朝书信,认为它们是柳川及其党羽的伪造。这一否定为幕府提供了一个行此前未行之事的契机,即在国际事务方面重新设定细致而周到的身份秩序。其三,作为一种进

---

1 *Kan'ei juisan heishinen Chosen shinshi kiroku* (3 vols., MS cdlection Historiographical Institute), vol. 1, 宽永十一年十月十九日、二十九日;宽永十一年十一月八日、十日、三十日;宽永十一年十二月一日。
2 *Kansei choshu shokafu*, 8: 260; Nakamura Hidetaka, *Nissen kankei shi no kenkyu*, 3: 484.
3 Hayashi Akira, comp., *Tsuko ichiran*, 8 vols., 3: 485, 引用自 *Tongnaebu chobwae samok ch'o*。
4 Hayashi Akira, comp., *Tsuko ichiran*, 8 vols. (Kokusho Kankokai, 1913), 3: 51-54. 朝鲜方面关于柳川一件的讨论参见 *Siingjongwon ilgi*, 50: 271-278。
5 *Honpo Chosen ofukusho*, vol. 1, 1635 年旧历 5 月宗义成给礼曹的文书。

步，这封书信标志着外交书信中"大君"称号的首次使用。在对外关系中，将军将因这个称号为人所知。正如中村荣孝所认为的，采用这个称号是德川外交史上最重要的发展之一。下述讨论将会阐明这点。[1]

国王还是大君？名号里的学问

如前所述，在日本的历史中（至少从1401年起），将军的外交称号一直争议不断。尤其在1617年朝鲜使节来到京都之时，该问题成为争论的焦点。在此前，家康和秀忠都很乐意被朝鲜、安南和其他外国统治者称作"国王"。[2] 同时，在特定情

---

[1] Nakamura Hidetaka, *Nissen kankei shi no kenkyu*, 3：482 认为，"大君"称号在日本外交文书中的首次使用应是1636年下半年，但至少有三个例子早于这个时期。至少早在1610年，这一称号已在日本国内的非正式场合中指代将军。参见本多忠胜 (Naramoto Tatsuya) 的遗嘱 "Honda Heihachiro kikigaki," in Naramoto Tatsuya, ed., *Kinsei seido ron* (Iwanami Shoten, 1976), p. 22.

[2] 例如，安南国王写给日本国王的书信（1605年）5月6日，收录于 Kondo Morishige, *Gaiban tsusho*, p. 76. 安南国王写给日本国王的书信（1610年）2月20日，收录于上书第81页。"国王"的称号在东亚发展出了复杂而深远的意义。在外交方面，从中国的角度看，外国统治者或两位外国统治者之间恰当使用"国王"的称号一方面暗示这些统治者与中国皇帝之间的联系，另一方面也暗示他们通过天子建立了一种与天和宇宙秩序的联系。"国王"臣属于天子，他们的合法性也源于天子，正如天子的合法性源于天的授权。对将军来说，将国书署名为"日本国王"相当于对东亚世界秩序宣布日本从属于中国、将军承认合法性的外在来源。相反地，可以将宣祖国王坚持这一惯例的行为一方面理解为宣祖想要报答16世纪90年代明朝为抗击日本而提供的军事支援，另一方面，也正好将日本定位在以中国为中心的等级秩序中同朝鲜一样的外交等级上。如果暂不考虑中国，仅根据孟子的伦理君主论，那么可以认为将军确实适合"国王"的称号。新井白石在1711年正是试图以这样的方式使用这一称号的。参见 John K. Fairbank, "A Preliminary Framework," in Fairbank, *The Chinese World Order*, pp. 1–14, and Benjamin I. Schwartz, "The Chinese Perception of World Order, Past and Present," in Fairbank, *The Chinese World Order*, pp. 276ff.

况下，日本自己的官员也会在外交书信中以"国王"来指代作为幕府代表的将军。[1] 不过，这些德川将军从未在任何书信中将自己署名为"国王"。事实上，在1617年和1624年，甚至面对来自朝鲜使节的巨大压力，以心崇传仍然有意拒绝了这一称号。[2] 崇传在其《本光国师日记》的当日记录中清楚地表明，他曾参考了前文提及的15世纪外交文书集《善邻国宝记》。该书严厉批判了足利义满接受和使用明朝所赐称号之事，且批判的关键在于，"国王"称号的使用暗示了日本臣属于中国，这是不合适的。此外，使用"日本国王"的称号与使用明朝年号的做法都相当于否认了日本天皇。[3] 出于类似的原因，老中土井利胜在1636年为幕府辩护时，特别拒绝了在日本外交国书中使用中国年号。[4]

在拒绝了作为外交称呼的"国王"称号和"将军"称号（后者发生于1621年）之后，幕府不得不寻找新的称呼。这场称号危机的最终结果是，"日本国大君"的称号成为直到19世纪为止在对朝关系中使用的指代将军的标准外交头衔。不过，一个例外是，在日本与琉球的关系中，这个称呼使用得没有那

---

1 Hayashi Akira, comp., *Tsuko ichiran*, 8 vols., 3: 207 收录的本多正纯给朝鲜的礼曹参判吴亿龄的书信（1607年5月）中提到"蒙国王钧命"云云。
2 Yi Kyongjik, *Pusangnok*, in *Kaiko sosai*, 2: 156; HKN, 4: 163. etc.
3 *Zenirin kokuho ki*, pp. 36-38.
4 *Injo cho sillok*, 31: 72b, at *Choson wangjo sillok*, 34: 618 报告了在以酊庵轮番制下写就的第一批国书，并观察到日本"不用大明年号，曰日本非大明之臣。其年号不可用"。

么前后一致。[1]

中村荣孝曾以林罗山的博学多识为根据，认为林罗山是将"大君"用作外交头衔的发起人。中村认为，日本首次使用这一称呼的外交文件是宽永十三年十二月二十七日（1637年1月23日）的书信。这封书信由林罗山为井伊直孝和松平信纲起草，以作为给朝鲜礼曹参判朴明榑的回信。[2]

井伊直孝和松平信纲的回信对象是朴明榑，其来信在1636年由访问江户的朝鲜使节带来。其时，朝鲜使节也将仁祖国王的国书呈交给家光。仁祖在国书中对将军的称谓是"日本国大君殿下"，而朴给幕阁的书信也提到了"大君"。[3] 朝鲜政府并没有千里眼。如果"大君"的称谓确实是由日本决定的，那么为了让仁祖和朴能在书信中使用它，日本必定在这批使节离开汉城之前已将这一称呼告知了朝鲜政府。如果不是这样，那么同样也可以推断这一称谓是由朝鲜决定的。但如果日本确实通知了朝鲜，那么在日本外交文书中最早使用"大君"称号的就是那封通知文书而不是直孝和信纲的书信了。

但是这一通知确实是存在的。1635年旧历12月的朝鲜史料记录了此事。这比中村所认为的日本外交文书中首次使用

---

1 1711年的情况是一个例外。见 Ronald P. Toby, "Korean-Japanese Diplomacy in 1711: Sukchong's Court and the Shogun's Title". 关于该称呼对琉球的使用，参见 Mitsugu Matsuda, "The Government of the Kingdom of Ryukyu, 1609-1872," p. 36.

2 Nakamura Hidetaka, *Nissen kankei shi no Kenkyu*, 3: 482. 文书收录于 *Hayashi Razan bunshu*, pp. 140f.

3 Hayashi Akira, comp., *Tsiiko ichiran*, 8 vols., 3: 102, pp. 219f.

第三章 认可的透镜：幕府权力正当化过程中的外交 93

"大君"称谓的书信整整早了一年。[1] 而且，在现存的日本写给朝鲜的以"大君"指称将军的书信中，至少有三封的写就时间早于中村引用的书信。其中的第一封是1635年旧历10月宗义成写给礼曹的书信，该书信正式向朝鲜报告了柳川一件的结果。由于这封书信由首任以酊庵僧侣光璘联署姓名，我们或许可以认为它十分忠实地表达了幕府的想法，即用"我大君"来指代将军。第二封书信所署的日期是1636年旧历2月。在这封信中，幕府请求朝鲜派出使节（这正是后来携带仁祖和朴的书信于1636年底到达江户的使节）。信中将家光称为"我大君"，将秀忠称作"先大君"。而所署日期是5个月之后的第三封书信则报告了1636年7月20日宗义成谒见家光之事，信中特别指出，邀请使节的指示来自"大君"，还确认了使节离开朝鲜的预定日期。[2] 值得注意的是，这些书信中没有一封使用了日本的年号"宽永"，虽然家光在1637年1月23日写给仁祖的国书中确实使用了这一年号。[3] 这一点十分重要，之后将会详细讨论。

决定把将军称作"大君"的时间应该不晚于1635年10月（很有可能在这之前），因为这个决定明显是在江户做出的。至于选择这个称谓的人，笔者无法找到任何直接证据证明是中村教授所推断的林罗山。间接证据表明，这　推断值得怀疑。当

---

[1] *T'ongmun'gwanji*, p. 87; *Pyollye chibyo*, 1: 301; 2: 512f.
[2] 这些书信收录于 *Honpo Chosen ofukusho*, vol. 1; *Nikkan shokei*, vol. 1.
[3] *Hayashi Razan bunshu*, pp. 140f.

幕府要撰写1636年仁祖给家光国书的回信时,朝鲜使节接到报告说林罗山无法看懂仁祖国书的内容,写出的回信也不令人满意,以至于被家光拒绝。家光重新任命崇传的继承人金地院僧侣最岳玄良来撰写回信。[1] 这件事使人怀疑林罗山是否亲自参与起草回信,也让人觉得中村所认为的是林罗山选择了"大君"称呼的推断多少有些问题。

由于这个新的头衔在东亚文化圈中没有作为外交名号使用的先例[2],因此它与中国或华夷秩序没有任何既存关系。选择这个头衔似乎正是出于这样的考虑。德川幕府从17世纪初起就对是否加入明朝的华夷秩序一直抱有矛盾的态度。幕府曾想享受加入的果实:一方面互通贸易,另一方面(在权力尚不稳定的早期)借助外交认可和"日本国王"的册封证明其权力的正统性。然而,幕府也越来越不愿意让渡其日益增长的独立的正统性。中村教授曾有力指出,17世纪30年代建立的"大君外交"代表了日本从支配东亚的华夷秩序中挣脱出来的独立宣言。中村认为这一点是东亚诸国中只有日本有能力在19世纪清朝世界秩序崩塌的前夜逃脱被殖民或被列强瓜分的命运的关键因素。[3] 笔者将成熟的德川外交与日渐成型的"日本型华夷"思想更加具体地联系起来。"日本型华夷"思想源于17世纪的

---

[1] Im Kwang, *Pyongja Ilbon ilgi*, in *Kaiko sosai*, 2: 352.
[2] 不过,这个头衔在日本国内有被使用过,它同时也在朝鲜作为对王子的称呼被使用。参见 *Kyongguk taejon* (Gakushuin Toyo Bunka Kenkyusho, 1971), p. 36.
[3] Nakamura Hidetaka, *Nissen kankei shi no Kenkyu*, 3: 464ff.

日本本土思想与儒家思想，成长于日本的外交体系之中（即日本只与礼仪上对等或下等的国家交往且不从属于任何国家的体系，由此，这些对等关系就没有了实践方面的障碍）。丸山真男（Maruyama Masao）和植手通有（Uete Michiari）将这些对等关系与 19 世纪的攘夷思想，以及从排外主义转化为加入 19 世纪国际社会的能力直接联系了起来[1]，并认为日本由此避免了被殖民和瓜分的命运。

中村、丸山和植手的主张都很有说服力，但想要将两者结合起来还需要进一步的论证。使用"日本国大君"称号的确代表了日本从几个世纪以来主导东亚的（日本自己也曾参与的）华夷秩序中解放出来的独立宣言，但其意义不止于此。它还宣布了一种希望在外交舞台上自主地与他者交往的全新的、自立的对内合法性构造。翌年，家光在给仁祖的上述回信中使用了日本的年号"宽永"。由此，独立宣言最终完成。土井利胜在 1636 年同朝鲜正使任絖（Im Kwang）的议论中阐明了这点[2]，此外，光璘在一年前向朝鲜提出请求，希望朝鲜也克制使用明朝年号，因为"日本非大明之臣"[3]。

于是，在合法性要求之下推动的德川政权最初 30 年的外

---

[1] Maruyama Masao, "Kindai Nihon shisoshi ni okeru kokka risei no mondai (1)," in *Tenbo* (January, 1949), pp. 4–15; and Uete Michiari, "Taigai kan no tenkai," in Hashikawa Bunso and Matsumoto Sannosuke, eds., *Kindai Nihon Seiji shiso shi*, 2 vols. (Yuhikaku, 1971), 1: 33–74. 这一点将在之后的第五章中详细展开。

[2] Im, *Pyongja Ilbon ilgi*, in *Kaiko sosai*, 2: 351f.

[3] *Injo cho sillok*, 31: 72b, at *Choson wangjo sillok*, 34: 618.

交活动，经过上述 1635 年至 1636 年的工作取得了成果。基于史料的推断与来自直接管理朝鲜事务的高级幕府官员的发言一道，不仅表明了如中村所主张的日本脱离华夷秩序的倾向，还表明了替代这种秩序的"大君"秩序和"日本型华夷秩序"的建立。不管确立这个秩序的礼仪和用语在多大程度上依赖了中国的传统，日本在定义自己或在世界中自我定位时都已不再需要中国这样的外部媒介。被需要的外部媒介只有与幕府对等的朝鲜，或是幕府的属国琉球。

幕府借由这些外交关系编织着一个世界秩序。这些外交对象在双方都接受的规则下展开外交活动，并为幕府的权威和合法性增色。正如幕府所知[1]，朝鲜由于正面临来自北方日渐壮大的女真势力的攻击，不能在 17 世纪 30 至 40 年代冒险与日本发生外交争端。[2] 琉球已经在日本的逼迫和殖民下以属国的身份提供协助。而荷兰在 1628 年至 1633 年间曾因被认为威胁到日本主权而遭到驱逐[3]，但在其后天主教国家都受到驱逐之时被编入了日本的秩序之中（虽然荷兰因为在 1640 年违反了日本年号也有过一时的危险[4]）。同样地，1630 年在暹罗发生

---

1 Hayashi Akira, comp., *Tsuko ichiran*, 8 vols., 3: 576 – 591.
2 *Pyollye chibyo*, 2: 512. 关于朝鲜面临的女真压力的讨论，参见 Nakamura Hidetaka, *Nissen kankei shi no kenkyu*, 3: 500 – 536, and Miyake, "Kan'ei jusannen," pp. 1 – 8。
3 关于滨田弥兵卫事件，见 Iwao, *Sakoku*, pp. 262 – 268; Tsuji Zennosuke, *Zotei kaigai kotsu shiwa*, pp. 552 – 572。
4 *Hirado Oranda shokan no nikki*, 4: 428ff (1640/11/9)。

的针对日本人居留地的暴力事件使日本与暹罗的关系断绝了40年,两国关系仅在几位暹罗国王不断向幕府表达诚意后才得到恢复。[1] 与明朝的官方关系由于幕府不愿意让渡合法性而没能得到恢复,但幕府鼓励中国船只来到长崎进行贸易,这不需要让渡主权。而且,后来的事实证明,这既是一种收集情报的有效途径,也是一种维护主权的潜在方式。

年号里的学问[2]

上文多次提到了日本、中国和其他国家的年号。现在让我们简要讨论一下这些对西方读者来说具有异域风情的年号的意义,认真处理一下这个问题。

自汉代至清末,中国一直使用带有吉祥意义的年号,以此记录比一个月或一年更长,而又被相对短的年限分割的时间段。中国使用的第一个正式年号是汉武帝统治伊始启用的"建元"年号。而后的中国也一直颁布新年号,直到1911年清朝灭亡。[3]

由于沟通天人是天子最重要的职责之一,并且对于维护

---

[1] 见 Iwao, "Reopening of the Diplomatic and Commercial Relationsp," p. 31。
[2] 见 Mary C. Wright, "What's in A Reign Name: The Uses of History and Philology," in *Journal of Asian Studies*, 18.1 (November, 1958): 103-106。
[3] 东亚的其他国家也有自己的年号。朝鲜在三国时代、高丽时代、大韩帝国时代(1896—1910年)都使用自己的年号。而李朝时代(1392—1896年)使用的则是明清的年号。日本于645年颁布了首个年号,即"大化",并且自大宝(701—704年)以后一直使用自己的年号。(此段的正文原本有史实错误,经译者与作者沟通做了如上改正。——译者注)

宇宙秩序来说，在恰当的时节行使礼仪至关重要，因此从很早开始，颁布历法就是中国天子的特权。由此，颁布历法和年号的权力就成为定位合法性所在的指标。正是出于这个原因，在历史上的大多数时期里，接受中国的历法便成为与中国建立外交关系的前提条件之一，这为身为宇宙秩序中介者的中国皇帝提供了来自外部的合法性确认。[1] 正如上文所述，林罗山没有使用明朝年号，这正是明朝拒绝他的书信的原因之一。

日本在7至8世纪效法中国的浪潮中开始使用自己的年号。从701年至1868年，日本一共使用了200多个年号，包括少于3个月的历仁（1238—1239年）和持续了35年的应永（1394—1428年）。这些年号都由朝廷授权颁布。[2] 在与唐朝交往的场合中，日本朝廷或许使用了中国年号，但相关记录没有留到现在。[3] 在那之后，受阻于危险的海上旅行而同中国隔开的日本，除了15世纪早期的几位足利将军，其余将军在对外文书中都只使用日本的年号，或者投机取巧地不使用任何年号。瑞溪周凤在《善邻国宝记》中的分析表明，日本的政治群

---

[1] 关于这一点，参见 Chusei taigai kankei shi, pp. 11, 20。

[2] 关于日本的年号，参见 Herschel Webb and Marleigh G. Ryan, Research in Japanese Sources: A Guide (Columbia University Press, 1965), pp. 20-23。

[3] Koji ruien, 56 vols. (Yoshikawa Kobunkan, 1969), 26: 840-886 中收录的只有从唐朝发来的国书，日期是元和元年一月二十八日（806年）。

体很清楚这些年号对日本的主权和合法性有什么意义。[1]

当我们将上述的年号讨论投射到德川初期的外交和合法性之间的关系的问题上时,我们就会联想到宗义智和柳川景直曾在1606年伪造了家康写给朝鲜国王宣祖的国书。宣祖之所以会看破这封伪国书,原因之一就是他知道日本不承认明朝年号。当时的朝鲜知道日本有自己的年号,并且明确地将其与日本的自主性联系起来。即使如此,朝鲜仍然想尽办法要让日本使用明朝的年号,就像1636年在土井利胜和任絖之间发生的那场争论一样。

但到了后来,甚至连幕府自己都不那么首尾一贯地使用年号了。现存的由幕府制作的官方文书中没有一封以外国年号为日期,其中有很多没有署上特定年号,而是在龙集(即岁次之意)这一汉语词后加上干支纪年。以这种方式纪年的书信被递送至中国、朝鲜和暹罗,并保存至今。[2] 甚至到了1635年下半年以酊庵轮番制建立之后,由光璘起草的最初几封书信也仍然没有使用日本年号。这一做法一直持续,直到朝鲜使节来访江户之后。也就是说,

---

[1] *Zenrin kokuho ki*, pp. 36ff. "年号"并非东亚特有的习惯,西方也同样存在。我们过去常常会明确地标记出 A.D.（Anno Domini）,现在则无意识地在我们所有的文书中使用。到1917年俄国十月革命为止,"基督教"世界并没有完全适应从儒略历到1582年颁布的更精准的格里高利历的转换。俄国和希腊的教会出于宗教原因仍然拒绝使用它。大流散的犹太人别无选择,只能使用基督教的方式,但至少在20世纪,许多犹太人拒绝使用 A.D. 和 B.C.,他们不愿意将耶稣诞生作为计算的起点,因此选择使用 C.E.（Common Era）和 B.C.E.（Before C.E.）。而且,将1980年等于5740年的犹太历依旧被使用。而伊斯兰也有以希吉拉（公元622年伊斯兰先知穆罕默德带领信众离开麦加,迁移到麦地那的事件的简称。——译者注）为起算时间的自己的历法。可见,年号就在我们身边。

[2] 例如 *Hayashi Razan bunshu*, pp. 130, 134f; Hayashi Akira, comp., *Tsuko ichiran*, 8 vols., 3: 89, 92, 98; Kondo Morishige, *Gaiban tsusho*, pp. 113 – 122。

在所有外交书信中都使用日本年号的决定与建立"大君"称号并不同步,是迟于后者的一项政治决策,也是一项与后者同等重要的、宣布从华夷秩序中分离出来的独立宣言。朝鲜对此虽说不上愤怒,但仍感到惊讶,这从任统与土井利胜的争论中可以明显看到。

而另一方面,幕府与琉球往来的书信一直都被署以日本年号,这明显暗示琉球已"接受"日本的宗主国地位。[1]

幕府在1607年、1617年和1624年写给朝鲜的书信中并未使用日本年号,其原因尚不明确,但考虑到幕府在给暹罗和明朝的书信中也有类似状况,这或许表明幕府对于构筑合法性的最好方式尚有犹豫,即是应该争取国内支持还是应该争取国外支持。过快地投向明朝的怀抱将会使幕府面临与足利义满同样的问题,即日本似乎让渡了主权。因此,日本没有使用明朝年号。然而,过快地宣布自己明确独立于明朝秩序之外则可能切断日本(特别是幕府)作为明朝秩序参与国的潜在附加价值,即与中国沿海直接贸易的权利,以及向一定地位的日本人分配贸易特权从而获得国内政治认可的利益。[2]

与将军名号类似的问题也出现在了年号上。柳川一件及其

---

[1] Hayashi Akira, comp. , *Tsuko ichiran*, 8 vols. , 1: 12–77.
[2] 在这里,笔者省略了对朱印船制度的仔细考察。到17世纪20年代为止,幕府通过这个制度为日本和外国的商人提供切实的海上保护,并且授予在从平户到阿瑜陀耶(暹罗)之间特定港口的贸易权。很明显,幕府想通过确保这些权利和使这些授权得到离日本4 000英里远的商人和王室的认可来暗示德川幕府的正统性。讨论参见 Iwao Seiichi, *Shuinsen boeki shi no kenkyu*, 此书至今仍是经典。另参见 Robert Innes, "The Door Ajar: Japan's Foreign Trade in the Seventeenth Century" (unpublished Ph. D. dissertation, University of Michigan, 1980), pp. 105–156, and Boxer, *The Christian Century*, pp. 261–267。

后续事件加剧了幕府的紧迫感。此外，1636年新兴的大清势力暴露了明朝的衰落，并很可能影响了日本的决策。幕府在1627年后金首次入侵朝鲜后不久得知此事，甚至还讨论了是否可能向朝鲜派出援兵。[1] 当大清进行第二次决定性入侵之时，1636年至1637年的朝鲜使节正停留在日本。

确定年号的过程充满了争议。土井利胜在1637年1月23日与朝鲜正使任絖在其住所讨论过这一问题后，又与将军进行了商谈。翌日，他再度拜访位于江户马喰町本誓寺的使节并告知任絖，将军认为不使用日本天皇年号的做法缺乏诚意。土井坚持道，日本不会如任絖所要求的那样使用明朝年号，因为日本不是明朝的属国。日本只答应不使用日本年号，但作为交换条件，朝鲜应当做出书面同意，停止使用明朝年号。[2]

至此，幕府的目的暴露无遗。这与前一年选定"大君"的称号有着同样的动机。日本要求朝鲜在日朝关系中排除中国，而且幕府甚至证实了理查德·科克斯于1617年报告的传闻，即将军的目的是使朝鲜"从中国国王的恩惠中脱离出来"[3]。在任絖拒绝了土井之后，家光仍然坚持日本拥有与中国同等地位的主权。任絖要么接受家光和老中们的书信，要么两手空空回到朝鲜。这

---

1 Hayashi Akira, comp., *Tsuko ichiran*, 8 vols., 3: 576ff.
2 Im, *Pyongja ilbon ilgi*, in *Kaiko sosai*, 2: 350-353; Vice-Ambassador Kim Seryon, *Sasangnok*, in *Kaiko sosai*, 2: 447-450; and Third Ambassador Hwang Ho, *Tongsarok*, in *Kaiko sosai*, 3: 89f.
3 Richard Cocks, *Diary Kept by the Head of the English Factory in Japan: Diary of Richard Cocks, 1615-1622*, 2: 171 (22 September 1617 [O. S.]).

实际上是没有选择的选择。任絖选择了前者。于是，幕府成功地将日本年号放在了与中国年号对等的位置上。在国际社会中成功维护日本主权的能力，无疑有益于加强幕府的合法性。林鹅峰将这些书信收录进了《林罗山文集》，使这一成功广为人知。[1]

历史的讽刺就在于，在朝鲜使臣极力希望日本承认明朝年号之时，女真势力切断了朝鲜与明朝的联系。八年之后，清军进入北京，成功实现明清易代。曾对身为明朝华夷秩序中一员而感到骄傲的，在16世纪90年代的日本侵略中获得明朝支援而得以幸存的朝鲜没能立马接受明朝灭亡的事实。虽然朝鲜政府别无选择，只能在同清朝交往之时使用清的年号（对于朝鲜来说，关于后金侵略的记忆比日本侵略的记忆来得更为鲜活。而现在，清朝也面临如同曾经的德川幕府一样的合法性建构问题），但朝鲜依旧尽可能不使用它，这一做法一开始体现在与日本的通信中。从北京陷落后几个月的1645年初起，朝鲜在给日本的书信中就不再使用中国年号，此后再也没有恢复过。作为替代，朝鲜仅使用干支纪年，明确标注月份，日期留作空白。[2]

由此，随着1635年至1636年"大君"外交的建立以及1645

---

1 *Hayashi Razan bunshu*, pp. 140f.
2 *Honpo Chosen ofukusho*, vols. 9, 10. 日期被空出来是为了避免触及收信人的忌讳。实际上，一些书信以"某年某月吉日"为期，日期由收信人自己选择。现存的没有年号的书信中的第一封是礼曹参议俞省曾给宗义成的书信（1645年3月），收录于 *Honpo Chosen ofukusho*, vols. 10. 仁祖二十三年三月十一日（1645年4月7日）做出了在给日本的书信中不使用中国年号的决定。*Pibyonsa tungnok*（28 vols., National History Compilation Committee, 1959 - 1960），1：794f. 中村质（Nakamura Tadashi）在"Shimabara no ran to sakoku," p. 240中错误地认为"朝鲜使用明（后来的清）的年号与日本通信"，这与中村想要说明的"宽永外交"的性质混为一谈。

年作为潜在外交顾虑的明朝的消亡,幕府成功建立了一个独立于中国之外的、自主的外交体系,这与对日本主权和幕府合法性的追求相辅相成。在此前的 1639 年,幕府已驱逐了葡萄牙人。而在 1640 年至 1641 年,幕府把活动于相对自由的平户的荷兰人关进了长崎的人造岛屿——出岛。笔者在这里不是要详细讨论对欧政策的细节,只是需要注意的是,将平户的荷兰商馆迁移到长崎的直接原因是在平户新建的库房房顶上发现了外来的年号,即"公元 1640 年"。[1] 幕府为保护自己的合法性,不只是会跟朝鲜争论年号问题。

或许可以说,应当从新的角度来理解 1639 年日本驱逐天主教的行为,它并未构成由排外的日本发布的独特的锁国政策的一部分。从家康发布首个禁教令以来的 27 年间,日本所有对外政策都不可避免地向锁国政策的方向调整。驱逐天主教的政策与其他所有对外政策分离,并以牺牲有前途的对外贸易为代价。这一行为也不是没有先例可循,它在许多方面与明朝曾经的对日政策具有很大相似性。所谓的锁国政策应当被看作是一个包含了日本整体的、更大的对外政策的一部分。就像所有合理的对外政策一样,这一政策也是经过仔细权衡的。德川幕府的利益权衡摇摆于自由的对外商业贸易与主权、安全和正当性等的要求之间。

数据显示,锁国之后的贸易量得到了增加。幕府要求对马藩和萨摩藩的藩主保证生丝的进口量在驱逐天主教之后也不能减少。幕府通过驱逐天主教,移除了似乎对政权形成挑战的因素,

---

[1] *Hirado Oranda shokan no nikki*,4:428ff.

从而增强了合法性。甚至可以说，放弃朱印船制度也是为了保障幕府的权威。到17世纪30年代中期为止，由于英国人和西班牙人离开了日本，日本与暹罗的关系也处于断绝状态，由幕府颁发的通航与贸易的保证书不再被认为能够受到重视和得到实施。由于这些外国人已经无法期待在对日贸易中取得回报，于是他们便肆无忌惮地捕获日本船只，幕府也不愿意将军队派出至两三千英里远的地方以测试执行上述保证书的军事能力。毕竟，为了采取这些行动而让精心培育的合法性体系冒风险是不值得的。

敲响新时代：献给家光的钟

幕府为了维护正统性而做出的外交努力不止于建立"大君"外交和驱逐天主教。应当说，幕府的努力在那之后也持续了多年，只是随着需要的减弱，幕府的精力也在下降。

正如科克斯在19年前所预言的那样，1636年至1637年的朝鲜使节被勒令前往位于日光的家康灵庙进行参拜。旅行不得不在暴风雪中进行。[1] 1637年1月3日，使节到达江户后的第二

---

[1] Hayashi Akira, comp., *Tsuko ichiran*, 8 vols., 3: 23–28; *Shiryo kohon*, vol. 171, part 15. 幕府没有预料到大雪，但幕府确实征发了一小队徭役铲雪。参见 Kurokawa Doyu, *Enpekiken zuihitsu*（宽永十三年十二月十七日）, in *Shiryo Kohon*, vol. 171, part 15. 一些日本文献声称朝鲜使节的参拜是出于使节强烈的要求。见"Chosen orai", in Hayashi Akira, comp., *Tsuko ichiran*, 8 vols., 3: 26; 或者 *Hayashi Razan bunshu*, in *Shiryo Kohon*, p. 328. 一些大名也相信这一增加将军权威的说法。细川忠利宽永十四年一月二十六日（1637年2月20日）给曾我又左卫门（长崎奉行）的书信，见 *Hosokawa kaki*, "Tadatoshi-fu", quoted in *Shiryo kohon*, vol. 170, part 15. 但其他文献显示事实并非如此。参见 Hayashi Akira, comp., *Tsuko ichiran*, 8 vols., 3: 23.

天，在家光的要求下，宗义成开启了这一话题。家光希望使臣前往日光观光旅行，"为一国光华则盛矣"[1]，即展示幕府的权力和威严。任统起初拒绝了。但最终，在 1 月 13 日，一个包括正使、副使、从事官三使的 214 人的朝鲜使节团启程前往日光。他们于 17 日在日光的东照宫进香，并于 20 日回到江户。[2]

图 3-1　任统到达东照宫鸟居，这是朝鲜正使三次到访中的第一次
　　　　［狩野探幽：《东照社缘起绘卷 4》（局部）］

1　Im, *Pyongja Ilbon ilgi*, in *Kaiko sosai*, 2: 338f.
2　Hayashi Akira, comp., *Tsuko ichiran*, 8 vols., 3: 23-28; Im, *Pyongja Ilbon ilgi*, pp. 345-348; Kirn Seryon, *Sasangnok*, pp. 441-444; Hwang Ho, *Tongsarok*, pp. 84-87. 169 位朝鲜人留在了江户，见 Hayashi Akira, comp., *Tsuko ichiran*, 8 vols., 3: 28。

图 3-2 任絖到达东照宫鸟居
[狩野探幽:《东照社缘起绘卷4》(局部)]

  幕府的政治群体对此做何反应？四年前因得到熊本54万石领地而对幕府心怀感激的细川忠利（Hosokawa Tadatoshi）在一个月后写给长崎奉行曾我又左卫门的信中描述了此事。细川忠利认为家光的成功"值得赞赏"，并将此事记录进了家谱中。[1] 受老中之命负责为前往日光的使节提供马匹的丹羽长重认为，此事正证明了家光的威光。[2] 在使节回到江户的第二天，家光亲自对宗义成表达了谢意。[3] 关于此次参拜，宗义成在家谱中写道，"三使分别对东照宫表达了敬意，因为两国间三代的和平和朝鲜的平安完全依赖于东照宫的荣恩"[4]。很明显，幕

---

1 *Shiryo kohon*, vol. 171, part 15.
2 *Niwa monjo*, quoted in *Shiryo Kohon*, vol. 171, part 15（宽永十三年十二月十七日条）。
3 Hayashi Akira, comp., *Tsuko ichiran*, 8 vols., 3: 28 (*Chosen orai*).
4 *Kansei choshu shokafu*, 8: 260.（史料原文："十七日また三使を導き日光山におもむき、二十一日御宮にまいりて礼拝す。これ御三代和好変ぜず、朝鮮無事たる事みな東照宮の高恩によるをもってなり。"——译者注）

第三章　认可的透镜：幕府权力正当化过程中的外交

府的政治社会受到了感召。[1]

七年后，幕府利用朝鲜正处于女真威胁的弱势地位让朝鲜派出没有先例的使节，以庆祝家光的子嗣继承人、未来的将军家纲的诞生。[2] 1642年，幕府在新落成的日光寺社中布置了由朝鲜国王手书的庆祝铭文。铭文"日光净界彰孝道场"被挂在东照宫主入口的阳明门上。长期以来，这一来自外国君主的赞扬给前来参拜的大名们留下了深刻的印象。[3] 铭文中的"日光"当然也代表了家康本人。一位1643年朝鲜使节的佚名随员记录道，幕府向朝鲜请求匾额的主意来自天台宗的老僧天海，而天海是关于家康往事和两代将军合法性的热心拥护者。[4] 甚至有人怀疑，东照宫沉浸在获得外国认可的光耀之中的事实或许推动了朝廷在1645年将神社中最高规格的"宫"赐予东照宫的决定。

1　中村荣孝已指出了日光参拜对于家光统治的意义。朝鲜使节的日光参拜分别有1637年、1643年和1655年三次，琉球使节仅有1644年一次。参见 Nakamura Hidetaka, *Nissen kankei shi no Kenkyu*, 3: 305。

2　关于朝鲜和日本对出使目的的不同理解，见 Miyake, "Sakoku chokugo no Chosen tsushinshi," especially pp. 32-37。朝鲜在满族的巨大压力下成为重开清与日本外交关系的中介者，但朝鲜一点也不想看到这两个"蛮族"国家相互接触。参见 Nakamura Hidetaka, *Nissen kankei shi no Kenkyu*, 3: 500-524。

3　Matsuda Kinoe, "Richo Jinso yori kizo seru Nikko Toshogu no hengaku to kane, tsuketari, Daiyubyo no Chosen toro," in *Nissen shiwa*, 2 (1926): 48-77, and Nakamura Hidetaka, "Nikkozan Tokugawa Ieyasu byoshado hengaku no mohon ni tsuite," in *Chosen gakuho*, 49 (1968): 241-257. 中村认为匾额上的字实际上不是仁祖的亲笔，但日本在320年间都认为这是仁祖的亲笔（日光的一份1694年的目录称其为"朝鲜国王自笔八字之御额"。参见 *Odogucho*, p. 59)，这一看法的影响不容小觑。参见 Hayashi Akira comp., *Tsuko ichiran*, 8 vols., 3: 30。

4　参见 *Kyemi tongsa ilgi*, in *Kaiko sosai*, 3: 227f。天海在1589年以后一直侍奉德川家，他在建立日光东照宫的过程中至关重要。1636年，这位精力充沛的百岁老人也出现在朝鲜使臣第一次参拜日光的现场。

幕府在1642年初通过对马藩让朝鲜铸造了一口青铜钟，这口钟将同1643年的使节一起前往日光。日本甚至提供了青铜。我们在这里将跳过日本说服仁祖朝廷答应这个新要求的谈判过程。只是需要强调的是，当时的朝鲜正面临来自皇太极（清太宗）的巨大压力。皇太极要求朝鲜帮其打通同日本的关系，还带走了两位朝鲜王子作为人质，因此仁祖不能承受因为任何问题而与日本断交的后果，更不用说因为一口钟了。

朝鲜的铜钟上镌刻了近150字的铭文，其内容由礼曹参判起草，文字由朝鲜著名的书法家书写。铭文以家光都难以企及的夸张方式赞扬了家康的威光。现摘录部分内容如下：

日光道场为

东照大权现设也，

大权现有无量之功德，合有无量之崇奉……继述之孝，

益彰先烈，我

王闻而欢喜，为铸法钟，以补灵山三宝之供……[1]

值得注意的是，铭文没有提到幕府请求铜钟之事，这使德川家的美德看起来好像涌出了日本海滨，远播朝鲜。这与1611年林

---

[1] 栃木县日光东照宫的朝鲜铜钟铭文。作者用改行来表达对特定字句所指人物的尊重，这样就不会有其他的字在这个字前（如"王"字）。当表达自谦时则将特定字句写得更小。Hayashi Akira, comp., *Tsuko ichiran*, 8 vols., 3: 29f 之后的部分收录了全文的内容，但省略了这些有意义的细节。

罗山为本多正纯起草的写给中国的书信中的主张在字面上是一致的。[1]

1643年，在多达462人的朝鲜使节团经过京都时，铜钟明显成为人们的话题。当时的内大臣、后来成为摄政的九条道房在其日记中记录了全景。同时，他也记录了铜钟上铭文的全文，包括难以翻译的敬称和一份由使节带来的赠礼清单。道房激动难耐地写道："是将军武力既及异国，然近年如此庆之时送使也。"[2]

铜钟和赠礼由海路运往江户。当它们于1643年8月1日到达江户时，家光"颇感满意"[3]。翌月，一位跟随使节团的佚名朝鲜记录者记录了家光如此兴高采烈的原因：铜钟到达之日恰好是家康的忌日。家光感叹道，"钟炉之来入，适会此日，此天佑庆事也"。家光为了庆祝此事，还赦免了本该在那一日被处刑的6位犯人。[4]

家光完全有理由感到高兴。他或许根本不知道道房激动的反应，虽然他应该会对这一反应很满意。在这之后，常常被要求前往日光参拜的大名和朝廷使节在走近东照宫时都会迎面看

---

[1] *Hayashi Razan bunshu*, p. 130.
[2] *Michifusa ko ki*, 10 vols. (MS copy, Historiographical Institute, Tokyo University), vol. 5（宽永二十年六月十四日条）. 还应当提醒，道房在1647年创造了日本史上任期最短的摄政记录，仅有5天。
[3] *Yubyo nikki*, in Hayashi Akira, comp., *Tsuko ichiran*, 8 vols., 3：31.（史料原文："御機嫌不斜。"——译者注）
[4] *Kyemi tongsa ilgi*, in *Kaiko sosai*, 3：229. 笔者在日本的文献中尚未找到关于此次赦免的史料。*Tokugawa jikki*, 3：317中仅提到铜钟在19日被送往日光。

图 3-3 仁祖国王献给德川家康灵庙的青铜钟，悬挂在阳明门前

到这个显示幕府威光远播的、有形的、生动的证明。幕府的制度基础在此得到了巩固，其合法性也得到了彰显。这口铜钟在阳明门的右侧伫立至今，与它相对的则是由荷兰人献纳的华丽的青铜灯笼。二者恒久地象征了德川幕府最初的三代将军在构筑其合法性基础之时成功实现的外交操纵。12 年后，家纲同样从朝鲜获得了与之相称的青铜灯笼，其上镌刻着恰当的赞美字句。灯笼被安放在日光大猷院家光的灵庙前。[1] 但这显得有些多此一举，因为此时的幕府已不再面临合法性的威胁。此后，幕府再也没有向朝鲜请求过这类象征物了。

天主教与以合法性为目的的外交

日本在 1587 年至 1639 年间及以后推行的天主教禁令广为人知，以至于不需要在此复述。[2] 这些政策旨在回应三项相互关联的切实需求，即日本的安全、日本的主权和德川幕府的合法性。天主教可能会使幕府看起来不能确保日本的安全或主权，幕府的合法性也会由此面临威胁。我们已经考察过同类事件，并试图解释了放弃朱印船制度之事。为了确保禁教政策的成功实施，幕府曾向邻国政府请求协助。林罗山在 1625 年为末次平藏起草的写给福建总督的书信就是这些努力中为人所知

---

1 全文被抄录于 Hayashi Akira, comp., *Tsuko ichiran*, 8 vols., 3: 47。
2 C. R. Boxer, *The Christian Century in Japan* 和 G. B. Sansom, *The Western World and Japan* (Alfred A. Knopf, 1950)，especially pp. 115 – 131, 167 – 196 都是研究日本对西方早期反应的经典作品。乔治·埃里森的 *Deus Destoryed* 一书是关于德川时代初期天主教思想对日本意识形态影响的具有启发性的讨论。

的一个。¹ 不过，这封书信比天主教受到全面攻击的时期早了几年，也是幕府写给明朝的最后一封书信。此外，来到长崎的中国商人会被反复警告天主教自身的邪恶以及带有这一"疾病"的人如果冒险来到日本将会面临怎样的危险。²

日本为了让朝鲜协助禁教，实施了彻底的作战。这一作战始于1639年并至少持续到17世纪80年代，其强度在这一过程中逐渐减弱。现存的最早书信是1639年旧历9月写给东莱（今釜山的一部分）府使的书信，其内容点明了问题核心："南蛮人……彼素以邪法［天主教］将化人……大君……自今岁始禁止船路。"不到两个月，东莱府使姜大遂回信称："抑邪扶正乃经邦之大要，若非大君政令之严，何能臻此？"³

在1643年朝鲜使节停留在江户之时，林罗山和时任寺社奉行的安藤重长拜访了在本誓寺暂住的朝鲜正使尹顺之。林罗山提到了天主教的问题，并说明日本强力禁教之事，还询问朝鲜是否也有类似的政策。正使通过主译官洪喜男略不坦率地回答道，在对马藩提出这一问题之前，朝鲜从未听说过天主教。⁴

---

1 *Hayashi Razan bunshu*, pp. 136f.

2 Yano Jin'ichi, *Nagasaki shishi Tsuko boeki hen Toyo shokoku* (Nagasaki Shiyakusho, 1938), pp. 50 – 64; Yamawaki Teijiro, *Nagasaki no Tojin boeki* (Yoshikawa Kobunkan, 1964), pp. 297f.

3 这些书信收录于 *Honpo Chosen ofukusho*。另外，江户的对马藩邸文书 *Kan'ei Shoho no tabi Yaso shumon go-genkin ni tsuki Chosen koku go-ofuku shokan utsushi* (MS, So Collection, Historiographical Institute) 收录了1639年至1645年间的12封书信和朝鲜的回信。这些书信大部分都是在幕府的命令下发出的。

4 *Kyemi tongsa illok*, in *Kaiko sosai*, 3：225f.

第三章　认可的透镜：幕府权力正当化过程中的外交　　　　　　　　　　113

在出使日本的朝鲜使节的历史上，此事是一个罕见的事例，因为除了战后正常化的问题，对于重大问题的讨论几乎没有留下记录。这暗示了双方对于这个问题的重视程度。

正如美国在越南战争中寻求帮助，或是在对古巴实施贸易禁令时动员美洲国家组织（Organization of American States）一样，幕府不断借助对马藩向朝鲜发出连珠炮般的与邪恶的天主教有关的书信。幕府不停寻找支持和协助，以抑制住威胁。

这些努力在1644年取得了成果。其时，釜山的官员将一艘明朝商船及船上的52名船员转交给了釜山的倭馆馆主，虽然朝鲜为何要将中国的船员转给日本的原因尚不明确。经过长崎奉行的检查，52名船员中的5名被判定为天主教徒。此事被上报给家光本人，家光对朝鲜在这一天主教问题上的真诚合作感到"辱蒙恩言，欣幸多多"。这些话被记录在宗义成写给礼曹的书信之中。很明显，这些话反映了幕府的政策，因为这封信不是由本该负责起草的以酊庵僧侣所写，而是由林罗山起草的。[1] 一个月后，礼曹参议俞省曾回复道，这样的合作在维持两国友好关系中是应该的。[2] 此外，对马藩在幕府的命令下至少又与朝鲜讨论了两次天主教问题。[3]

幕府自然有打算在对外政策方面建立国际上的合法性。朝

---

[1] 宗义成给礼曹的书信，收录于 So Yoshinari to Board of Rites, *Honpo Chosen ofukusho*, vol. 10; *Hayashi Razan bunshu*, p. 148; *Ikoku nikki*, vol. 4。

[2] 俞省曾写给宗义成的书信（乙酉三月），收录于 Yu Songjung to So Yoshinari, *uryu*, 3rd month, *Honpo Chosen ofukusho*, vol. 10; *Kan'ei Shoho no tabi Yaso shumon*。

[3] *Yoshizane ko go-kafu*, MS, n. d., So Collection, Banshoin, Tsushima.

鲜屈服于日本意志的表面现象增添了幕府的威信。朝鲜将中国船员转交给日本之事看起来甚至证实了理查德·科克斯在1617年记录的传闻，即将军成功地让朝鲜"从中国国王的恩惠中脱离出来"。但从长时段看，正如19世纪"攘夷"的失败一样，一项政策的公然失败对合法性光环的伤害甚至超过了一开始的不作为，而幕府所做的一切正是为了防止前者发生。笔者认为幕府之所以放弃朱印船制度，禁止除对马藩和萨摩藩之外的人航行海外以及禁止天主教国家进入日本正是出于类似的考虑。

德川幕府在其政权的最初半个世纪中对于利用对外关系维持合法性的做法有着持续的、渐进的兴趣。在早期阶段，幕府曾认真考虑过加入明朝的华夷秩序，因为可以借此获得从华夷秩序中派生出的合法性。如果幕府成功做到这点，那么它将同时拥有来自日本朝廷和来自明朝册封的双重正当性依据。

但随着幕府顺利展开内政外交等其他方面的政策，从外部借用合法性的需求逐渐减弱。相反，保护新兴的、自主的、内源的幕府合法性逐渐成为第一要务。幕府正是出于上述原因在1621年拒绝了与明朝建立关系的机会。通过把处理对外关系事务的权力收归幕府（虽然幕府将部分权力委托给了大名之类的从属机构），德川幕府扩大和加强了在外交事务方面的权威，这种权威可以追溯到近400年前的镰仓时代。不过，之前的幕府（包括信长和秀吉）都没能完全控制住对外事务的所有竞争者。但到了家光的时代，德川幕府成功地将对外交涉的一切权力都纳入幕府的明文规定中，并且将这一规定嵌入幕藩国家体

第三章 认可的透镜：幕府权力正当化过程中的外交　　115

制权威的总体架构之中。[1]

或许可以说，初期的德川将军所取得的成果正是几年后奥利弗·克伦威尔在英格兰试图取得的：

> 克伦威尔意识到，由于斯图亚特王朝的君主们没有认识到对外事务对于内政的重要性，也没能认识到对外事务可以被用以增添政府的权威，他们在英格兰的地位日趋下降。克伦威尔没有重蹈覆辙……而是将这一点放在了自身政权中的优先地位。在他意识到对外政策可以成为维护其积极领导力的工具之后……他在外交建构方面花了许多精力，其首要目的正是保证他作为英格兰政治领袖的地位。[2]

到1650年为止，幕府成功创造了一系列对日本来说史无前例的合法性资产。当江户城于17世纪50年代得到重建时，它的天守阁并未被复建。这一军事上的自信象征着幕府成功建立了独立于朝廷授权的、与之相辅相成的合法性原则。人们普

---

[1] 对马藩、萨摩藩和松前藩在对外关系上的特殊权利，包括贸易、航海或海外居住，或是作为幕府代表在海外活动的权利，都统一包括在颁布于将军或大名轮换之时的确认领地的书面文件（安堵状）以及每位大名对将军的誓词中。这一规定制定于秀忠去世后不久的1634年至1636年。变更对外事务方面重要的制度和政策也同样发生在这一时期。萨摩藩在对琉球关系中的权利是在1634年接待琉球使节之后，家光在京都期间确定的。松前的权利在1634年底家光返回江户之后通过书面文件得到认定，参见 *Shiryo kohon*, vol. 169, part 10; Asao, *Sakoku*, 257 - 264。对马藩权利和义务的确认包括在柳川一件的决策中，参见 *Yanagawa Shigeoki kuji kiroku*, vol. 2。

[2] Charles P. Korr, *Cromwell and the New Model Foreign Policy*, p. 5.

遍认为幕府成功地在国内的意识形态、政治两个领域都做到了这点。[1] 通过精明地使用权力，控制外交方面的合法性标准，以及巧妙地利用外交进行对内政治宣传，幕府进一步巩固了其独立的合法性基础。九条道房对于朝鲜铜钟铭文以及1643年朝鲜使节经过京都时的反应只是回应了几年前理查德·科克斯和酒井忠胜（Sakai Tadakatsu）报告的传闻。幕府通过外交，在合法性的传统核心地带创造出了对其独立主权的认可。

在对外关系领域确立幕府的垄断地位，是建立幕府早期权威的主要环节。幕府控制对外关系的能力成为宣传早期将军合法性的重要手段。早期幕府对对外关系的垄断与自身合法性之间联系的重要性在幕末时期通过正好相反的例子鲜明地体现出来。当阿部正弘（Abe Masahiro）在1853年通过征求大名意见的方式来处理由海军准将马休·C.佩里（Matthew C. Perry）带来的美国书信和要求时，他让渡了原本应该由幕府垄断的对外政策决定权。[2] 当堀田正睦（Hotta Masayoshi）在1858年将《日美修好通商条约》（Harris Treaty）的草案呈交朝廷并请求批准时，他不仅承认了从德川幕府草创期以来垄断政治事务的武家社会的无能，还将朝廷以活跃的主人公身份再次引入政

---

[1] Kitajima Masamoto, *Edo bakufu no kenryoku kozo* (Iwanami Shoten, 1964), pp. i-ii; and Abe Yoshio, *Nihon shushigaku to Chosen* (Tokyo Daigaku Shuppankai, 1965), pp. 24-32.

[2] W. G. Beasley, *Select Documents on Japanese Foreign Policy, 1853-1868* (Oxford University Press, 1955), pp. 23, 102-107; also Harold Bolitho, *Treasures among Men: The Fudai Daimyo in Tokugawa Japan* (Yale University Press, 1974), p. 221.

治舞台。[1] 更进一步说，他在很大程度上最终致命地（或许可以这么说）削弱了幕府独占对外关系的专有权限，而这曾经是幕府合法性的支柱所在。[2]

---

1 赫舍尔·韦布讨论了19世纪50年代天皇制重新进入政治领域过程中对外关系的重要作用。见 *The Japanese Imperial Institution in the Tokugawa Period*, pp. 223-259。
2 Beasley, *Select Documents*, p. 36. 条约内容参见前书第183—189页，朝廷的反应参见前书第180页以下。

第四章
通过双筒望远镜看到的世界：动荡东亚中的幕府情报机关与日本国家安全

1657年重建的江户城没有了天守阁，这象征着幕府在内政舞台上取得了成功并产生了因铲除国内潜在威胁而带来的安全感。从理论上说，国内事务由将军掌管。这些事务在接下来的一个半世纪甚至更长的时间里都没有对幕府造成困扰。但在日本之外，还存在着幕府无法直接控制的潜在危险，幕府只能对此保持密切关注。

　　来自欧洲的威胁已在17世纪30年代之后得到有效控制：幕府将伊比利亚人排出对日贸易，限制日本人的海外航行，将荷兰人进入日本的通道限定在长崎一港。然而，来自东亚海陆邻国的威胁却没有那么容易得到控制，这些威胁也无法轻易消失。

　　中国巨大的面积以及日本在地理上靠近整个东亚地区的简单事实正是日本所处的环境。但这一地区在17世纪尤为动荡。这不只是因为欧洲人的东来，还因为16世纪后期日本大规模的内乱影响到了东亚。同时，中国国内的动荡和中国周边的国际战争从17世纪10年代中期起直到17世纪80年代中期为止几乎没有中断过。幕府无法无视这些战争，因为它们随时都有可能溢出大陆，冲上日本的海岸。它们迫使幕府一直处于充满危险的国际环境之中。这使得亚洲事务，尤其是大陆事务，对幕府来说成了一个长期的安全隐患，因为日本不可避免地与它们产生间接联系。日本或是成为难民的避难所，或是成为给交战国提供军事援助的潜在供给。幕府确实多次被迫讨论是否应该（或是作为参战国，或是作为武器和军需的供应者）直接参与这些纷争。对于这些问题的回答也并不总是否定的。

虽然从历史上看，日本从未被亚洲大陆成功征服过，也从未臣服于任何一个入侵的外国政权（至少在6世纪之后）。[1] 但即使日本享有这样的高度安全，东亚大陆战略平衡的变化还是常常在多方面影响日本。例如，一些现代学者认为，日本从6—7世纪中国隋唐王朝的统一和朝鲜半岛新罗的统一中感受到的威胁，从而催生了日本最初的统一国家。[2] 不过，更晚近的、在德川时代日本人的意识中更具影响力的事件是13世纪的蒙古入侵。这一事件是唯一因具有重大历史意义而留下了鲜明记忆的外国势力企图征服日本的尝试。[3]

由新兴的清朝势力建立起的统一国家试图控制中国本土的

---

[1] Gari K. Ledyard, "Galloping Along with the Horseriders, Looking for the Founders of Japan," in *Journal of Japanese Studies*, 1.2, 1975, pp. 217-254. 对于日本在4—5世纪受支配于征服王朝有着启发性的讨论。

[2] 例如，井上光贞认为，"日本接受律令制的直接动因是考虑到国外，而非国内的状况"。见 Inoue Mitsusada, "The Ritsuryo System in Japan," in *Acta Asiatica*, 31, 1977, pp. 93。

[3] 关于1274年和1281年蒙古入侵的影响的概说，参见 Kyotsu Hori, "The Economic and Political Effects of the Mongol Wars," in John W. Hall and Jeffrey P. Mass, eds., *Medieval Japan: Essays in Interpretation* (Yale University Press, 1974), pp. 184-198。

斗争，同时清朝在17世纪80年代最终取得的完全胜利都使同时期的日本人回想起4个世纪前的蒙古入侵。女真主导的中原征服迫使德川幕府对该地区不断变化的战略平衡保持敏感和警惕，幕府也意识到自己应当时刻保持同周边环境的战略联系。虽然德川幕府因为察觉到了安全隐患而不断收紧对欧关系，也逐渐限制进入日本的欧洲人和中国人，但就算再消极的孤立主义也无法否认日本位于中国近边这一危险的事实。因此，当东亚地区发生关键性事件时，幕府便会调动情报机关和启动安全政策保卫日本。这一行动同时也默认了（或许也可以说是确认了）一个明白的事实，即日本身处亚洲之中，不能从中独立。

女真从部落到国家的发展进程始于16世纪后期。太祖努尔哈赤甚至在16世纪90年代初向明朝提出，要帮助明朝击退侵略朝鲜的日本人。[1] 日本似乎直到1627年初努尔哈赤的儿子皇太极入侵朝鲜之时才注意到草原上兴起的这一势力。[2] 那一年，后金军队从鸭绿江迅速南下抵达汉城。仁祖国王不得不逃往位于都城西岸外的、朝鲜王室每遇危机都会前往的传统避难所江华岛。1627年4月18日，仁祖宣誓效忠后金统治者并向侵略者投降。[3]

朝鲜政府立刻将侵略之事告知位于釜山的对马藩贸易据点

---

[1] Immanuel C. Y. Hsü, *The Rise of Modern China* (Oxford University Press, 1970), p. 21.
[2] Wiliam E. Henthorn, *A History of Korea* (The Free Press, 1971), p. 186ff 有关于1627年后金入侵朝鲜的简单介绍。详细的记述参见 *Han'guksa*, vol. 4, *Kunse hugi pyon*, pp. 87–94. 后金军队在1627年3月4日进入鸭绿江边的义州。
[3] *Injo cho sillok*, 15：50a–51a, at *Chosen wangjo sillok*, 34：181.

倭馆的馆主。这部分是由于日本无论如何都会很快知道此事。另一部分也是因为朝鲜政府认为他们或许可以把侵略当作借口以终止（或至少暂停）釜山贸易。[1] 对马藩不愿意这么做，后有追兵的朝鲜实际上也无法抵抗对马藩的意向。但在对马藩企图趁朝鲜微弱之机扩大贸易特权的同时，作为幕府外交代表的宗义成也有义务将后金侵略朝鲜之事报告给将军。从现存史料中无法得知义成具体在何时将侵略之事报告给了幕府。但1628年，在义成离开江户回到领地前，家光在江户城召见了义成。家光通过藤堂高虎命令义成派遣侦察使前往汉城，并明确告诉义成如果汉城还处于军事危险中，那么他将会派遣援军进入朝鲜以帮助抵御后金：[2]

114　　　由于将军听闻鞑靼近日侵略朝鲜西部边境，将军下令对马

---

[1] *Injo cho sillok*, 13：31a, at *Chosen wangjo sillok*, 34：119 记录道，1627年3月25日，备边司提案将侵略之事报告给在釜山的日本人，国王对此表示同意。于是，东莱府使柳太华写信给宗义成，要求中断其贸易活动，直到危机解除。*Chosen tsuko taiki*, kan 6；p. 222；Hayashi Akira, comp., *Tsuko ichiran*, 8vols.（Kokusho Kankokai, 1913），3：577. 但正如柳在4月中旬给汉城的报告中所说，日本人拒绝暂停贸易，但赠给朝鲜一些武器以表达对朝鲜的同情。*Choptaesa mongnok ch'o*, quoted in *Chosenshi*（36 vols, and index, Keijo：Chosen Sotokufu, 1933, repr.，Tokyo Daigaku Shuppankai, 1976），vol. 5, pt. 2, p. 102.

[2] *Tokugawajikki*, 2：451. 这一记录基于收录于 *Kansei choshu shokafu* 的宗家家谱，此记录应该被谨慎对待。但 Tokugawa jikki and Hayashi Akira, comp., *Tsuko ichiran*, 8vols.（Kokusho Kankokai, 1913），（3：577）的编者都认为这一记录可信。对比 *Chosen tsuko taiki*, kan 6, p. 222, 其中记录道，家光派遣义成的长期利益保护者藤堂高虎向义成传达命令。Yoshinari, *Taishu hennen ryaku*, pp. 249-250, and *Korin koryaku*, quoted in Ura Yasukazu, "Minmatsu Shinsho no Senman kankei shijo ni okeru Nihon no chii（1）" in *Shirin*, 19. 2（April 1934）：47. "Ho Choro Chosen monogatari," p. 458 记录了约30年后玄方对此事的回顾。

藩藩主宗义成归[府]后速派使者前往朝鲜王城以侦察详细情况。[将军说]若朝鲜王城身处险境，[日本]将会派出援兵。[1]

在此前的十年中，对马藩常常将武器弹药作为贡物献给朝鲜，或是将它们作为商品在釜山倭馆中出售。因此在此次危机中，对马藩再次这么做也没什么好奇怪的。例如，1627年旧历4月，在家光下令之前，甚至在家光知道后金侵略朝鲜这件事前，对马藩就向朝鲜提供了200斤火药和500把长刀。很难从零碎的史料中还原这一时期提供给朝鲜的武器总量，但实际数量应该只会更多。[2]

从某种程度上说，对马藩的反应预示了后来家光得知后金入侵朝鲜消息时的反应。只是到了幕府回应这一危机的时候，朝鲜对日本的敌意早已消失。如今，将武器和军需运输给身处困境的朝鲜已相对容易，但派遣使节到达汉城却不那么简单。在15世纪和16世纪，足利将军曾多次派遣使节前往汉城。在1550年前，参与对朝贸易的诸大名也多次派遣使者前往汉城。

---

[1] 史料原文："此ころ韃靼人朝鮮の西邊を侵掠するよし聞召るれば。帰府の後速に朝鮮の王城へ使者をつかはし。そのさまつぶらに巡察せしめ。もし王城急難あらば。援兵をつかはすべしと面命せらる。"——译者注

[2] 旧历4月的运货被记录在 *Choptaesa mongnok ch'o*, quoted in *Chosenshi*, vol. 5, pt. 2, p. 69 中。Henthorn, *A History of Korea*, p. 188 中给出了300把火枪、500只长刀和300斤火药的数据。关于1627年5月、7月和12月的运货，参见 *Injo cho sillok*, 15：60b, at *Chosen wangjo sillok*, 34：186, 16：39a, at *Chosen wangjo sillok*, 34：208, 以及 17：32, at *Chosen wangjo sillok*, 34：234。早在1619年，一位来到汉城的明朝使节已经注意到朝鲜在使用日本提供的武器。*Kwanghaegun ilgi* (T'aebaeksan copy), *kwon* 143, at *Chosen wangjo sillok*, 30：186。出于某些原因，《光海君日记》(*Chongjoksan*) 的另一版本 *Kwanghaegun ilgi*, 143：9a, at *Chosen wangjo sillok*, 33：253 删除了相关语句。

但在 16 世纪 90 年代的战争结束以及日朝关系正常化之后，没有一位德川将军想过要向汉城派遣使节。到那时为止，将军对朝鲜使节的回应仅停留于回复朝鲜国王的国书、送上礼物和遣返朝鲜战争俘虏的层面。另一方面，对马藩总是希望派遣使节前往汉城，但都没能获得允许。甚至在 1608 年至 1609 年间，当柳川景直和规伯玄方前往釜山协商贸易条款时，他们希望前往汉城为刚去世的宣祖国王吊丧，但该请求遭到了拒绝。

幕府应该是在朝鲜平息了对日本的敌意之后才对危机做出回应的。不过，在宗义成收到将军的命令后，他很乐意利用这次机会扩大自己在朝鲜贸易中的利益。因此，他在 1628 年至 1629 年的冬天回到对马藩后，立即按照家光的指示准备派出使节。经过在对马藩的长时间商议，义成任命了自义成父亲在位以来一直担任外交顾问的规伯玄方为正使，任命对马藩家老杉村采女智广为副使。这一 19 人的使节队伍还包括 2 名禅僧以及 15 名有朝鲜事务经验的对马藩武士。他们于 1629 年 4 月 4 日到达釜山。以将军正式使节身份自居的他们希望成为自 16 世纪 90 年代侵略战争结束后第一批前往汉城的日本外交使团。[1] 在那之前的对马藩使

---

[1] "Ho Choro Chosen monogatari," p. 459; *Sungjongwon ilgi*, 2: 146 (仁祖七年三月二十四日) 记录了东莱府使柳汝恪的报告。*Injo cho sillok*, 20: 18a, at *Chosen wangjo sillok*, 34: 322. 玄方的出使在 Tashiro Kazui, "Kan'ei 6 nen (Injo 7: 1629) 中得到了详细讨论。这一日记的作者是陪同杉村采女进入汉城的家臣之一。Tashiro Kazui ed., "Kan'ei rokunen gojokyo no toki mainikki," in *Chosen gakuho*, no. 95 (April 1980), pp. 73-116. 玄方对此次出使的回忆录收录于《方长老朝鲜物语》(*Ho Choro Chosen monogatari*)。Ishihara Michihiro, "Chosen gawa yori mita Minmatsu no Nihon kisshi ni tsuite," in *Chosen gakuho*, 4 (March 1953): 122-125 引用了许多朝鲜方面关于此次使节的史料。

节也曾希望前往汉城进行谈判，但最终都被拒绝。朝鲜要求他们待在釜山，与朝鲜政府保持尽可能远的距离。¹

此外，正如宗义成所知，后金侵略者早在1627年夏就撤退了。义成甚至给仁祖写了"对马岛主奉书贺平胡乱"的祝贺，并附上太刀和攻城炮作为礼物。² 从朝鲜政府的角度看，让玄方的使团前往汉城将会引发敏感问题，因为仁祖国王自己正是通过对后金关系问题引发的政变上位的，并且在他继位之后不久，朝鲜就发生了一场短暂的叛乱。³

因此，当玄方和杉村采女到达釜山并声称他们受将军之命要前往汉城时，一行人受到了来自朝鲜政府的极大怀疑，因为他们并未携带家光给仁祖国王的国书，只带了一封由宗义成写给朝鲜国王臣下的书信。但经过日本使节持续的请求劝说以及釜山、汉城的朝鲜官员长时间的商议，使节似乎成功地让朝鲜官员相信他们是经幕府授权的货真价实的使节团。他们由此获得了前往汉城的许可，也因此成为德川时代得以进入朝鲜首都的唯一日本使节团。

1　例如 *Kwanghaegun ilgi* (T'aebaeksan MS), *kwon* 14, at *Chosen wangjo sillok*, 26: 301-302, 己酉三年己酉条（1609年4月30日）; *ibid.*, *kwon* 15, at *Chosen wangjo sillok*, 26: 304, 己酉四年亥丑条（1609年5月4日）。

2　*Injo cho sillok*, 16: 46b, at *Chosen wangjo sillok*, 34: 211, 仁祖五年六月壬戌条（1627年7月20日）。*Choptaesa mongnok ch'o*（同日条）, quoted in Ura Yasukazu, "Minmatsu Shinsho no Senman kankei shijo okeru Nihon no chii (1)," p. 45, or *Chosenshi*, vol. 5, pt. 2, p. 135.

3　关于在第一次后金入侵前十年朝鲜同后金关系对朝鲜内政的重要性，尤其参考 Inaba Iwakichi, *Kokaikun jidai no Mansen kankei* (Keijo: Osakayago Shoten, 1933)。关于李适企图推翻仁祖、使光海君复位的叛乱，参见 Yi Sangbaek, *Han'guksa*, *Kunse hugi pyon*, pp. 12-15。

117　从 1629 年 5 月中旬到 6 月中旬，在玄方和杉村逗留于汉城的一个月里，他们分别在崇政殿谒见了仁祖国王，不过他们带来的大量公事主要通过礼曹处理。当他们返回对马藩时，他们带回了仁祖的回复：虽然日本提供了十分慷慨的援助，但后金的威胁已经解除（这点有些不坦率），危险已经过去。而且，因为朝鲜没有接受日本援军的先例，所以不论后金的势力有多强大，朝鲜都不会接受这一支援。¹

考虑到日本对朝鲜的侵略刚刚过去 30 年，朝鲜如此不情愿也在意料之中。在玄方于 8 月 6 日回到对马藩后，他向义成报告了朝鲜的拒绝。² 义成与玄方给在江户的以心崇传去信，崇传于 9 月 14 日收到了这些书信。义成还单独给老中酒井忠胜写了信。³ 崇传在日后记录道，家光对玄方的出使结果感到满意。⁴

家光或许会对玄方的外交表现感到满意，但他不应错将朝鲜暂时解除后金危机误以为是威胁朝鲜和日本安全的后金势力已经消失。后金军队确实已撤离朝鲜，但他们仍在朝鲜保有势力。或者说，他们将在接下来的几个世纪中一直影响东亚事务。他们也

1　Hayashi Akira, comp., *Tsuko ichiran*, 8vols. (Kokusho Kankokai, 1913), 3：576；"Ho Choro Chosen monogatari," pp. 460－461；"Kan'ei rokunen gojokyo no toki mainikki," p. 115.
2　"Ho Choro Chosen monogatari," p. 462；*Chosen tsuko taiki*, kan 6, p. 223.
3　*Honko kokushi nikki*, 6：229. 崇传在 9 月 25 日收到了两份报告。义成写给酒井忠胜的报告收录于 *Kansei choshu shokafu*, 8：257. 此处记录道，义成派遣一位家臣向忠胜"详细地进行了口头"报告。
4　*Honko kokushi nikki*, 6：253, 1629 年 11 月 11 日条。

会在 17 世纪余下的大部分时间里继续成为幕府的一个活跃而持久的安全隐患。由后金崛起引发的东亚动乱将会在未来的几十年中持续吸引着日本的关注，它将促进幕府收集和分析战略情报。该机制直到 19 世纪幕府倒台为止一直都是幕府观察东亚的战略侦察系统。不过它似乎也偶尔使日本卷入大陆的战事。

清的中原征服

当清朝忙于巩固其在东北亚的地位时，明朝正被内部的一系列起义撕裂着。起义军首领之一李自成于 1644 年 4 月占领北京。不久后，驻守长城东端山海关的明朝守将吴三桂投降清朝，并协同清朝与起义军作战。清军涌入关内，于 6 月 6 日占领北京。[1] 清朝皇帝入主紫禁城标志着清朝统治中原的开始。

在清朝夺取政权后，旋即出现了声称自己是明朝皇位继承者的人，因为明朝的最后一位皇帝已在李自成的包围中自尽。同时，明遗民也行动了起来。他们抵御清军，为光复明朝而斗争。[2]

战争的消息相当迅速地传到了日本。在清朝正式将宫廷从沈阳转移到北京前的 1644 年 9 月 4 日，来到长崎的中国商人已经对战事作了报告。[3] 第一批报告的生动性、细致度和准确性

---

1 Hsu, *The Rise of Modern China*, p. 27.
2 Hsu, *The Rise of Modern China*, pp. 28f.
3 *KH*, 1：3–8.

引人注目，其内容包括李自成起义的背景、明朝末帝的自缢、吴三桂的山海关开关、清朝对北京的占领、清军的南下以及第一位声称继承了明皇位的福王的出现。另一份简单得多的报告从对马藩发来，其中包括从釜山收集到的情报。[1] 所有这些报告都被送往江户，并在幕府内部通过下文将要介绍的方式得到处理。这一方式最终成为幕府处理海外情报的标准程序。

不过，对幕府来说更重要的是，在1645年旧历12月，一位名叫林高的中国商人来到长崎。林高给长崎奉行带来了南明水军都督崔芝的书信，信中请求日本派遣军队帮助光复已灭亡的明朝。[2] 在林高出使后的40年里，南明又陆续派出了十几次求援使节以请求日本或是派出援军，或是提供军事物资。[3] 其结果是，中国内陆和沿海的战略形势和政治形势在1639年锁国之后的许多年里一直都是幕府的重要议题。

林高和崔芝都是郑芝龙的属下。郑芝龙是当时以福州为据点的南明君主唐王（1604—1661年）的主要支持者。不过他早已为幕府所知，因为他在17世纪20年代至30年代曾有过丰富的

---

[1] KH, 1: 10f; *Toheiran fusetsu kogi e oseagerare soro hikae narabini Chosenkoku sanzoku toto goannai oseagerare soro hikae* (MS, ca. 1734, So Collection, Keio University)，以下简称为 *Toheiran fusetsu*，给出了一份内容几乎一样的日期为1647年4月的文本。不过由日期署为1646年1月的礼曹参议俞省写给宗义成的书信可知，朝鲜在这一日期之前就已将清军南下之事告诉对马藩了。参见 *Honpo Chosen ofukusho*, vol. 9。

[2] KH, 1: 11-14. 崔芝是周鹤芝的别名。参见 Ishihara Michihiro, *Minmatsu Shinsho Nihon kisshi no kenkyu* (Fuzanbo, 1945), pp. 13f。

[3] 中村（中山）久四郎 [Nakamura (Nakayama) Kyushiro] 在 "Minmatsu no Nihon kisshi oyobi kisshi," in *Shigaku zasshi*, 26.5 (May 1925): 3f 将来到长崎的这些使节列成表格。

职业经历。他早先是平户华侨头人李旦的帮手，而后担任过荷兰人的口译，也做过海盗和中国沿海的抗倭将领。如果说郑芝龙曾作为东亚海上贸易活跃中介者的经历使他产生了派遣林高前往长崎的想法，那么他名副其实的骑墙派恶名将会使他受到幕府的怀疑，并且如下所见，会让他的使节最终无法达到目的。[1] 林高向长崎奉行提交了崔芝的两封长信，信中请求日本为光复明朝提供援助："恭惟日本大国……人皆有勇，人皆训练弓刃，人皆惯习舟楫……乞借三千之师"[2]，这将会使中国和日本结成永远的同盟。

长崎奉行山崎权八郎直接将这些信件送到江户。林罗山把它们译成日文提交给老中和将军。在林罗山给家光念过信

---

[1] 关于郑芝龙，参见 C. R. Boxer, "The Rise and Fall of Nicholas Iquan," in *T'en Hsia Monthly*, 11.5（April – May 1941）: 401 – 439（尼古拉斯一官是郑芝龙的别名之一，是他的教名）; Donald Keene, *The Battles of Coxinga* (London: Taylor's Foreign Press, 1951), pp. 45 – 49. 关于郑芝龙的简略传记，参见 Arthur Hummel, comp., *Eminent Chinese of the Ch'ing Period* (United States Government Printing Office, 1943; repr. Taipei: Ch'eng Wen Publishing Company, 1975), pp. 110 – 120. 关于唐王的简略传记，参见上书第 196—198 页。关于郑芝龙及其在东亚事务中所扮演角色的启发性分析，参见 John E. Wills, Jr., "Maritime China from Wang Chih to Shih Lang-Themes in Peripheral History," in Jonathan D. Spence and John E. Wills, Jr., eds., *From Ming to Ch'ing: Conquest, Region, and Continuity in Seventeenth-Century China* (Yale University Press, 1979), 尤其参考第 216—228 页。郑芝龙最后变节，于 1646 年 9 月 21 日背叛南明投降清朝势力，但他的儿子郑成功（以国姓爷的称呼闻名于欧洲和日本）和孙子郑经继续在台湾抵抗，直到 1683 年。参见 Hummel, *Eminent Chinese*, pp. 108 – 112. 在 Keene, *The Battles of Coxinga*, pp. 100 – 160 中，作者翻译了流行于德川时代中期的基于郑成功的人生经历而创作的人形净琉璃剧 Kokusenya kassen. 关于李旦，参见 Iwao Seiichi, "Li Tan, Chief of the Chinese Residents in Hirado," in *Memoirs of the Research Department of the Toyo Bunko*, 17 (1958): 27 – 83.

[2] *KH*, 1: 11 – 12.

件后,家光让老中松平信纲去咨询井伊直孝的意见。彦根藩藩主井伊直孝是有资历的谱代大名,他从秀忠时代以来就一直担任将军的近旁顾问。[1] 经过长时间的激烈讨论,将军和他的顾问们决定暂时拒绝请求并等待情况的进一步发展。大目付(即负责监察的官职)井上筑后守政重与当时在江户的另一位长崎奉行马场三郎左卫门[2] 得到了如何让山崎回复林高的指示:

> 您的书信在上个月 26 日(1646 年 1 月 14 日)送抵。其中有林高带来的书信和〔您所誊写的〕林高口述内容的文书。在我们向老中禀明这是为〔平定〕兵乱而派出援军的请求后,〔老中回复说〕鉴于日本与大明已在百年之内无勘合之交,日本人也不再进出中国,虽然近年中国船只前来长崎贸易,但它们都是秘密来航。因此〔您可回复说〕虽然此次林高前来请求,但此事不宜直陈于将军。请告知林高上述事项,并令其早日归国。[3]

这封传达了将军意愿的书信实际上由松平信纲口述,林

---

[1] *KH*, 1: 13.

[2] *Tokugawa jikki*, 3: 429, 430.

[3] *KH*, 1: 13–14. (史料原文:"去月廿六日之御状到来候、然ば林高持参之書簡令披見候、大明兵亂に付加勢并武具之事申候通、御老中へ申候へば、日本と大明と堪合百年に及で無之によりて、日本人唐へ出入無之候、唐船年来長崎へ商買に参候といへども、密々にて渡候由に候間、此度林高参候て訴訟申候共、卒爾に言上申事にて無之の旨に候條、右之通申聞せ、早々林高候樣に可被申渡候。"——译者注)

罗山笔录，但为了让它看起来好像是由比实际处理者地位更低的机关处理的，也为了让请求看起来好像不被接受，此信由井上和马场署名。不管怎么说，幕府暂且明确拒绝了乞师的请求。

除这一指示外，山崎还从江户收到了一份由井上和马场写给山崎的汉文陈述。[1] 这份陈述经由山崎署名后将转交给林高。这又会让整件事看起来似乎仅仅值得引起最低级别官员的注意。

林高无功而返。不过他留下了一份"答长崎王（长崎奉行）谈"的文书，其中确认了山崎书信的内容和看似是来自山崎的口头说明，即"而众阁老难以奏于上矣"，又提到了"军器之事，此节意欲许你带回，奈日本御法度森严，不拘大明国，即各国亦皆如此是也"。[2]

山崎在这里提到了日本法律禁止军器出口，他明显做了指示之外的事，但他这么做的确是有根据的。早在 1621 年，幕府就开始限制日本武器出口，虽然它曾是日本在 15 和 16 世纪

1　KH，1：14. KH 的编辑者认为这些提供给大众的原因暗中支持了 *Nanryukun iji*. Ibid., p. 13n; in *fra*, n. 35 提供的解释。

2　KH，1：14. 1633 年至 17 世纪 80 年代期间通常设置两位长崎奉行。一位供职于长崎，另一位留在江户，在需要就对外事务问题提供意见时，留在江户的会被召见。Sasama Yoshihiko, *Edo bakufu yakushoku shusei*（*zohoban*）（Yuzankaku, 1974），p. 272 中简要介绍了长崎奉行任职者的变化。关于作为迫害吉利支丹的裁判官的井上，参见 Elison, *Deus Destroyed*, pp. 191-209 各处。不过，关于作为日荷兰人保护者的井上的形象，参见 Nagazumi Yoko, "Orandajin no hogosha"。

对外贸易中的大宗商品。[1] 该年，幕府对北九州的大名细川忠利、大村纯信、长崎奉行长谷川藤广以及（从理查德·科克斯的日记中推测的）平户大名松浦隆信下达了这项命令。[2] 虽然这些禁令似乎都被限定在一定范围内，即旨在防止当时在日本的欧洲商人运出武器，但到了1634年，幕府将禁运对象扩大至所有外国，即"日本之武具异国持渡事"[3]。

不过，在早期的武器出口禁令发布后的1628年，家光却建议向朝鲜输送武器甚至派出援军抵御后金。此外，在大约30年后，幕府又一次无视出口禁令的规定，同意通过琉球向中国沿海的反清势力提供军事物资。[4] 虽然幕府对林高的回复略不诚实，并且1634年的武器出口禁令依旧存在，但正如下文所述，我们完全有理由相信当时的家光想要提供武器。

或许应该说，家光想通过拒绝林高来测试其请求的诚意，因为家光怀疑林高是否真的是南明政府的使节[5]，这在很大程

---

[1] 例如，Tanaka Takeo and Robert Sakai, "Relations with Foreign Countries," in *Japan in the Muromachi Age*, ed. John W. Hall and Toyoda Takeshi (University of California Press, 1977), pp. 170-171 中推测，在一次航行中大约有36.4斤硫磺和3万把刀被运往中国。

[2] *Dai Nihon shiryo*, 12-38: 1-24; 138-139.

[3] *Tokugawa kinreiko zenshu*, 6: 377.

[4] *Kagoshima ken shiryo Kyuki zatsuroku tsuiroku*, 8 vols. (Kagoshima, 1971—1978), 1: 673, 675, 684; *KH*, 1: 159-162. 1676年的情况是，福建的南明势力明确要求日本提供"军用硫磺"。那时的幕府或许只是允许出口硫磺。因为这一运输会经过琉球，所以幕府便如尼克松时期的白宫一样处于"可以随时否认"的边缘状态。

[5] 家光的叔父纪州藩藩主德川赖信（Tokugawa Yorinobu）的传记 *Nanryukun iji*, quoted in Hayashi Akira, comp., *Tsuko ichiran*, 8vols.（Kokusho Kankokai, 1913），5: 390.

度上是因为郑芝龙也参与了此事。由于当时没有官方的明朝政府，也由于多个竞争者同时觊觎着明朝皇位，所以就算郑芝龙没有参与此事，幕府自然也会深思熟虑。[1] 当时不存在任何正式的明朝政府，在南明的各个势力中谁能成功重新夺取中国也是未知数，再加上郑芝龙偏偏参与了此次乞师，所有这些因素都使幕府不得不慎重。不过，正如下文所见，将军对于向中国派遣援军依旧有着不小的热情。

在幕府于1646年2月27日决定让马场和井上写信告诉山崎让林高返回福州后不久，常常参与幕政讨论的京都所司代板仓重宗在给侄子重矩的信中诉说了一个相当不同的将军立场。根据板仓的描述，将军并没有对回应中国的请求不感兴趣。相反，他不仅很感兴趣，甚至还构想了一个向中国输送日本援军的战争计划！板仓在信中描述的计划概要总共包括2万名日本士兵：他们在中国沿海登陆，并在那里建设防御堡垒。他们一边向内陆挺进，一边继续建造堡垒。[2]

当时在江户城参与讨论的其他人似乎也同意板仓对家光意

---

[1] 关于对这些南明势力的新近研究，参见 Jerry Dennerline, "Hsu Tu and the Lesson of Nanking: Political Integration and Local Defense in Chiang-nan, 1634 – 1645," in Spence and Wills, ed., *From Ming to Ch'ing*, pp. 89 – 132, and Ian McMorran, "The Patriot and the Partisans: Wang Fu-chih's Involvement in the Politics of the Yung-li Court," in *ibid.*, pp. 133 – 166。

[2] 正保三年一月十二日板仓重宗写给板仓重矩的书信。转引自 Tsuji Zennosuke, *Zotei kaigai kotsu shiwa*, pp. 640 – 641。同引自 Iwao Seiichi, Sakoku, p. 405, Asao Naohiro, *Sakoku*, pp. 378 – 379。重矩自己在日后的1665年至1668年和1670年至1673年间成为老中，并在1668年至1670年担任京都所司代。重矩的传记见 *Kansei choshu shokafu*, 2: 140 – 141; 150, 151。

图的理解。因为9天后,其中一位参与者,即九州西北部的柳河藩藩主立花忠茂在从江户写给家臣的信中这样说道[1]:

据我从老中处听闻,此事已报给江户城。但日本与中国的关系于百余年前已中断,且[中国]不准日本船只靠近[他们的]海岸,甚至设置监察[防止船只靠近]。因此,他们的船只也很难过来。如今其国陷入内乱,他们表明困难并请求援军。虽然如果请求来自[他们的]皇帝或将军,我们应当进行回复,但实际上我们不知道这位使节的真实

---

[1] 引自 Tsuji, *Zotei kaigai kotsu shiwa*, pp. 644-646. 此信也在 Iwao, *Sakoku*, pp. 404-405 中被讨论。辻善之助在未刊的"曾我文书"中找到了此信的原件,并认为此信由立花忠茂的父亲宗茂所写。岩生成一也接受了这一说法。但辻善之助和岩生成一都忽略了这封信的几个问题,这或许可以解释为何朝尾没有引用这一书信。笔者不赞同辻和岩生的看法,并认为此信由忠茂所写。此信显然不是由宗茂所写,因为他在 1643 年 1 月 15 日(宽永十二年十一月二十五日)就已经去世(见 *Tokugawa jikki*, 3: 133, 宗茂退休时的宽永十六年四月三日条;或 *Kansei choshu shokafu*, 2: 372, 他的传记)。在宗茂去世且显然无法写下此信之时,他的儿子忠茂不仅健康地活着,而且还参与了幕府关于应如何恰当回应南明抵抗势力的日本乞师的讨论。在 1646 年 12 月(正保三年十月二十四日)福州陷落之后,"根据长崎的最新消息,明兵在福州被击退,明王遭到杀害,因此[下列大名]应当对接近的外国船只提高警觉"(*Tokugawa jikki*, 3: 460-461),忠茂也成为接到命令并对可能接近的来自中国的难民船提高警惕的十几位大名中的一位。辻善之助的错误或许是善意的过失和理所当然臆测的双重结果。在 1624 年忠茂元服时,他从秀忠那里得到了左近将监的官位,并与自 1587 年以来担任这一职务的宗茂共享一职。辻善之助没有复写信中的花押,但在一封给家臣的信里有着草写的"左近"的花押是完全合适的。因而将这封信归为由"碧蹄馆之战的英雄"宗茂所写(Tsuji, p. 646)。关于 1593 年 2 月 28 日在汉城附近发生的这场战争的细节,参见 *Chosenshi*, vol. 4, pt. 10, pp. 32-33, 辻善之助将写信人希望前往中国并光荣死去的决心描绘得十分英雄主义。宗茂已经是战争英雄了,如果他还活着的话,按照日本的算法,他将有 79 岁。Fujino Tamotsu, *Bakusei to hansei* (Yoshikawa Kobunkan, 1979), pp. 215-237 中有关于宗茂的详细传记,但其中并未提到这封信。忠茂的官方传记见 *Kansei choshu shokafu*, 2: 372。

身份。[将军]也对向外国运输武器的想法持保留意见,因此他[指示]两位长崎奉行回复说请求没有上报给将军,也不适合上报给老中。

因此,我认为不大可能会派出援军。但我们也不能判断将来是否还会有乞师,虽然目前的情况就是如此……虽然派遣援军似乎不可能,但北京已经陷落,我们甚至听说南京可能也已被占领,因此不能排除中国的皇帝或将军会再次突然送来乞师请求的可能性,所以我们不可掉以轻心。如果我方真的要派遣军队,那么我希望能够同去,虽然我需要找到一个合适的理由……我告诉他们[在下达命令]向长崎运输武器之时,我也会前去为自己[参加战争]买一些武器。我还听说如果朝鲜受到来自大明的攻击,那么[朝鲜也会]前来乞师。[1]

---

1 史料原文:"右之様子爰元ニ而御老中衆御中へ密に承候処ニ、尤御城へも其注進候へども、唐と日本の通シ百年以来絶、其上日本之者を寄せ申まじきとて、番船迄候躰ニて、今国の乱ニ成、難儀候とて御加勢などゝ申とて可被遣事にあらず候、其上帝王か将軍などより申来候は、御返事之被成様も可在之候へども、飛脚之躰ニ而何者申越候ともしれぬ事候、其上日本之武具異国へ御渡候事いかゞと思召候間、長崎両奉行より返事可申上候、将軍之御耳ニ立候事ハ不及申、御老中へも申上候事不罷成候由返事可仕之由被仰渡候、如此候間、御加勢など遣候事ハ、中々有まじく候、又々申来候て之事ハ不存、今迄は如此候。……御加勢など被遣候事は有まじく候へども、北京もはやとられ、南京迄とられ可申様躰と聞え候而、俄に唐之帝王将軍などより達而御加勢など申上候者、又々しれぬ事に候間、内々油断有まじく候、何時も御人数など被遣候ハゞ、我等儀は御埋り申上候成とも、参度と之内存候、かならずひろく沙汰無用候、各為心得如此候、常々余人に勝御懇之様候間、ケ様之時之御奉公ハ何程可申上覚悟候、兼々各へも申合候間、不及申候、長崎へ参候飛脚船ニ武具被下候様ニと申来之由、爰元ニ而能々承候へゞ、武具をかい候て参度と申たるよしニ候、大明よりもし朝鮮へとりかけ候ハゞ、御加勢可奉願由、前を以申などゝ申候沙汰も為心得候。"——译者注

如果家光的目的是为了探测南明乞师的诚意,看看之后是否还会有这样的请求,那么后续的发展不会让他失望,他也不需要等太久。1646 年秋,郑芝龙派出的第二位使节黄徵明抵达长崎,再次寻求日本的帮助。[1] 郑芝龙和隆武帝通过黄徵明送来了给将军和长崎奉行的书信,也带来了中国的绢丝作为礼物。信中又一次请求日本提供军事支援以抵御清朝,光复明朝。不过他们说,"虽然我们上一次请求了 5000 兵力,但若正好是这个人数的话,我们将很难战胜敌人,所以请多派一些"[2]。

隆武帝在信中提醒日本,鞑靼人[3]自古以来是日本的敌人,他们曾"四五度"[4] 袭击日本。他也提醒将军,把蒙古人赶出中国的正是明朝。隆武帝暗示日本欠明朝一个人情,他主张,鉴于日本和明朝历史上的友谊,日本应当答应请求并派出军队。[5]

---

[1] *KH*,1:15-25.

[2] *KH*,1:17 (史料原文:"さきには兵五千といへども、其分にては、敵にかちがたきほどに、猶も多かり度。"——译者注)

[3] 鞑靼,是多个族群共享的名称,包括以蒙古族为族源之一的游牧民族。西方国家语境里的鞑靼人,指的是在欧洲曾被金帐汗国统治的蒙古语部族和突厥语部族及其后裔。——译者注

[4] 事实上,蒙古人只分别在 1274 年和 1281 年两次入侵日本,但这两次都失败了。参见 Kyotsu Hori, "The Mongol Invasions and the Kamakura Bakufu" (unpublished Ph.D. dissertation, Columbia University, 1967)。

[5] *KH*,1:19 概括了隆武帝书信的内容。具有讽刺意味的是,南明竟然将中日友谊作为请求援助的原因。明朝对外事务的法规在一个世纪中都将日本区别对待,且"倭寇"(不是所有倭寇都是日本人)在更长的时间段里横扫了中国沿海。幕府在拒绝前一年乞师的时候就将与明朝关系的断绝作为一个原因。关于倭寇,见 Tanaka Takeo, *Wako to kango boeki* (Shibundo, 1961), and Kwan-wai So, *Japanese Piracy in Ming China During the Sixteenth Century* (Michigan State University Press, 1975)。

长崎奉行将这些书信转交给江户。家光命令林罗山将此前从中国收到的所有官方通信整理成一个备忘录。林罗山在1646年11月23日把通信目录呈给将军。[1] 这一目录始于公元238年魏明帝给"神功皇后"的诏书[2]，止于1619年单凤祥的书信[3]。

在林罗山把备忘录提交给将军、老中、德川御三家（即纪州、尾张、水户）的藩主和井伊直孝后，御三家中有赞成提供援军的声音[4]，这一赞成意见甚至在当年被报告给了朝鲜。[5] 但反对派表示，日本不仅无法从派遣援军中获得任何回报，还会徒增日本的敌人。[6] 这是家光的叔父纪州藩藩主赖宣和将军的老臣井伊直孝的观点。

板仓重宗和立花忠茂在前一年春天的反应也表明家光对向

1　*KH*，1：22.
2　这里指的是给"倭王卑弥呼"的诏书，该诏书于238年旧历12月颁给卑弥呼派遣到魏国的使节。《三国志·魏志》3卷，第857页有记载。英译见Ryusaku Tsunoda and L. Carrington, comp.，*Japan in the Chinese Dynastic Histories*，pp. 220 - 221. "神功皇后"的传说可能是以《魏志》中的卑弥呼记录为原型，参见Gari K. Ledyard, "Galloping Along with the Horseriders," esp. pp. 235 - 242.
3　参见第三章。
4　*Tokugawajikki*，3：460；Hayashi Nobuatsu, *Kan'ei shosetsu*, in *Zoku shiseki shuran*, 10 vols. (Kondo Shuppanbu, 1930)，6：274 - 275.
5　*Injo cho sillok*，47：70a, at *Choson wangjo sillok*, 35：289；47：75a, at *Choson wangjo sillok*, 35：292. 对马藩派往釜山的使节"藤原"智绳（在田杢兵卫）向朝鲜官员报告说，"大君叔父二人曰，宜假道朝鲜，出送援兵"，但宗义成表示反对。义成提醒家光，朝鲜的经济还未从1636年的丙子胡乱中恢复，无法在日本军队经过的时候提供供给。
6　*Tokugawa jikki*，3：459 - 460；Hayashi Nobuatsu, *Kan'ei shosetsu*, pp. 274 - 275；Shionoya Tom, "Shodaiki," quoted in Ishihara Michihiro, *Minmatsu Shinsho Nihon kisshi no kenkyu* (Fuzanbo, 1945), p. 40.

中国派遣援军有着极大兴趣。但家光派遣援军的意愿几乎被一封在此期间送抵江户的长崎奉行的书信扑灭。长崎奉行从最近自中国沿海来到长崎的中国商船处得知,郑芝龙在福州战败,他目前正在与清朝协商投降的适当条件。[1]

福州的陷落和郑芝龙的投降使得困扰于顾问团对马藩意见的家光能够容易地做出选择。家光曾在不久前让宗义成回到对马藩,并指示他从朝鲜搜集关于中国内战的更多情报。可以由此推断,其他西日本大名也进入了警戒状态。但在11月27日和28日,老中给长崎所在的肥前藩大名锅岛胜茂、长崎南边的熊本藩藩主细川光尚、宗义成,可能还给当时所有不在江户的西日本大名去信,告知他们将军的意向已经改变:

> 由于大明正处于内乱之中,平户一官[郑芝龙]来信请求援军。但信中有不少可疑之处,因此将军打算派人到长崎对一官的使者进行询问。但那月4日[11月11日]收到了来自长崎[奉行]的书信,信中报告了福州陷落、唐王[隆武帝]和一官放弃城池之事。因此不必继续调查[乞师之事]。现在在江户的所有[大名]都会收到这样的指令。

---

[1] *KH*, 1: 24–25. 消息传播得很快,郑芝龙于10月6日战败(Hummel, *Eminent Chinese*, p.110),而消息在11月11日到达长崎。这被荷兰商馆长记录了下来[*Nagasaki Oranda Shokan no nikki*, tr. Murakami Naojiro, 3 vols. (Iwanami Shoten, 1956–1958), 2: 115],并立刻由长崎奉行报告给了江户,且报告在24日抵达江户。*Tokugawa jikki*, 3: 460; Hayashi Akira, comp., *Tsuko ichiran*, 8vols. (Kokusho Kankokai, 1913), 5: 399–400.

我们按照将军的意愿对你们下达指示。[1]

在决定拒绝乞师后不久，幕府列出了 21 条为什么不能接受请求的"理由"。这些理由令人联想到 1621 年幕府拒绝单凤祥书信时的理由，主要是考虑到会对日本地位和日本政体中将军地位产生影响的外交礼仪问题。[2] 然而，正如与此次讨论相关的零散的现存史料所表明的，这些只是幕府拒绝正式回复请求的理由，而不是拒绝请求的理由。

实际上，关于派遣援军的讨论已经进展到家光与宗义成商议朝鲜能否同意让日本军队在支援南明时借道朝鲜的地步。但宗义成觉得这个想法不可行，因为他认为朝鲜还未从最近的清

---

[1] 这封是正保三年十月二十日（1646 年 11 月 27 日）阿［部］对马藩守［重次］、阿［部］丰后守［忠秋］、松［平］伊豆守［信纲］写给锅岛信浓守［胜茂］的书信，收录于 Go-toke reijo；Ritsuryo yoryaku，vol. 2，Kinsei hosei shiryo sosho，ed.，Ishii Ryosuke (Sobunsha, 1959)，p. 102；同信也收录于 Hayashi Akira, comp.，Tsuko ichiran，8vols. (Kokusho Kankokai, 1913)，5：400 - 401。其中还包括正保三年十月二十一日阿部对马藩守、阿部丰后守、松平伊豆守写给细川肥后守［光尚］的书信以及松平肥前守写给松平伊豆守和阿部丰后守的书信（无日期），后者确认并一字不差地引用了 10 月 21 日松平肥前守收到的信。同样，虽然老中写给宗义成的信现已不存，但义成在确认已收到信的回信中完整复述了指令的内容。宗义成在正保三年十二月十九日（1647 年 1 月 21 日）写给松平伊豆守、阿部丰后守和阿部对马藩守的信保存在对马藩的江户藩邸记录中，即 Mainikki issatsu Edo go-roju narabini katagata e tsukawasu gojo hikae issatsu nisatsu gatcho [MS, 正保三年（1646 年 2 月 16 日—1647 年 2 月 4 日），collection So Archives, Kenritsu Tsushima Rekishi Minzoku Shiryokan, Izuhara, Tsushima]。Boxer，"The Rise and Fall of Nicholas Iquan，" p. 436 讨论丁郑芝龙在福州投降之事。（史料原文："今度依大明兵亂、従平户一官加勢之儀付て、書翰数通到来、備上覽候處、書中之趣御不審之條有之故、長崎え被遣上使、一官使者に様子可被成御尋と被思食候處、當月四日之書状従長崎来着、福州令落居、唐王并一官儀明退城中之由注進候、然上不及御穿鑿候、此趣在江户之面々に被仰聞候付て、其元えも可相違之旨、依上意如此候。"——译者注）

[2] KH, 1：22 - 24。

军侵略中恢复，无法在日本军队前往中国时提供粮食。[1] 不用说，朝鲜肯定不会愿意让日本军队踏上它的土地。

在义成与家光的这次会面后，幕府继续讨论应当如何回复郑芝龙的第二次请求。同时，义成回到对马藩。他带回了幕府的指示，将从朝鲜搜集有关中国内战进展的更多情报。义成在12月3日回到对马藩，在不到一周前，老中在信中称由于福州已陷落，幕府需要重新考虑日本的军事参与行动。不过，与这些书信给人带来的联想相反，义成不久后收到了一连串来自江户的指令，要求他继续甚至更努力地搜集情报。

义成回到领地后立马给江户写信，告知老中他已平安到达。[2] 同时马上给朝鲜的礼曹、东莱府使和釜山佥使去信，告诉他们自己于12月3日从将军处回到对马藩。不过最重要的是，义成写道："且闻译官使于吾州，渡海在近乎，万端期面禀。"[3] 朝鲜译官于1月21日到达对马藩。同日，义成也收到

---

[1] *Injo cho sillok*, 47: 70a, in *Choson wangjo sillok*, 35: 289.
[2] 正保三年十月二十七日，宗义成写给松平伊豆守、阿部对马藩守和阿部丰后守的书信。写给牧野内匠头、松平伊豆守书信的副本、正保三年十月二十七日义成写给井伊扫部头（直孝）、酒井赞岐守（忠胜）和堀田加贺守（正盛）的书信收录于 *Mainikki issatsu* (1646)。义成在这时给超过130位大名写信，告知他们自己平安到家。
[3] 宗义成在正保三年十一月 日写给东莱府使和釜山佥使的书信，收录于 *Honpo Chosen ofukusho*, vol. 11. 写给礼曹的书信也收录于此，它与前两者在格式上有一点不同，但内容相同。

了老中的书信（日期署为正保三年十二月十六日）。[1] 22日，义成给江户写信说，他会马上询问译官，而后完整地报告给幕府。[2] 28日，义成在对马藩府中的城里接见了译官李亨男和韩相国及6位随行人员。[3] 但正如义成在两天后向松平信纲和大老酒井忠胜报告的那样："朝鲜在前几年同鞑靼开战，而后和谈……即使我询问，[两位]译官也不愿谈及太多朝鲜与鞑靼的关系，因为[两国已和谈]。"[4] 译官抗议道他们不能谈论这类问题，同时要求义成证明他的行为经过了江户的正当授权。义成告诉他们他会在2月初得到江户的书面授权（如果情况好的话），不过他计划在3月中旬回到江户。因此，义成需要给朝鲜提供书面证明，证明他在离开江户前得到了指示。[5]

在1647年早春义成还在等待江户回信的时候，他就开始向朝鲜施压以获得关于中国内战的有用情报。如果他无法满足幕府的情报需求，那么他对对马藩领地迟早会受到威胁。因此

---

[1] *Mainikki issatsu*（1646）正保三年十二月十六日条在同一天的不同条中分别记录了朝鲜使节和老中书信的到达。

[2] 正保三年十二月十七日宗义成写给松平伊豆守、阿部对马藩守、阿部丰后守的书信，收录于 *Mainikki issatsu*（1646）。

[3] *Mainikki issatsu*（1646）正保三年十二月二十三日条。在列的"译官韩"没有给出名字。（查对《朝鲜王朝实录》仁祖二十四年十二月二十二日甲午条相关记载，"译官韩"应指韩相国。——译者注）

[4] 史料原文："先年朝鲜国と鞑靼人と兵乱之仪殊更其致和谈候已後朝鲜国之者共へ相寻申处二口上不自由二御座候故书上之仕拙子へ召出候。"——译者注

[5] 正保三年十二月二十五日宗义成写给酒井赞州（忠胜，大老）和松平豆州（信纲）的书信，收录于 *Mainikki issatsu*（1646）。

他写信给东莱府使和釜山佥使,告诉他们需要尽快得到情报:
"东武近日解缆将发对州,且又大明国中之诸事连年就贵国,虽欲闻之,终无告报,是差渡飞舟,万般附倭馆守舌头。"[1] 义成希望随着他前往江户的期限临近,朝鲜会加快合作。

松平和酒井在 1647 年 3 月 12 日(正保四年二月六日)及时回复了义成 1 月 30 日的报告。在简述了他们得到的消息后,他们告诉义成:"我们已将与你的通信上呈,因此,[经决定]由于朝鲜应该会知道中国的情况,所以你应当派遣[使节]到釜山了解情况。你要在得到情报后进行报告。"[2] 在得到这一授权后,义成立马向釜山派去使节,询问中国内战的情况。他向东莱和釜山去信:"去岁鞑靼人有袭取明国之闻,今夫国中法已下,为若何乎哉,殊贵国无异事耶?"接着,他着急地写道:"繇是差渡使价,宜得其情,缕缕附使舌。"[3]

使节在田杢兵卫告诉东莱府使闵应协,将军写信给义成告

---

[1] 正保四年二月 日,宗义成写给东莱釜山两令公阁下的书信,收录于 *Honpo Chosen ofukusho*, vol. 11。

[2] 正保四年二月六日松平伊豆守信纲(花押)和酒井赞岐守忠胜(花押)写给宗对马藩守的书信(抄本,对马藩万松院,宗家文库)。(史料原文:"就其今度持来候书简别録并先年朝鲜と鞑靼兵乱有之而和平之以後両国通用之趣,右之使ニ被相寻付而具事改之其方迄捧之书物何茂備上覧候,然者朝鲜へ者唐の様子知可申候间,従跡々朝鲜江被差遣候者より釜山浦迄相渡之其事间合候様、弥様躰連々被承之注進者候。"——译者注)

[3] 正保四年二月 日,宗义成写给东莱釜山两令公阁下的书信,收录于 *Honpo Chosen ofukusho*, vol. 11。这封信的特别之处在于它完全省略了往常的礼貌问候,并且带着着急的语气。正如下文将阐明的,这反映了义成担心如果他不能获得有效情报,否定他作为汉城中介者的价值。

第四章 通过双筒望远镜看到的世界：动荡东亚中的幕府情报机关与日本国家安全 145

诉义成自己一直在搜集有关南京和北京形势的情报，他也疑惑如果对马藩与朝鲜关系这么好，那么为何义成没有送来报告？家光纳闷，现在的朝鲜是否还是清朝的藩属国（就像它曾是明朝的藩属国那样）？[1] 在田暗示，朝鲜持续的不合作将导致义成作为幕府和朝鲜政府中介的能力受到质疑。再加上此前义成也暗示过译官，老中对朝鲜与清朝的合作表示恼怒，他们正考虑派出军队。[2] 这使得朝鲜处于进退两难的境地：它要么面临日本新一轮的侵略，要么失去作为中介者的对马藩。而义成从未如此咄咄逼人过。

实际上，义成很可能在等待朝鲜政府回复的时候给江户发去了一份临时报告。因为酒井和松平两位老中曾在 1647 年 5 月 5 日对义成写道："上月［21 日］的书信及其附送的关于中国状况的备忘录已送达。在阅读和讨论之后，我们将内容上呈。虽然你的参觐之仪已临近，但你应该留在领地等候进一步指令。将军示意你要报告所有你听到的有关那个国家的事。"[3]

---

1 *Injo cho sillok*，48：9a，at *Choson wangjo sillok*，35：297.
2 *Injo cho sillok*，48：2b，at *Choson wangjo sillok*，35：293 收录了译官李亨男给朝鲜朝廷的报告。
3 正保四年四月一日松平伊豆守信纲（花押）和酒井赞岐守忠胜（花押）写给宗对马藩守的书信（Copy MS letter, So archives, Banshoin, Tsushima）。义成很有可能在此前就向江户报告了中国的形势。因为在田杢兵卫在正保四年三月二十四日（1647 年 4 月 28 日）带着消息从朝鲜回来，于是义成立马给江户送去快报。因为在田给义成的报告和义成给江户的报告都没有留下记录，所以不知道这些报告是否跟中国的内战相关。*Mainikki issatsu*（1647）（MS, So Archives, Kenritsu Tsushima Rekishi Minzoku Shiryokan）。5 月 22 日，一位飞脚从江户抵达对马藩，很可能送来了酒井和松平的书信，见正保四年四月十八日条。（史料原文："去月十七日之御状、大唐之樣子覚書到来令披見来翰之趣及上聴候、然者其方参勤之儀に而仰出有之迠者、其地罷在彼国之樣躰申来候者可致注進由上意候、可被存其趣候。"——译者注）

(图4-1)同时,松平单独写道:"正如我们在之前的信里所指示的,你应当询问朝鲜有关中国的情况,并按照指令进行报告。"[1](图4-2)

图4-1 松平信纲和酒井忠胜写给宗义成的书信。信中传达了家光的指示,要求义成留在对马藩并从朝鲜搜集有关清朝征服中原进展的情报,并且"报告所有你听到的有关那个国家的事"

(首尔国史编纂委员会提供)

义成自然明白自己的尴尬处境。他害怕如果他对朝鲜过度施压,那么他可能会丧失未来的贸易权;但如果他没能取得情报,那么他在十几年前险些遭受的柳川一件的厄运将会再次降临。但是,义成参勤交代的中止以及将军反复下达的强有力的指令都表明,幕府正认真地关注着中国的形势,也确保义成可

---

[1] 正保四年四月一日松平伊豆守信纲(花押)写给宗对马藩守的书信(signature MS letter, Sō Collection, National History Compilation Committee, Seoul)。为何信纲会在和忠胜一起写信的同一天单独给义成写信的原因尚不明了。这或许是因为义成曾送去书信副本的朋友、信纲的亲戚松平右卫门和松平主膳使,信纲对义成多了一些照顾。(史料原文:"将又大唐之儀朝鮮国へ御聞候事、先書ニも如申入候、必貴殿心へ之為ニ御聞届可然候、猶追而可逹候間不能一二候。"——译者注)

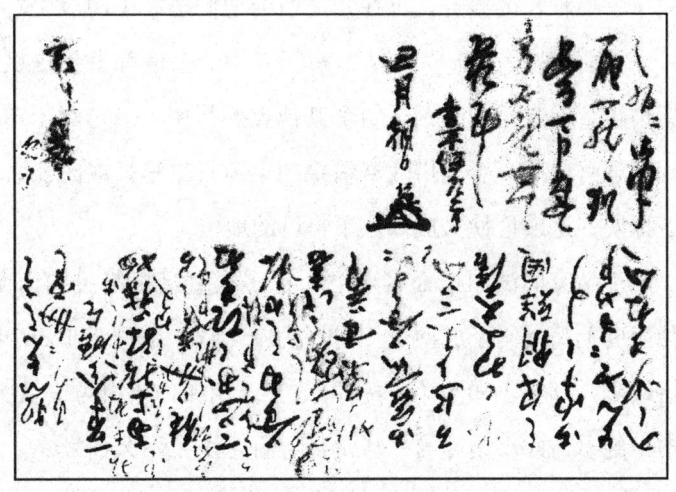

图4-2 松平信纲指示宗义成"询问朝鲜有关中国的情况"并且把清朝的征服"报告"回江户

（首尔国史编纂委员会提供）

以用崭新的决心推进此事。最终，义成的努力在5月末结出了果实。他收到了东莱府使闵应协的书信，信中概括了清朝征服中原的过程，还附上了金译官的备忘录，其中提供了更多清朝征服中原后内部形势的细节。[1] 不用说，义成因为有大量内容可供报告而松了一口气。他在1647年6月1日给松平和酒井

---

[1] 丁亥年四月东莱府使［闵应协写给宗义成］的书信以及训导金金知的备忘录都收录在 Toheiran fusetsu 中，没有任何一个被记录在 Honpo Chosen ofukusho 中。对比 Ka'i hentai，1：10 中义成根据1645年东莱的情报制作的报告可知，即使在两年之后，朝鲜也很不愿意添加新情报。此时的朝鲜左右为难，因为它同时也要向清朝报告日本的情况和意图。Injo cho sillok，47：73a，at Choson wangjo sillok，35：291 记录了仁祖下令向北京报告"倭情"之事。

送去了一份长长的报告,也在几天前给他们送去了闵应协的书信。[1] 对幕府来说,义成的报告和闵应协的书信都没有提供太多新情报,但它至少起到了两个其他重要作用:一是对于幕府来说,朝鲜成了一个提供战略情报的渠道;二是义成的能力得到了证明。这或许使义成保住了自己的地位。

历史学家们试图论证幕府之所以多次直接拒绝援助南明,某种程度上是受制于成型于17世纪30年代,定型于1639年,并持续到19世纪50年代的锁国政策。例如,津田秀夫认为,日本拒绝参与此事是因为"从常识上看,由于不久前发布了锁国政策,所以幕府无法提供援助"[2]。井野边茂雄(Inobe shigeo)同样认为,"在正保二年(1645年)郑芝龙前来请求派兵之时,以及庆安(1648年)、万治(1658年)郑成功再次前来乞师之时",幕府拒绝请求全在意料之中,因为幕府想要"维持锁国政策"。他总结道,锁国政策的目的是为了维持国内和平,幕府为了达到此目的而避免参与外国事务。[3]

但仅仅考虑1646年至1647年间幕府拒绝郑芝龙请求时的行动就会发现,这些解释是没有说服力的。幕府的确拒绝了这些请求,但第一次的拒绝明显是想要争取时间以让形势进一步

---

1 [正保四年]四月二十日宗对马藩守写给酒井讚岐守和松平伊豆守的书信,收录于 *Toheiran fusetsu*。义成的报告不见于 *Ka'i hentai*。义成又在9月4日给江户送去了另一份"密报",其内容没有留下记录,但可能提供了关于中国形势的更多情报。见 *Mainikki issatsu*(1647),正保四年八月六日条。
2 *Shinpojiumu Nihon rekishi 11 bakuhan taisei ron* (Gakuseisha, 1974), p. 139.
3 Inobe Shigeo, *Ishin zenshi no kenkyu*, p. 24.

发展，同时搜集足够的情报以做出决定。幕府需要关于中国形势状况的情报和派出援军的合法理由。正如浦廉一（Ura Yasukazu）所写的，"幕府对于向大陆派遣援军有着巨大热情，此事也在将军及其主要顾问之间引发了热烈讨论"[1]。辻善之助（Tsuji Zennosuke）通过大量史料证明了在御三家和京都所司代板仓重宗的劝进下，家光甚至构想了"侵略支那的雄图"。只是这一计划由于南明军队的失败（他们没能足够持久地使自己一直作为一个"有望成功的选项"直到获得日本的援助）和谱代大名井伊直孝的强烈反对而流产。[2] 正如老中在1646年11月27日对几位大名所写的，"根据［11日］长崎的来信，福州陷落，唐王［隆武帝］和［郑芝龙］一官放弃城池。因此不必继续调查此事"[3]。

因此，关于自封的南明为光复明朝而向日本请求军事支援一事，至少很难用锁国来解释幕府的拒绝，也不能将其看作是日本希望维护和平、想要避免参与光复明朝战争的必然结果。因为幕府似乎曾走到了派兵的边缘，一些与制定政策的幕阁走得近的人相信军事行动已然迫近。另外一些人则极力主张不参与战事。当南明的抵抗势力在福州经历了巨大失败后，关于派遣军队的所有想法瞬间失去了意义。无论板仓和立花（以及人数不知还有多少的其他人）如何热衷于派兵，鉴于败局已定，

---

1 *KH*, 1: 23–24n.
2 *Zotei kaigai kotsu shiwa*, pp. 646–654.
3 参见 *Zotei kaigai kotsu shiwa*, note 50。

这一行动已然失去了意义。

但确实,幕府和大多数日本人对清朝抱有敌意并尽其所能地帮助南明。例如,幕府允许南明商人来到长崎贸易,而在一段时间内差别对待从清朝统治地区前来的中国商人。在郑芝龙的使节到来前不久,有两艘戎克船从南京前来贸易。[1] 船员们都梳着辫子。因为这看起来很奇怪,所以此事被报给了江户。荷兰商馆长在1646年9月10日记录道:"从南京来的船员们被禁止贸易,因为他们梳着满族的辫发。不过这一次暂且得到允许。但将来,只有'当他们以中国的样式前来时'才能被允许贸易。"[2] 众所周知,从清朝统治区前来的中国人都是辫发,因此这个决定很明显有利于不受清朝控制的商人,即要么是海外华人,要么是从南明统治区前来的商人。

正如石原道博(Ishihara Michihiro)所认为的[3],这似乎为郑芝龙的儿子,即南明最有名的将领国姓爷郑成功开辟了一条直到17世纪50年代为止能够持续获得日本武器的渠道。虽然或许可以认为这一行为和上述政策反映了幕府的反清情绪,但它们也有可能是非法走私或合法贸易的结果。因为虽然国姓爷在1647年至1660年间至少向日本送去四次请求,但幕府没有对它们做出任何回应(虽然老中至少讨论过其中的第一次和第

---

1 Murakami Naojiro, tr., *Dejima Rankan nisshi*, 3 vols. (Bunmei Kyokai, 1938 - 1939), 3: 34 (27 July 1646)。

2 *Dejima Rankan nisshi*, 3: 50。

3 Ishihara Michihiro, *Minmatsu Shinsho Nihon kisshi no kenkyu*, pp. 55 - 67。

三次)。[1]

幕府有意避免直接卷入明清纷争,也不断拒绝不论真假的、来自明遗民的求援。但幕府明显在意识形态上偏向明遗民[2],这一倾向也体现在幕府的行动之中。幕府不仅优待从反清地区前来的中国商人,也愿意为想要定居日本(而不是留在中国)的明遗民提供避难所。[3]

但过了17世纪40年代,战争的数量减少到了几乎不足以使人燃起光复明朝的实际希望的程度。日本继续关注中国的形势,因为它可能会使日本的海外贸易陷入危险,也随时可能会突变为一场更为严重的战争。幕府继续允许国姓爷的船只来到长崎与日本进行利润丰厚的交易,但拒绝了所有要求直接提供帮助的请求。然而,在1673年的最后几天,中国掀起了一场公然的大规模叛乱,且叛乱的范围不仅限于沿海地区。这使得日本再次关注亚洲大陆的战略关系,也使日本和朝鲜重新燃起了光复明朝的希望。

三藩之乱与幕府的情报机构

三藩之乱肇始于康熙帝接受有开国之功的吴三桂和其他汉

---

1 *KH*, 1: 28, 45; Nakamura Kyushiro, "Minmatsu no Nihon kisshi oyobi kisshi," pp. 3–5.
2 Hayashi Gaho, "Go Tei ron," in *Gaho Sensei Hayashi Gakushi bunshu*, kan 48.
3 其中最为人所知的大概就是儒学者朱舜水,他后来成了水户藩藩主德川光圀的顾问。

族将军的撤藩之请¹,虽然受封于云南的吴三桂原本以为康熙不会同意这一请求。其后,吴三桂立刻从云南联系了国姓爷的嗣子郑经。郑经以台湾为据点,劫掠着中国沿海地区以及荷兰和中国的船只。吴三桂举起了造反大旗,他拥立明朱后裔,声称要光复明朝政权。

1674年4月,郑经和受封于福建的靖南王耿精忠加入了吴三桂,战事正式推进。清朝政府和年轻的康熙帝面临着事关王朝存亡的最严峻考验(清朝下一次面临如此严重的危机,还要等到约两个世纪后来自西方的猛烈进攻)。对于许多期待明朝光复的日本和朝鲜的观察者来说,清朝似乎在第三代就会灭亡,清朝历史的正当性也将由此受到质疑。² 后来的历史学家普遍认为,这样的想法足以体现出吴三桂的叛乱对清朝的存亡构成了多大的威胁。³

三藩之乱的消息迅速传播开来。1674年3月,从北京返回的朝鲜使节发出了先行知会,将第一份报告送达朝鲜宫廷。⁴ 在同年的晚些时候,即1674年7月8日,吴三桂和郑经的反叛檄文的抄写本(后者所署的日期仅是两个月前),以及一份

---

1 参见 Tsao, Kai-fu, "The Rebellion of the Three Feudatories against the Manchu Throne in China, 1673 - 1681: Its Setting and Significance" (unpublilshed Ph. D. thesis, Columbia University, 1965), pp. 70 - 112。
2 Hayashi Gaho, "Go Tei ron," in *Gaho Sensei Hayashi Gakushi bunshu*, kan 48.
3 例如 Lawrence D. Kessler, *K'ang-hsi and the Consolidation of Ch'ing Rule, 1661 - 1684* (University of Chicago Press, 1976), p. 83; Kanda Nobuo, "Sanpan no ran to Chosen," in *Shundai shigaku*, 1 (March - 1951): 60 - 75。
4 *Hyonjong taewang kaesu sillok*, 28: 1a, at *Choson wangjo sillok*, 38: 176.

长崎唐通事制作的对中国商人的询问报告通过飞脚从长崎送抵江户。当时的老中久世弘之将这些檄文交给担任大学头和图书头的林鹅峰,并命令他在9日将它们带到江户城。在林鹅峰到达之时,老中们正聚集在一起讨论这场叛乱可能对日本带来的影响。[1] 遗憾的是,正如幕府的其他决策一样,这次讨论的内容也没有留下记录。

在那之后,长崎开始有规律地向江户递送有关叛乱进展的报告。来到长崎的所有中国船只都会在到达之后立即受到唐通事的审问(或者也可以说是向他们报告)。所有报告都会被送到江户,它们将在那里受到林鹅峰的处理和老中的审查。

9月9日,老中稻叶正则交给林鹅峰另外两份关于中国形势的报告和一幅中国军事情报地图。地图中,云南、四川、陕西、广西、台湾、广东、河南与福建的大部分地区都处于反清势力的支配下。[2] 将这幅地图与现代学者制作的其他军事地图和解说进行对比后会发现,这幅地图相当准确。朝鲜政府期盼清朝早早灭亡或许并不是在无中生有。[3]

10月,稻叶正则交给林鹅峰通过琉球—萨摩路线送来的现存的第一份报告。林鹅峰将其译为日文并交还稻叶以待老中审议。[4] 11月15日和23日,对马藩藩主宗义真向幕府提交了从

1　*KH*,1:68; Hayashi Akira, comp., *Tsuko ichiran*, 8vols. (Kokusho Kankokai, 1913), 5:424.
2　*KH*,1:78.
3　Kanda Nobuo, "Sanpan noran to Chosen."
4　*KH*,1:79-91.

朝鲜搜集来的第一份战争报告。这些报告在 4 个月前起草于对马藩，其中包括朝鲜政府从燕行使那里得到的情报。[1] 在其他报告通常只需要 2 个月就能到达江户的情况下，这些报告为何花了 4 个月，其中缘由尚不明确。由于 1674 年最后 9 个月的对马江户藩邸日记现已不存，因此几乎没有可以用来回答这个问题的史料。[2]

在考察这些报告的内容以及江户处理它们的制度前，我们需要先简要概述幕府搜集外国情报的主要路线以及它们的特征和问题。

路线一：来到长崎的"中国"商人—唐通事（汉语翻译）—长崎奉行—江户（老中、林家）。这条路线在《华夷变态》所收文书涵盖的时间段（1644—1724 年）内提供了最多情报。这单纯是因为在到达长崎的所有外国船只中，中国船只的数量最多。一般来说，出于以下原因，这些情报是最准确的。其一，他们不受外国政府或组织之类盘根错节的干预势力的控制。其二，每位船长都知道他们的报告会被拿来与其他船长的报告进行比对。如果他们提供错误情报，他们有可能受到惩罚。其三，通事们精通中文，这不同于日本人面对荷兰人报告时的状况。但另一方面，大部分船长都没有亲自到过比南京更远的中国内地。因此，除非船长们有自己的国内情报网，不然

---

1 *Toheiran fusetsu*；KH，1；93-96。
2 东京大学史料编纂所藏有的宗家文书包括 1077 份对马江户藩邸日记的清稿，以下写作 *Edo Mainikki*。其中缺失了延宝二年上半年的记录。

他们的大多数情报最多不过是港口传闻，或是由港口官员散播的消息。对于船长们来说，他们更关心的是控制海路并对他们造成直接威胁的郑经，而不是远在几百英里之外的内陆的吴三桂。中国商人在长崎受审之事在中国广为人知，以至于欧洲的耶稣会士在他们写给上级的报告中也提到了此事。[1] 耶稣会士惯于在报告中强调日本人会揭发试图偷渡到日本的天主教徒之事。

路线二：北京—福建—琉球—萨摩藩—江户。由于琉球王国一方面在大多数事务上受控于萨摩藩，另一方面也定期派遣朝贡使前往北京，并派遣学生前往中国学习[2]，因而我们可以期待从琉球获得安全的、相对准确的直接情报。通过这条路线获得的最早报告是在1674年8月，它在10月抵达江户[3]，其中包括原始的中文文书和十分准确的报告。但在接下来的两年中，幕府再也没有从这个路线获得过情报。报告中的大部分内容都与当年早些时候通过长崎获得的檄文相同，但两份来自1674年从福建回来的朝贡船的报告却提供了关于吴三桂和耿精忠联盟的重要而准确的消息，此外还包括关于福建总督范承谟

1　1704年1月15日，佩尔·丰纳特（Père Fontaney）写给P. C. 佩尔（Père P. C.）的书信，收录于 *Lettres édifiantes et curieuses*, 8 vols.（Paris：Société du Panthéon Littéraire, 1843），3：124ff。
2　Mitsugu Matsuda, "The Ryukyuan Government Scholarship Students to China," in *Monumenta Nipponica*, 23.3–4 (1996): 271–304.
3　*KH*, 1: 79–91.

被耿精忠囚禁的详细且精确的叙述。[1] 琉球的情报搜集由于郑经的活动和由战争造成的中国路线的中断而受阻。

路线三：荷兰商人（荷兰商馆长）—长崎荷兰通词（荷兰语翻译）—长崎奉行—江户。在收集中国大陆情报方面，来自这一路线的报告是最不重要的，因为荷兰人的主要利益在海上。荷兰人的确偶尔会提供关于台湾郑氏的重要情报，但关于中国大陆的情报则并不多。正如叛乱的双方都曾拉拢琉球一样，1675 年，福建总督（viceroy）——应该指的是耿精忠——希望同荷兰人展开贸易。荷兰人将此事及时报告给了长崎。[2] 在荷兰商人返回巴达维亚（今雅加达）后，商馆长在 1677 年将他们的交易情况报告给了幕府。[3] 商馆长同时报告道，应郑经和耿精忠之请，一些荷兰人留在福州，他们将在那里进行一场海军展示。关于中国整体局势的细节，荷兰人报告得很少，但通过将报告的内容减少到他们直接参与的事务，他们保障了报告的高度准确性。不过遗憾的是，这一准确性由于长崎荷兰通词（荷兰语翻译）的介入而大大贬值。这一时期的荷兰通词

---

1 *KH*, 1：87；Tsao, "The Rebellion of the Three Feudatories," p. 104；Hummel, *Eminent Chinese*, pp. 228 - 229.

2 Itazawa, *Oranda fusetsugaki no kenkyu* (Yoshikawa Kobunkan, 1974；repr. of Nihon Kobunka Kenkyusho, ed., 1937), pp. 73 - 74, 荷兰人没有完全坦白他们参与中国内战的程度。关于这一时期中国与荷兰关系的更详细的讨论，参见 John E. Wills, Jr., *Pepper, Guns and Parleys: The Dutch East India Company and China, 1622 - 1681* (Harvard University Press, 1974), pp. 154 - 193.

3 *Oranda fusetsugaki*, p. 85.

对荷兰语是出了名的无能。[1] 甚至在17世纪70年代和80年代，长崎的通词们还不得不要求荷兰人将他们的报告先译成葡萄牙文（日本人对葡萄牙文更熟练一些）。当荷兰人用荷兰语的"皇帝"（Kayser）来指称康熙帝时，通词却在报告中将其写作"北京的首领"（北京の大将），这种错误早已见怪不怪。[2] 此外，荷兰人的情报也不完全可靠，因为他们有为了自己的政治目的而歪曲报告的习惯。[3]

路线四：北京—汉城—釜山—对马藩—江户。幕府与朝鲜建立关系的其中一个目的就是收集大陆情报。朝鲜每年向北京定期派去使节，以向皇帝祝贺新年和接受清朝历法，这象征着朝鲜在中华世界秩序中的藩属国地位。这些定期回到汉城的使节会带回有关中国的最新报告。同时，朝鲜也在鸭绿江边的义州维持着与中国的边境贸易，这个贸易场所成为第二个情报来源。[4] 前文已指出，汉城收到的关于吴三桂反叛的最初通报正是来自1674年春的使节团。被认为适合让日本人知道的消息会传递到倭馆所在的东莱府使手中，并由东莱府使告诉倭馆馆

---

[1] C. R. Boxer, *Jan Compagnie in Japan* (The Hague: Martinus Nijhoff, 1950), p.59. 肯普费曾观察到，"除了一些曾经做过荷兰人仆人的人，这里懂荷兰语的人十个中不到一个。" *The History of Japan*, 2: 204. 肯普费详细讨论了荷兰语通词，参见 Donald Keene, *The Japanese Discovery of Europe*, rev. ed., (Stanford University Press, 1969), p. 11, 其中引用了，"1693年通词的报告卡片：基本不懂荷兰语"，"因为他不是傻就是懒，他只懂一点点荷兰语"等。

[2] *Oranda fusetsugaki*, pp. 104, 106.

[3] 参见 Iwao Seiichi, "Reopening of the Diplomatic Relations"。

[4] 关于中朝贸易，参见 Chang Ts'un-wu, *Ch'ing-Han tusung-fan mao-i, 1637–1894* (Taipei: Chung-yang Yen-chiu-yuan Chin-tai-shih Yen-chiu-so, 1978)。

守,再由倭馆馆守告知对马藩。在例如 1646 年和 1675 年末的特定情况下¹,朝鲜译官会被派往对马藩报告情况。1675 年的报告全都是关于三藩之乱的。当对马藩藩主在江户时,这些报告会通过飞脚发送给他。报告经过藩主适当的重写后将作为藩主本人的报告提交给老中。当藩主在对马藩时,报告就会被发送给驻留江户藩邸的留守居家老(在藩主不在江户期间管理藩邸的家老),再由他转交给当班老中的秘书。最早的报告由宗义真亲自口头报告给老中。在他于 1675 年初回到对马藩之后,书面报告成为惯例。²

正如 30 年前的清朝征服中原一样,这些关于三藩之乱进展的报告也在十年间吸引着幕府决策层的注意。正如艾伦·杜勒斯(Allen Dulles)所说,外国的情报"如果没有到达'消费者'(政治决策者)手里的话就一点儿用处也没有"³。这对于处于 17 世纪背景下的此事而言也同样管用。因此,为了全面理解幕府的情报机制,有必要对这些报告的处理方式展开调查,也有必要考察这些报告的内容。如上所述,关于叛乱的最初通报在 1674 年 7 月 8 日从长崎送抵江户。长崎奉行把它们送交老中,老中将其转交给林鹅峰并让他译成日文,这样全体老中就能在第二天的城内讨论中商议它们。报告包括吴三桂和

---

1 *KH*,1:173-174.
2 *Toheiran fusetsu*.
3 Allen Dulles,*The Craft of Intelligence*(Harper&Row,1963),p. 154.

郑经的檄文，以及一份唐通事询问福州 2 号船船员的报告。[1] 三周后，唐通事又送来了咬嵧吧 6 号船、东宁 8 号和 9 号船的询问报告。它们都来自同一路线[2]，这条路线在日后常态化。

9 月 9 日，老中稻叶正则交给林鹅峰一幅中国形势地图。[3] 可惜的是没有任何信息能够说明这幅地图的来源，它也没有标注具体日期，虽然它的安插位置暗示它应该来自中国。不过，通过对比其他地图和战况解说可以发现，它相当准确地说明了 1674 年年中中国南方的兵力分布情况。[4]

在一个月后的 10 月 17 日，得自琉球路线的情报开始流向江户。琉球对形势尤为敏感，因为它通往中国海岸的船运常常受到台湾郑氏家族海上势力的阻挠。最近一次这样的纷争刚在几个月前通过长崎奉行冈野孙九郎得到调停。[5] 这些报告中的一些信息相当准确，它们来自实际去过福州的琉球人。例如，其中包括对 1674 年春发生之事的详细描述。耿精忠在那时加入了吴三桂的叛乱，占领了福州并囚禁了总督范承谟。[6] *148*
琉球人甚至还把耿精忠试图秘密买通范承谟的意图报告给了幕

1 *KH*，1：52－68.

2 *KH*，1：68－73.

3 插在 *KH*，v. 1，在 78 页至 79 页之间。

4 Kessler，*K'ang-hsi*；Tsao，"The Rebellion of the Three Feudatories"；Masui Tsuneo，*Shin teikoku*（Kodansha，1974），pp. 76－85，map，p. 82.

5 *KH*，1：72－75.

6 Hummel，*Eminent Chinese*，pp. 228 － 229；Tsao，"The Rebellion of the Three Feudatories，" pp. 101－103.

府。[1] 因此，只要琉球的船只能够到达中国沿海，他们就有手段和能力进行观察并为幕府提供高质量情报。

然而琉球路线这一情报源还是有限的，因为琉球的使节只在隔年前往福州。但琉球还有其他用处。由于琉球是"外国"，因此幕府允许通过琉球给叛军运送军事物资。幕府通过这种疏远的隔离交易表达对这些叛军的同情。因此，1676年的琉球报告详细描述了耿精忠试图从琉球获得硫磺之事。[2] 这些硫磺明显是用来制造火药的，因为耿精忠还在同一年从荷兰东印度公司那里购入大量硫磺、硝石和铅。[3] 幕府应该已经减少了直接从长崎运给耿精忠的军事物资，给出的理由可能是日本禁止出口武器的禁令（正如长崎奉行在1646年所做的那样）。虽然耿精忠明确地说这些请求是为了"军用"，但幕府还是允许萨摩藩通过琉球向他提供硫磺。[4] 这或许是幕府根据中国内战情报做出的最明确的战略反应。

到了1678年战况转向有利于清朝一方时，琉球从中国那里得到的唯一情报来自皇帝本人。同时，康熙的一些臣下也与

---

[1] *KH*, 1: 87–89.
[2] *KH*, 1: 59–64.
[3] Wills, *Pepper, Guns and Parleys*, p. 160 认为耿精忠在1676年从荷兰人那里总共买入了价值256,937荷兰盾的武器。
[4] 延宝四年九月三日［老中］土屋数直、久世广之、稻叶正则写给松平大隅守（岛津光久）的书信，收录于 *Kagoshima ken shiryo*, 1: 673。延宝九年四月十七日［长崎奉行］牛込忠左卫门写给松平大隅守的书信，收录于 *ibid*., 1: 675。延宝五年六月二十二日岛津光久写给琉球国司［尚贞］的书信，收录于 *ibid*., 1: 684 显示，耿精忠的使节在延宝四年十一月二十四日带着硫磺回到福州。根据牛込忠左卫门的说法，这一授权来自将军本人。

长崎奉行保持通信。[1] 虽然部分通信得到了全体老中的讨论[2]，但对包括康熙帝给琉球王子的敕谕等在内的其他文书的处理却不甚明了。此外，来自琉球和萨摩藩的其他报告也没有走正常渠道。它们被送到了因《忠臣藏》[3] 而出名的吉良义央那里，实际上没有被提交给幕府。[4] 从内容上看，似乎并没有区别对待这些报告的理由。在之后的几年中，出于某些原因，没有任何从琉球得到报告的记录。

幕府在 1675 年 8 月从荷兰人那里第一次得知发生了一些不利于叛军的事。当时，荷兰商馆长马蒂纳斯·卡扎尔（Martinus Caezar）告诉幕府，福建总督派遣使节到巴达维亚，试图展开对荷兰人的贸易。[5] 考虑到耿精忠当时正控制着福建总督范承谟[6]，这份报告的主语可能是掀起叛乱并与吴三桂联合的耿精忠。被送到江户的报告[7]中的情报有些混乱。这可能是因为通词不是很懂荷兰语（这降低了早期荷兰风说书[8]的价

---

[1] *KH*, 1: 260-274.
[2] 大老酒井忠清，以及稻叶正则、土屋数直、大久保忠朝与林鹅峰的讨论。*KH*, 1: 260, 273f.
[3] 《忠臣藏》是根据1701年至1703年期间发生的元禄赤穗事件（即元禄年间发生的赤穗藩家臣47人为主君报仇的事件）改编的戏剧。——译者注
[4] *KH*, 1: 264-270.
[5] *Oranda fusetsugaki*, pp. 73f, 76.
[6] Hummel, *Eminent Chinese*, pp. 229, 416.
[7] *KH*, 1: 122-126; *Oranda fusetsugaki*, pp. 77-80.
[8] 指从1641年到1859年间荷兰商馆长向江户幕府提交的关于海外消息的报告，其中包括欧洲、西亚、印度、东南亚、非洲大陆和南北美大陆等地区的情报。《荷兰风说书》（*Orande fusetsugahi*）不仅记述战争和王位继承之事，还包括盗贼活动、自然灾害等各种时事话题。参见松方冬子「オランダ風説書―『鎖国』日本に語られた『世界』」（中央公论新社，2010）。——译者注

151 值），也可能是因为虽然卡扎尔在商馆日记中记录了事实，但他刻意对日本人隐瞒了荷兰人与中国叛军有接触之事。当然，幕府所有的信息源都有这样的问题。

此后的荷兰报告继续关注着中国问题，它们当然也尽可能强调台湾事务。[1] 它们还报告了投降清朝后的耿精忠所面临的处置。长崎通词能够从荷兰人模糊的描述中识别出耿精忠并将其补充在报告中的能力，与他们早期的无能翻译形成了鲜明对比，这也暗示他们现在掌握了关于叛乱进展的更多情报。

路线四（即北京—汉城—釜山—对马藩—江户）的情报流通是到目前为止被记录得最好的。对马藩的报告被保留在对马藩的档案馆中，而幕府的记录则留在了《华夷变态》里，其中的一些还可以追溯到从北京回到汉城的朝鲜使节提交的报告中。而且，对马藩的江户藩邸日记还使我们可以考察向幕府提交报告的方式和制度。此外，由于同一份报告同时留下了朝鲜版本和对马藩版本，因此我们可以准确地追溯出现在这条情报路线中的不准确信息的来源。

让我们先来探究一下对马藩路线的相关制度。情报首先来自一年两次的燕行使，或者有时也来自中朝边境的朝鲜官员。就像燕行使在 1674 年所做的那样，他们可以将急报提前发回汉城。但他们一般是在回到汉城后直接向国王汇报。关于吴三桂叛乱的最初报告就是这样抵达汉城的。通过这种方式得到的

---

[1] *KH*, l; 154f; *Oranda fusetsugaki*, pp. 82–83.

情报自然为日夜期盼明朝光复的朝鲜政府所用。不过，经过选择的情报也会被传达给东莱府使（它管理釜山并与日本保持日常联系）。而后，东莱府使会将情报送到位于釜山的对马藩倭馆。朝鲜政府可以在这个时候，或是在从汉城传递到釜山的时候，篡改或歪曲报告。因为朝鲜不希望日本收到可能会使日本与清朝联手的情报。事实上，通过这条路线到达江户的情报总量远远少于汉城自己获得的情报，这正暗示了这一筛除过程。另一种在江户时代被多次使用的信息传递方式是朝鲜派遣译官前往对马藩做口头报告。朝鲜应日本要求在 1675 年末使用了这一方法。[152]

在到达对马藩后且在被送往江户前，情报会一直保留在对马藩。对马藩并不通过长崎奉行和幕府讨论安全或情报问题。当对马藩藩主身在对马藩时，他会通过飞脚将报告发给在江户的留守居家老。留守居家老将报告复制多份，以提交给当月当班的老中和林鹅峰。这些就是留在幕府记录中的报告版本，也是上文提及的老中讨论的对象。不过，对马藩的留守居家老也会将所有报告都复制一份，并发给大河内（松平）正信。松平正信似乎是对马藩在江户的联络人，因为对马藩藩主是他的内兄弟。松平正信还是已故老中松平信纲的弟弟，他自己也从 1659 年以来担任管理武家礼仪的奏者番一职，与江户城有着密切联系。

如果对马藩藩主身在江户，那么他从对马藩的家老那里收到消息后，会将其作为自己的报告重新起草并以上述方式提交给幕府。一个例外是，宗义真在 1675 年初直接向大老酒井忠清和老中首座进行口头报告。宗义真显然以为这样做不会留下记录，但幕府的记录与他的理解并不相同。[1]

宗义真会见酒井忠清和稻叶正则的日期以及宗义真不久之后返回对马藩的日期，再加上之后藩邸日记里记载的对报告的处理过程都显示了松平正信的重要性。因为从 1675 年 3 月 16 日宗义真准备返回对马藩时起，松平正信才开始出现在与处理报告相关的记录中。宗义真能够登城面见老中来阐述自己的主张，并为自己的行动争取认可。但一旦他离开江户，他的家老能做的只有将报告发给与其地位相同的老中屋敷中的下级官员，他们无法进出江户城。尽可能地广结关系网是大名工作的一部分，宗义真在这点上做得很好。[2] 例如，他可以在其不在江户的时候，利用他的关系网通过幕府的官僚机构提交报告，并由此让自己的功绩得到认可。

每当对马藩向老中发去海外情报的报告时，老中都会通过正式的书信（即奉书）进行回复。遗憾的是，这些书信都没能保留下来，因此只能说，老中至少有考虑过报告的内容并给出过正式的收信确认。这再一次印证了老中信任这些报告的事实，也体现出中国内战确实受到了德川幕府的极大重视，甚至到了经由幕府最高政策会议审议的程度。至少到 17 世纪 70 年

---

1 *Toheiran fusetsu*, 延宝三年一月六日（1675 年 1 月 31 日）；参照 *KH*, 1：101 - 105。
2 *Kansei choshu shokafu*, 8：262 - 264。宗义真所有的姐妹和女儿都嫁给了公卿大名家族。

代为止，即使是远在日本千里之外的东亚战略变局也依旧是幕府的关心所在。

从内容上看，对马藩最初报告中的大部分内容都与燕行使在三个月前向朝鲜国王报告的内容相同，但它也混入了许多之后添进去的东西。宗义真1674年7月的报告包括汉城在前一个月月末收到的消息，其中详述了吴三桂进攻荆州之事，也有不见于江户收到的其他报告的另外的情报。[1] 这份报告也有一些错误。它写道，为了抓捕吴三桂，北京向云南"派出了十万蒙古兵"[2]。在清军获得首胜后，吴三桂召集援军并打成平局。房兆楹曾计算过此时南下的兵力，他认为除军官外，共有满族、蒙古、汉人10,551人[3]，因此对马藩的报告夸大了十倍。而且，房兆楹博士的计算显示，清朝在这场八年战争中动员的总兵力应该不超过40万，其中大部分是在战争的第一阶段过后才动员起来的，这使对马藩报告的数字更加可疑。在对马藩的海外情报报告中，这种对军队人数的夸大并不罕见。1675年2月2日，宗义真报告道，10万蒙古士兵与满族大军在败给吴三桂之后损失了大半兵力。[4] 这一数字令人感到惊讶。房兆楹所统计的战争期间被动员的蒙古兵力总共不过2.6万人[5]，蒙

1　*Toheiran fusetsu*；*KH*，1：92-95.
2　史料原文："蒙古拾萬之勢に達之兵大勢指添。"——译者注
3　Fang Chao-ying，"A Technique for Estimating the Numerical Strength of the Early Manchu Forces," in *Harvard Journal of Asiatic Studies*，13（June 1950）：198f.
4　*Toheiran fusetsu*；*KH*，1；102.
5　Fang，"A Technique," p. 202.

古兵力也不可能在任何时候同时达到10万。将这份报告回溯到前一个阶段的汉城（这些消息来自汉城）时，我们会发现，国王肃宗在12月4日收到了从北京返回的陈慰兼进香使灵慎君从山海关发回的报告。灵慎君在报告中说，康熙帝"请兵于蒙古，得正军1.4万，送于南方，战阵死亡及不习水土死者过半"[1]。

如果说宗义真关于清朝将10万蒙古兵力送去前线的报告能表明对马藩报告中混入错误消息的程度的话，那么对马藩在一周前的报告则显示了在最佳情况下，它确实可以向江户传达非常准确的信息。在1月25日的一份简短的报告中，宗义真告诉幕府，康熙帝要求朝鲜派出军队支援战争。[2] 宗义真在报告中写道，朝鲜派往北京的使节从"鞑王"（康熙帝）那里收到了让朝鲜派出军队参战的秘密要求。朝鲜政府在收到报告后，甚至在使节本人回到汉城前，就开始讨论此事。肃宗的朝廷认为"鞑王看上去像是要输了"（負色に相见），他们担心参战后产生的影响。他们讨论了实行拖延战术的可能性，即假装准备派遣军队，但实际上是为了与吴三桂联合而拖延时间。宗义真得出结论，朝鲜暂时应该不可能参战。

宗义真的这份报告十分准确地概括了1674年12月3日朝鲜朝廷的讨论内容。当时，朝鲜的主要官员和备边司官员讨论

---

[1] *Sukchong taewang sillok*, 1: 25a, at *Choson wangjo sillok*, 38: 219.
[2] 延宝三年一月八日宗对马藩守［写给老中］的书信，收录于 *Toheiran fusetsu*; *KH*, 1: 101.

了清朝要求朝鲜派兵之事。[1] 朝鲜处于两难的境地。不论朝鲜如何希望明朝光复，但当时的事实是他们与吴三桂的部队之间隔着清朝的军队和土地。另一方面，他们也担心如果答应了康熙帝的要求，那么在明朝光复之后，他们将很难反驳不忠的指责。领议政许积甚至建议，如果康熙不断坚持，那么朝鲜可以回答说朝鲜在1627年受到后金第一次侵略后就再也没有设置军队了。

这些从对马藩获得的报告内容、它们的准确性以及它们与汉城提供的信息之间的关系都相当明白地显示了幕府通过朝鲜路线获得中国内战情报的优缺点。由于朝鲜与中国接壤，并且定期派遣使节前往北京，还与中国保持规律的贸易[2]，因此朝鲜的观察者能够定期获得在北京流传的任何消息（包括官方信息与街坊传闻）。他们同样能够获得来自边境的大量小道消息，这些消息如同有价值的商品一样在鸭绿江边义州的市场里交换。朝鲜可以选择将其获得的所有消息都告知对马藩，或是选择隐瞒情报，抑或是根据自己的意图歪曲信息并故意加入错误消息。[3] 例如，我们知道在1627年后金第一次入侵朝鲜时，朝鲜政府曾想过对日本隐瞒侵略之事。朝鲜之所以在后来将侵略

1　*Sukchong taewang sillok*，1：26b-27a, at *Choson wangjo sillok*，38：219-220。
2　参见张存武（Chang Ts'un-wu）在贸易方面的研究，*Ch'ing-han tsung-fan mao-i*，1637-1894。
3　Allen Dulles，*The Craft of Intelligence*，Chapter 11，"Confusing the Adversary" 中讨论了散布错误消息的好处。很难弄清在这种情况下朝鲜为何要夸大清朝军队的实力。或许朝鲜希望阻止日本经由朝鲜派出军队。

之事告诉对马藩，仅仅是因为考虑到对马藩迟早会知道此事，同时也希望能暂停与对马藩的贸易。另一方面，朝鲜也可能故意向日本提供不正确的情报。蒙古兵力在从汉城传递到江户的过程中从1.4万人膨胀至10万人，这很可能正是朝鲜故意向日本传递错误情报的结果。

正是在这时，幕府的公开行动才开始出现在记录中（这部分是因为只有对马藩路线留下了这些记录）。为何幕府等了这么久才行动的原因只能依赖推测。1675年晚春，幕府命令宗义真搜集关于中国内战进展的更多消息。因此，宗义真向朝鲜礼曹送去了一封不寻常的长信，题为"问大明兵乱书"。[1] 宗义真引述了将军对此信的许可，并要求朝鲜利用其靠近中国的地理位置优势搜集内战进展的情报并将其告诉日本。宗义真尤其关心南京和北京的战况。他声称，作为友好邻国的朝鲜有责任向日本提供情报。鉴于朝鲜已经对日本提供了大量（即使是有错的）情报，这封书信的形式以及其中只提到幕府从长崎的中国商人那里得到情报，但只字未提朝鲜所起作用的事实都令人感到疑惑。

礼曹参议南天汉在一个月后回复了书信[2]，并在两个月后向对马藩派去两位译官。12月24日，宗义真将从他们那里获得的情报发送给幕府。[3] 这些情报包括吴三桂和郑经的关系、

---

1 延宝三年五月 日，[宗]义真写给礼曹参议的书信，*Honpo Chosen ofukusho*, vol. 28。
2 乙卯年六月 日，南天汉写给对马州太守的书信，*Honpo Chosen ofukusho*, vol. 28。
3 *KH*, 1：135-138。

郑经让朝鲜暗中监视日本的要求以及吴三桂希望朝鲜向自己提供支援的施压。

从朝鲜流向江户的情报在此后的一年半中变得规律。当战事在后来陷入僵局时，朝鲜的信息源曾暂停了一段时间，而其他更可靠的信息源填补了这一空缺。当对马藩在1678年末开始再次向江户提交情报时，这些情报依然是不完整和不准确的。例如，它们都没有提到吴三桂已经自立为周王的重要事实。吴三桂公然抛弃光复明朝的事业，这使他在很大程度上失去了来自日本和朝鲜的道义上的支持。[1] 很可能正是因为朝鲜情报路线的这一缺陷，对马藩在1678年后越来越难让江户接受自己的报告。[2] 如果这一推断属实，那么这就意味着幕府有能力鉴别优质情报和劣质情报，并淘汰后者。

只有少数日本学者分析过从葡萄牙人驱逐令到海军准将佩里来航之间的两个世纪中幕府的情报收集工作。不过这些学者只集中考察惧怕天主教的日本对欧洲事务所保持的关注。幕府定期收到荷兰人的相关报告。片桐一男（Katagiri kazuo）在其关于德川时代海外情报的研究中认为，幕府之所以需要了解外部世界，主要是因为欧洲人来到东亚并带来了他们的侵略计划。[3] 板泽武雄（Itazawa Takeo）同样认为幕府的海外兴趣产

---

[1] Hayashi Gaho, "Go Tei ron;" Kanda Nabuo, "Sanpan ran to Chosen."
[2] *Toheiran fusetsu*；延宝六年至延宝八年（1678—1680年）。
[3] Katagiri Kazuo, "Sakoku jidai ni motarasareta kaigai joho," in *Nihon rekishi*, 249 (February 1969): 83 - 98.

生于对天主教的恐惧，他的讨论基本只集中在幕府对欧洲事务关注的方面。[1] 这些学者基本都淡化了亚洲事务在幕府对外关系中的重要性，也低估了亚洲情报在幕府整体的安全情报系统中的地位。大型史料集《华夷变态》刊本中收录的浦廉一关于情报报告的研究，也只强调幕府收集情报是出于禁教目的。[2]

但至少在整个 17 世纪后期，幕府持续关注着不断变化的东亚的势力均衡和战略形势。即使在建立了所谓的锁国体制后，幕府也继续密切注视着中国的军事情况。幕府不得不这么做，因为直到 1683 年为止，中国都尚未取得统一，国家局势依旧动荡。只要中国的大陆和海域还处于变动之中，日本就随时有可能被卷入战争，而少数民族政权统一中国则意味着蒙古入侵可能要再次上演。自称为明遗民的势力在 1646 年至 1650 年代末不断向日本寻求军事支援。而至少在 1646 年，幕府中存在着有力的声音，支持将日本援军派到中国并协助明朝光复。这些求援行为和中国的内战促使幕府开始收集情报。明朝遗臣不断送来援助请求，国姓爷继续进行着贸易和海盗活动（尤其在他于 1663 年从荷兰人那里收复台湾之后），国际局势使得幕府不得不用情报武装自己。

幕府逐渐开发出观察海外总体形势（尤其是中国内乱）的机制。虽然这些机制在三藩之乱前就已经发展出基本形态，但正是三藩之乱让幕府的情报组织展现出最大活力。这场叛乱使

---

1 Itazawa, *Oranda fusetsugaki*, "Introduction," pp. 5, 9.
2 Ura Yasukazu, "Tosen fusetsugaki no kenkyu," in *KH*, 1: 24–27.

东亚的海域和陆地持续动荡了近十年,也使日本和朝鲜的一些人燃起了光复明朝的希望。[1] 虽然 17 世纪 30 年代发布了所谓的锁国令条文,日本也在更早的时候禁止了武器出口,但三藩之乱的确使清朝一度怀疑日本可能会派出援军进入战区。[2] 幕府婉拒了 17 世纪 40 年代和 50 年代郑芝龙和其他南明将军的求援,但当 1676 年耿精忠提出需要硫磺"军需"时,幕府却答应卖给他。事实是,硫磺通过那霸运给了耿精忠。

在日本人眼中,女真和蒙古没有太大区别,二者都属于北方少数民族。出于这一理由,女真即将统一中国的前景唤起了日本人心中关于蒙古入侵并重蹈 13 世纪覆辙的恐惧幽灵。隆武帝无疑在提醒幕府 13 世纪的蒙古入侵与 17 世纪的鞑靼横扫中国之间的联系。他这么做一方面是想暗示幕府正面临新一轮的威胁,而另一方面也是在提醒日本,将鞑靼赶出中国且为日本报仇的正是他的明朝。三藩之乱在 17 世纪 70 年代促使熊泽蕃山(Kumazawa Banzan)[3] 向幕府请愿要求加强国防,这对于

---

[1] Hayashi Gaho, "Go Tei ron"; Hyonjong taewang kaesu sillok, 28:12b, at *Chosen wangjo sillok*, 38:181.
[2] 延宝三年一月十日条"觉",收录于 Toheiran fusetsu。如果这些关于日本给中国叛军运输武器的谣言在 300 年后都很难取信于人,那么它们在当时显然更难令人信服。如上所述,只有在第二年幕府才允许通过琉球向中国出口硫磺。同时,1701 年,康熙帝在听说了日本军队正准备入侵中国的谣言后,向长崎派出了间谍以调查这一威胁。他们的报告被收录于 *Wen-hsien t'sung-pien* (2 vols., Kuo-feng Ch'u-pan-she, 1964), pp. 856–857,也在 Silas Wu, *Passage to Power* (Harvard University Press, 1979), p. 84 中被简单提及。Matsuura Akira, "Koshu shikizo U-rin-tatsu Bo-ji-shin no Nagasaki raiko ni tsuite," in *Tohogaku*, 55 (January 1978):62–75.
[3] 江户时代初期的阳明学者。——译者注

防止他所预见的鞑靼入侵而言很有必要。[1] 在如此危险的环境中，幕府必须防患于未然。作为先行手段，幕府调动其情报网络从而获得足够信息以应对任何可能发生之事。

17世纪40年代，幕府审慎考虑是否参与明朝的光复运动，幕府也为了应对三藩之乱而调动起大规模的海外情报系统，这些行动都改变了葡萄牙人驱逐令后日本对外政策的图景。这要求人们重新审视在幕府成熟期阶段中的日本与亚洲环境的关系。

幕府的情报系统在其方法、组织和执行力方面都与现代的外交和军事情报系统极其相似。如果抛开技术和交流方式上不可避免的差异，本节所讨论的情报网络对于中国军事理论的先驱者孙子，或是20世纪中期美国"情报技术"的主要提倡者艾伦·杜勒斯，抑或是任何一个在领事馆或情报机关工作的人来说都不会感到陌生。[2]

与幕藩体制的原则相适应，幕府情报网络中的一些机构（例如对马藩和萨摩藩）虽然没有完全直接受控于幕府，但从总体上看，他们至少在搜集情报方面顺应了幕府的意志和政

---

[1] Kumazawa Banzan, "Daigaku wakumon," in *Kumazawa Banzan*, ed., Goto Yoichi and Tomoeda Ryutaro, *Nihon Shiso Taikei*, vol. 30（Iwanami Shoten, 1971）, pp. 425–427.

[2] 参见 Dulles, *The Craft of Intelligence*，特别是第二章"The Historical Setting"（历史背景）和第十二章"How Intelligence Is Put to Use"（如何利用情报）。曾有过领事馆服务经历或是做过美国军事情报相关工作的同僚们在读过本章的草稿后都评价道，德川幕府的情报系统与他们曾经工作过的系统在本质上是一样的。

策。其他机关（尤其是长崎）则直接配置了幕府官员，受到幕府更严密的统治。

幕府部署情报机关的方法、情报从海外流向日本周边再从日本周边流向江户的方式，以及幕府对情报信息的处理一同勾勒出了幕府神经系统的轮廓。老中成为控制对外政策的实际中心。家光在1634年重组行政机构时规定了老中的这一职能，而家纲在1662年对此进行了再次确认。[1] 在收集情报的工作指令通过规范化的通信渠道从江户传递到长崎、对马藩和萨摩藩后，长崎奉行、对马藩藩主和萨摩藩藩主便会启动他们的网络。他们或是（像在长崎那样）审问从海外来日的人员，抑或是向驻留那霸和釜山的海外线人送去进一步指示。这些情报路线在本质上与日本海外贸易的主要进出口路线是重合的。[2]

回应这些指示的报告（或是自发的报告）都会回流到江户。它们或是被直接交给老中，或是通过林家的当主被送到老

---

[1] Tokugawa kinrei ko, 2: 142; Tokugawa jikki, 4: 412; Kitajima Masamoto, Edo bakufu no kenryoku kozo, pp. 462, 470 中有简短的讨论。

[2] 关于田代和生提出的"东亚通商圈"构造，参见 Tashiro Kazui, Kinsei Nitcho tsuko boeki shi no kenkyu, pp. 331–341。虽然萨摩藩和对马藩分别只跟琉球和朝鲜进行直接贸易，但日本出口商品的最终目的地和支付者却都是中国。同时，输入日本的产品大多也来自中国。类似地，虽然萨摩藩和对马藩是直接的报告机构，但分析情报最重要的目标和最终目的都是中国。同样，荷兰人作为与日本交易的唯一欧洲人，被期待报告有关全欧洲的事务。例如，在 Tokugawa jikki, 5: 439 中，荷兰人被命令提供有关葡萄牙人在世界范围内活动的信息。关于荷兰人的情报义务的详细讨论，参见 Katagiri Kazuo, "Sakoku jidai ni motarasareta kaigai joho"。虽然这一题目会让人觉得它讨论了全世界的问题，但它实际上只讨论了荷兰人提供的欧洲情报。Oranda fusetsugaki shusei, ed., Iwao Seiichi, 2 vols. (Yoshikawa Kobunkan, 1977–1979), 1: 1–76, or Itazawa Takeo, Oranda fusetsugaki no kenkyu, pp. 1–20。

中那里。林家的角色相当于技术专家。他们将汉文文书翻译成日文，并展开调查，还要准备提交给老中的报告。而正如在1634年重组机构时规定的和实际被贯彻的那样，老中掌握着审议情报和制定合理应对政策的权力。老中有时会咨询御三家藩主的意见，或与最高位的谱代大名彦根藩藩主商量，也会经常询问将军本人的看法。

老中通过政策和行动回应情报。1646年至1647年期间，关于是否支援明朝光复运动的问题成为议题。一些了解老中政策内情的人似乎期盼幕府在不久的将来向中国派出军队。此时，当战区传来郑芝龙军队崩溃的新消息后，老中停止了关于派遣援军问题的进一步讨论。这一决定显然好于300年后的"猪湾事件"（Bay of Pigs Invasion）[1]。虽然一些幕府政策的制定者强烈反对在任何情况下介入战争，但这并不能抹杀介入战争的选择也曾得到过明确考虑的事实，而且支持介入中国战争的人也构想了许多战略。或许应该说，持慎重立场的人在收到来自福州的新情报后更坚定了他们的主张，而支持参战的立场则被这些报告瓦解。

中止可能带来灾难的军事冒险是幕府对它收到的情报做出的一种政策回应。而幕府在17世纪40年代下令，让长崎奉行以及九州和西日本大名警惕明朝的难民船和加强军备则是另一

---

[1] 指1961年4月17日，逃亡美国的古巴人在中央情报局的协助下，在古巴西南海岸的猪湾向古巴革命政府发动的一次失败的入侵。——译者注。

种回应。¹ 不过，虽然幕府根据其在17世纪40年代收到的情报放弃了中国远征，但幕府却在17世纪70年代同意向耿精忠出售硫磺，并决定以有限的、保持距离的方式参与三藩之乱。不过，幕府最主要的回应则是下令位于国境的情报机关收集更多情报和指示进一步的外交行动。²

此外，很明显，虽然19世纪40年代和50年代早期的政策回应不如17世纪40年代和70年代的那样有效，但这些配置制度的重要性和活力度贯穿了整个德川时代。例如，在19世纪40年代，老中阿部正弘与身为亲藩大名的水户藩藩主德川齐昭就对外政策的未来走向问题进行了长时间的频繁通信。³虽然他们面临的问题与17世纪的问题并不相同，但参与这些问题的机制（至少在佩里来航之前）则是相同的。甚至林家所扮演的技术性角色也没有变化。将军命令林䞀编纂德川时期的外交先例合集。此书完成于佩里来航前几个月的1853年春。⁴即使是在如此晚近的时候，传统的情报网络也继续为幕府提供着变化的海外情报。例如，宗义和给老中发去了有关中国太平

---

1 *Tokugawa jikki*, 4: 460-461.
2 例如，三藩之乱期间对马江户藩邸日记的记述。*Mainikki* (1679) (MS, So Collection, Historiographical Institute), 尤其是延宝七年四月四日（1680年5月6日）等条。
3 这些通信被收录于"Shin Ise monogatari"中，并在 *Kyu bakufu*, vol. 4, nos. 6, 7 (1900年6月、7月) 中出版。
4 *Tsuko ichiran* 是这一命令的成果, 此书在19世纪50年代和60年代成为幕府的外交手册。

天国运动进展的报告。[1]

不论是在过去还是在现在，政策制定者都可能获得大量情报，但如果不能对这些情报的质量优劣作出判断，那么这些情报几乎就是无用的。[2] 很明显，老中收到的情报质量参差不齐。虽然许多信息既及时又准确[3]，其中一些还包括得自中国的原始文书（尤其是叛军的檄文和康熙的敕谕之类的）；但其中同样也掺杂了大量错误情报。因为老中的决策过程没有留下记录，同时老中下达的与此相关的指令也所剩无几，所以几乎没有足够的史料可以用来判断幕府鉴别情报质量的能力。我们持有的唯一证明也只是得自推测。抽查显示，通过对马藩路线得来的情报有夸张的嫌疑，它们夸大了军队数量和中国对朝鲜的要求。在战争后期，对马藩很难让幕府接受它提交的报告。这或许意味着老中意识到了通过这条路线得到的情报质量不高。相反，在可获得的情况下，琉球报告的质量很高，因为它们是根据前往中国的琉球人的经历制成的。来自中国人的情报总量很大但质量参差。而来自荷兰人的情报数量很少，质量良莠不齐，同时还受阻于无能的翻译。

正如在三藩之乱期间所看到的，幕府的海外情报系统从本质上说是被动的。至少在这一阶段，除利用釜山的对马藩

---

[1] *Dai Nihon komonjo bakumatsu gaikoku kankei monjo*, 1: 433-434; 3: 279-281.
[2] 例如，杜勒斯在 *The Craft of Intelligence*, p. 57 中多次提到了这一困难。
[3] 对于包含最多幕府在三藩之乱期间得到的外国情报的 KH，增井经夫评价道，它"包含诸多信息，例如吴三桂的檄文，以及无法在中国史料中看到的、摇摆在明清之间民众们的轨迹"。增井对中国历史学家几乎忽略了 KH 和其他日本报告的史料价值感到悲哀。Masui, *Shin teikoku* (Kodansha, 1974), pp. 34-35.

机关和邀请朝鲜译官来到对马藩等行为之外，幕府并没有积极地将行动延伸至日本国外。幕府没有派遣密探前往中国。当时实施的沿海防卫措施也尚未达到防止叛乱影响到日本本土的警戒程度。不过，长崎奉行确实就保护琉球航运不受郑经袭击的问题同郑经的代表进行过协商。

这一被动姿态与德川时代对外关系的传统历史叙述具有某种程度的一致性，但海外情报机构的存在本身及其重要性和幕府对东亚形势变化的关注都意味着这一传统叙述需要得到修正。很难判断当时的老中在多大程度上察觉到了威胁（即使考虑到荷兰人与三藩之乱的冲突双方都有接触），但我们可以认为，如果老中知道康熙帝正聘用比利时耶稣会士南怀仁（Ferdinand Verbiest）[1]为军队铸造大炮的话[2]，那么老中也许会更加警惕。在清朝取得胜利并统一全国后，这个由北方少数民族政权掌握的庞大且统一的中国引起了许多日本人的担忧，他们担心入侵会再次上演。当时著名的儒学者熊泽蕃山在给女婿稲叶彦兵卫的书信中写道，这一新形势要求日本在接下来的一两年中必须做好抵御这一进攻的准备。[3] 熊泽蕃山曾希望他可以与老中讨论这一国防危机。翌

---

[1] 此处原文曾有史实错误，译者经与作者沟通做出如上改正。——译者注

[2] Kessler, *K'ang-hsi*, p. 147.

[3] *Banzan zenshu*, 6 vols. (Banzan Zenshu Kankokai, 1940 – 1943), 6：197. 关于这封书信的讨论、此信与蕃山的 *Daigaku wakumon* 的关系，以及在蕃山思想的宏大视野下考察他对国防问题的关注，参见 Ian James McMullen, "Kumazawa Banzan and 'Jitsugaku'：Toward Pragmatic Action," in Wm. Theodore de Bary and Irene Bloom, eds., *Principal and Practicality：Essays in Neo-Confucianism and Practical Learning* (Columbia University Press, 1979), pp. 337 – 374，尤其是 pp. 337 – 342.

年，他在《大学或问》中详细阐述了自己的想法，此书是他关于战术和国防的备忘录，即清"曾在夺取中原后多次进攻日本。而现在，他们已经拿下了中原"[1]。

---

[1] "Daigaku wakumon," in *Kumazawa Banzan*, pp. 425-427.（史料原文："北狄中国を取て、日本に来りし事度々なり。今已に中国を取れり。"——译者注）

第五章
窥视礼仪之镜：映照理想世界的镜子

> 人们常常努力为自己创造出最适合自己的、简化的、易于理解的世界图景。而后，他们或多或少都会用自己创造的世界图景取代个人经验，从而超越后者……为了获得无法在个人经验的狭窄局限中得到的平静和安宁，他会将这一图景及其构造作为自己情感世界的中心……研究者的终极任务是通过纯粹的推理，发现构成世界的普遍法则……只有通过直觉才可以发现它们，而直觉来源于对经验的理解和共感。
>
> ——阿尔伯特·爱因斯坦（Albert Einstein），1918

外交礼仪和外交语言只有在国家利用高度形式化的象征符号（即行为和语言）来展现国家间的"秩序"（order）时才具有意义。在多国林立的近代早期欧洲，这一象征符号体系或是诞生于主要当事国之间的多边竞争，抑或是产生于诸如维也纳会议（the Congress of Vienna）和巴黎和会（the Versailles Conference）这样意图明确的反复磋商之中。[1] 正如在维也纳会议和巴黎和会中发生的那样，在特定的外交文化中使用的外交礼仪和语言可能会被人为重组，也可能会在几十年、上百年的实践积累中"自然地"演变。不论是哪种情况，外交礼仪和外交语言的共同点是，它们都构成了一个正式的行为和语言体系。一些当事者和观察者认为这一体系是一面映照相关诸国之间道德、政治和军事关系的镜子。也就是说，可以认为，外交实践在某种程度上与它所希求的现实是同构的。因此，"或许

---

[1] 关于欧洲多国外交的发展，参见 Garrett Mattingly, *Renaissance Diplomacy* (Houghton Mifflin Company, 1971)；关于维也纳会议，参见 C. K. Webster, *The Congress of Vienna*, 1814 - 1815 (Oxford University Press, n. d.)，编写该书是为了给出席巴黎和会的英国外交官提供指导。第十五章（第60页、68页）提及组织维也纳会议时的等级序列和外交礼仪。关于国家间和君主间的等级序列问题，参见 Sir Ernest Satow, *A Guide to Diplomatic Practice*, 2 vols. (Longmans, Green and Co., 1917) 2: 75 - 79，另参见第四、五章 1: 13—51。

存在一个'模式化的结构'可以将所有礼仪体系的象征符号连接起来"[1]。实际上，因为象征符号的意义与它和其他现实之间的同构关系密切相关，再加上因为在德川外交中，变更象征符号时产生的争议和协商体现了"选择象征符号具有高度主动性"[2]，所以我们不仅能够"理解所谓的'现实'"和象征符号"之间的关系"[3]，而且事实上，我们必须这么做。因为如果外交体系中的象征符号和实际上的外交结构之间存在任何可以被意识到的同构关系的话，那么"象征体系就无法避免被赋予各种'意义'的命运，即使它们最初没有任何意义"[4]。

为了管理17世纪日本同欧洲诸国、朝鲜、琉球王国、中国和东南亚国家之间的外交关系，初期的德川幕府试图建立一个关于行为和语言的体系。幕府在建立和发展自身政权的同时也在探索对外关系的行为和规范。日本以及希望与日本保持关系的国家都要接受这些礼仪规范。在德川时代初期，日本试图与活跃于东亚的所有国家建立联系。但最终，只有愿意遵守日

---

1 Douglas R. Hofstadter, *Gödel, Escher, Bach: An Eternal Golden Braid* (Basic Books, 1979), p. 59. （此书中译本为侯世达：《哥德尔艾舍尔巴赫：集异璧之大成》，郭维德等译，北京：商务印书馆1979年版。——译者注）侯世达谈论的是数学，而非外交或礼仪，但他很好地回应了著名人类学家埃德蒙·利奇（Edmund Leach）提出的课题，即"在理解仪式的过程中，我们实际上是在试图发现一种未知语言的语法句法规律……"（Leach, "Ritual," in *International Encyclopedia of the Social Science* [1968], 13: 524.）同时，出于"人类的行为可以改变事物，即人类可以改变世界的物理状态……他们也可以用语言表述事物"，因此观察者有责任通过解读仪式来认识其意义（*Ibid.*, p. 523）。

2 Hofstadter, *Gödel*, Escher, Bach, p. 51.

3 *Ibid.*, p. 54.

4 *Ibid.*, p. 51.

第五章 窥视礼仪之镜：映照理想世界的镜子

本制定的一系列规范和礼仪的国家才得以在17世纪30年代以后继续保持同日本的关系。

日本所利用的关于国际行为的语言和规范来源于以中国为中心的国际秩序，即"中国型世界秩序"（the Chinese world order）。[1] 这个称呼比用英文直译的"华夷秩序"来得简便，也没有"朝贡体制"或"册封体制"那么片面。[2] 在中国，这一秩序立足于由儒家道德规范所构建的"文明"之上，体现在中国的国家体制之中，并通过身为天子的中国皇帝人格化。天子的职责是借助其天人中介的身份，通过恰当地行使礼仪来维持世界秩序。中国欢迎外国君主带着他们的国家加入这一"世界秩序"。这些君主需要在被称作"表"的文书中对中国皇帝称臣，接受中国的历法（这象征着承认皇帝是天人中介），也要接受"册封"以确认其作为自身国家君主的身份。

对于东亚的一些君主来说，参与上述象征符号的交换活动对于王朝和君主的合法性来说十分重要。例如，对于接受儒家思想的初期的朝鲜王朝来说，"在中国型世界秩序中，只有天子能直接获得天命……朝鲜君主无法直接受命于天，〔因此〕

---

[1] 最重要的研究是 John K. Fairbank, ed., *The Chinese World Order* (Harvard University Press, 1968)。（此书的中译本为费正清：《中国的世界秩序：传统中国的对外关系》，杜继东译，北京：中国社会科学出版社 2010 年版。——译者注）

[2] "华夷秩序"的英文译语为"order based on the dichotomy between the civilized and the barbarian"，"朝贡体制"的英文译语为"the Chinese tribute system"，"册封体制"的英文译语为"the investiture system"。在考察德川时代的日本时，"华夷"是一个重要概念。为避免翻译的麻烦，下文统一使用这一概念。除了"朝贡"还有诸如"来贡"（即前来朝贡）等用语，它们大都可以互换，都有朝贡之意。"华夷""朝贡"和"册封"都有明显的规范性，也暗示了等级秩序，这些会在下文详细论述。

他求助身为中介者的中国天子……所以，明朝的册封在朝鲜的国家机能构造中所起的作用便是为君主提供最权威的合法性确认"[1]。

中国的其他周边国家对中国皇帝将自己置于宇宙中心的自负和以中国为中心的国家秩序有着不同的反应。朝鲜应该是这一"中国型世界秩序"最积极的参与者，而日本显然是最不情愿的国家之一。一些国家，例如暹罗，只是为了从贸易和文化关系中获益才勉为其难地接受这一以中国为中心的世界观。[2]而另一方面，日本长期以来都不愿意加入这一秩序。因为在很大程度上，日本的国家意识（这在很大程度上与天皇的神格化神话密不可分）使得日本很难承认任何更高权威的存在。实际上，中日早期外交关系中的一份文书也表达了日本关于中日两国君主地位平等的主张，即"日出处天子致书日没处天子无恙

---

[1] JaHyun Kim Haboush，"A Heritage of Kings：One Man's Monarchy in the Confucian World"（unpublished Ph. D. dissertation，Columbia University，1978），p. 1；M. Frederick Nelson，*Korea and the Old Orders in East Asia*（Louisiana State University Press，1945），尤其第 11—20 页的部分至今还是是关于这一理论的有效总结。关于更彻底的讨论，参见 Hugh Dyson Walker，"The Yi-Ming *Rapprochement*，"尤其是第一章，"Traditional Sino-Korean Theories of Foreign Relations，1392 - 1592（Unpublished Ph. D. dissertation，University of California，Los Angeles，1971），pp. 6 - 86。Hae-jong Chun，"Sino-Korean Tributary Relations in the Ch'ing Period，" in Fairbank, ed. ，*The Chinese World Order*，pp. 90 - 111 没有涉及中朝外交与朝鲜国王合法性关系的问题，而 Ta-tuan Chen，"Investiture of Liu-ch'iu Kings in the Ch'ing Period，" in Faribank, pp. 135 - 164，尤其是第 135—149 页讨论了王室册封的实际制度和礼仪。

[2] Mark Mancall，"The Ch'ing Tribute System：An Interpretive Essay，" in Fairbank，pp. 68 - 70。

第五章 窥视礼仪之镜：映照理想世界的镜子　　　　　　　　185

云云，帝览之不阅"[1]。只有在室町时代，幕府为了获取贸易利益才短暂地承认过中国的宗主权。做出此事的将军原本希望不经天皇许可就达成此事。

随着16世纪中期最后一位遣明使前往北京和最后一份勘合符的烧毁，日本退出了明朝的"世界秩序"。中日关系不论在当时还是在之后都充满争议。当德川家康在17世纪初认真思考和试图重建中日关系时，他立刻意识到自主的合法性模式的好处和其他可替代的贸易渠道的存在。例如，林罗山在为幕府起草的写给中国的最早书信中坚持主张"再修两国之旧交，必缔二天之欢心"[2]。林罗山阐述的是一个有中国和日本两个中心的宇宙，这个理念多半不会被明朝接受。结果，日本没有加入"中国型世界秩序"，它选择退出这个秩序。作为替代，日本试图建立一个日本型秩序，即打造一面以重新统一的新兴日本为中心的镜子。

于是，幕府便试图建立一系列能够映照出日本理想中的"世界秩序"的外交礼仪和外交规范。它们要能获得足够数量的外国的认可，从而维持重要的贸易和文化交流。通过这种方式，德川初期的日本便能在"本土化"朱子学[3]的包装下重新

1　*Sui-shu*, *chuan* 81, "Wo-kuo lieh-chuan," quoted in *Koji ruien*, 26：835.
2　*Hayashi Razan bunshu*, p. 132; Hayashi Akira, comp., *Tsuko ichiran*, 8 vols. (Kokusho Kankokai, 1913), 5：343; Kondo Morishige, *Gaiban tsusho*, p. 55.
3　关于本土化的朱子学思想这一概念，参见 Kate Wildman Nakai, "The Naturalization of Confucianism in Tokugawa Japan：The Problem of Sinocentrism," in *Harvard Journal of Asiatic Studies*, 40：1 (June 1980), pp. 157–199.

夸示日本中心主义,并通过幕府的外交礼仪这一看得见的方式表现出来。为了勾勒"日本型世界秩序"的轮廓,我们将考察德川幕府与朝鲜、琉球王国、荷兰和中国的外交关系中的几个方面,同时也参考德川时代的思想史演变。我们会主要研究在外交规范已大体定型的[1]第五代将军德川纲吉统治期间的日本与朝鲜、琉球的君主和政府间的外交文书以及将军接待外国使节的礼仪。

在纲吉统治的时代,朝鲜和琉球的庆贺使节已经成为将军继任仪式中不可或缺的一部分。1682年,纲吉接见了朝鲜和琉球的庆贺使节。我们可以通过研究幕府接待这两队使节时行使的礼仪和在各自交换的外交文书中使用的词语来考察日本对此事的认识。同样,我们还将参照恩格尔伯特·肯普费留下的关于1691年和1692年幕府接待荷兰商馆长的详细记录,也会将它们与幕府和长崎唐人町之间的关系进行比较。之所以选择这些年份,部分是因为这些使节来到日本的时间与清朝最终征服整个中国的时间(1683年)相近。不过更重要的是,这些在德川幕府礼仪和外交的成熟期留下丰富记录的事例能够代表自家光统治时期到18世纪为止幕府所乐于采取的外交形式和礼仪。也就是说,纲吉任内的外交接待代表了德川时代大部分时候的理想礼仪,因此也为本文提供了一个很好的"文本"。

---

[1] 虽然新井白石在18世纪10年代试图进行一场彻底的礼仪改革,但他的改革成果在吉宗的礼仪复古中几乎被完全推翻。关于新井白石的改革和朝鲜的反应,参见拙稿"Korean-Japanese Diplomacy in 1711"以及 Kate Wildman Nakai, *Arai Hakuseki and Confucian Governance in Tokugawa Japan*, ch. 5, "Arai Hakuseki and the Meaning of Ritual"。

第五章 窥视礼仪之镜：映照理想世界的镜子　　　　　　　　187

　　为第五代将军德川纲吉的袭职送去祝贺的 1682 年庆贺使正是典型的例子。那年，纲吉接见了两队庆贺使节，即朝鲜的肃宗国王派遣的由尹趾完率领的 400 多人的通信使团（这是肃宗国王向江户派遣的三次使节中的第一次），以及琉球国王尚贞派遣的以名护王子为正使的近百人的队伍。11 年前，尚贞曾向家纲派去谢恩使，以感谢家纲让他就任琉球国王。[1] 两队使节在到达江户后，先后谒见了纲吉。

　　幕府也没有闲着。幕府认为这些使节构成了象征权力从已故的家纲转移到纲吉身上的袭职仪式的一部分。正如林鹅峰在提及朝鲜使节时所说的那样，幕府及其官员坚持认为朝鲜是"自发地"派来使节和献上贡物的。[2] 但事实上，幕府在早于琉球和朝鲜使节的预期到达时间前很久就开始准备迎接他们了。在琉球、朝鲜或任何一个邻国君主能"自发地"向新将军派遣庆贺使节之前，他们理应先要被告知家纲于 1680 年 6 月 4 日去世以及其弟纲吉袭职。因此，幕府立即让宗义真行动起来，让他给汉城的礼曹参议送去以下书信，请求朝鲜通信使来日：

　　　　本邦不幸，贵大君奄息宴驾，臣民恸哭诚不自任，虽

1　关于 1671 年尚贞向家纲派去的谢恩使的相关文书，参见 Hayashi Akira, comp., *Tsuko ichiran*, 1 vols. (Kokusho Kankokai, 1913), vol. 1, pp. 59–68。
2　*Gaho sensei Hayashi gakushi bunshu*, 90；3b. "Chosen raio gaishu jo." 同样地，对马藩藩主的儒学顾问雨森芳洲（Amenomori Hoshu, 1668—1755）提到，朝鲜政府在 1663 年曾向对马藩派来使节，同时"二译口陈，乙子年乃神君五十回忌，彼朝以遣使信香为请"。Amenomori Hoshu, *Tenryiiin-ko jitsuroku* (MS, So Archives, Banshoin, Tsushima).

> 然初有台命立宠弟馆林公为嗣君,以故国家宁庸勿劳,退想仍遣正官平常重都船主主藤度重,封进等赴告。[1]

176 两个月后,礼曹参判郑铨回信表达了哀悼。而宗义真则告诉郑铨纲吉已在9月15日就任。[2] 翌年2月,宗义真对朝鲜的哀悼表示感谢。当年晚夏,宗义真给礼曹去信,开启关于派遣使节的交涉。他首先代表幕府,依循"旧例"请求使节:

> 吾贵大君统承国家,辉腾先烈,须遵旧例,远劳盛使,致奖礼贺,修继好谊也。然则来岁七八月之交,到着于东武,梯航計日,要勿违时矣。今之大君,既有储君在,共加庆礼可也。[3]

翌月,宗义真写信请求朝鲜派遣使节到对马藩商议关于即

---

1 *Honpo Chosen ofukusho*, vol. 30, 延宝八年七月日宗义真写给礼曹参议的书信与同处所收延宝八年七月 日宗义真写给礼曹参判的书信的内容基本一样。值得注意的是,两封信都以暗中主张家纲是天子的词句来描述他。一封信将他的去世描述为"晏驾" [*anka* (Morohashi, no. 13914. 13)],另一封信描述为"升迦" [*shoka* (Morohashi, no. 2702. 12 [2])],两个词都"意指天子去世"(*Daikanwa jiten*, 5: 868; 2: 533)。

2 庚申年九月 日郑写给宗义真的书信,延宝八年九月 日宗义真写给礼曹参判的书信,收录于 *Honpo Chosen ofukusho*, vol. 30。在后者中,宗义真也继续夸示将军是天子,即"本邦新贵大君嗣临宝位"((*ho'i*, Morohashi, 3: 1114. no. 7376. 6: 宝位即天子之位)、"行秉箓礼"(*roku o tori*, Morohashi, 8: 874, no. 26736. 2: 指继天子之位)。

3 延宝九年六月 日,宗义真写给礼曹参判的书信,收录于 *Honpo Chosen ofukusho*, vol. 31。同样的内容还见于写给礼曹参议、釜山金使和东莱府使的书信。

第五章　窥视礼仪之镜：映照理想世界的镜子　　　　　　　　　　　189

将来日的通信使的外交礼仪。[1] 到了仲冬，这批使节返回朝鲜并带回宗义真的书信，其中确认了即将被派出的通信使将主要遵循上一次，即1655年通信使的外交礼仪。[2]

同样，幕府通过萨摩藩藩主岛津纲贵将上述重要消息通知琉球国王，虽然岛津纲贵与尚贞通信时使用的语言显然不如琉球对他的来得华丽和尊敬。考虑到萨摩藩对琉球行政事务的控制程度，这样的不对等也在意料之中。1681年11月中旬，尚贞向萨摩藩派遣吊问使节，岛津光久将此事报告给老中。尚贞依循的是承应年间家光去世时（1652年）的先例。[3] 两周前，光久的孙子兼继承人岛津纲贵对琉球国王有意派遣名护王子前来庆贺将军袭职表达了谢意。[4]

与此同时，宗义真和朝鲜礼曹在通信使预定到达江户前10个月的1681年11月中旬正商讨着使节的外交礼仪。此时，老中指定了幕阁中三位最重要的成员，即寺社奉行水野忠春、大目付彦坂重绍、勘定头大冈清重，暂时主管接待通信使的准备事宜。[5] 翌年春，老中首座大久保忠朝被任命为朝鲜事务特别长官（即朝鲜

1　延宝九年七月 日，宗义真写给礼曹参议的书信。延宝九年七月 日写给釜山金使和东莱府使的书信。见 *Honpo Chosen ofukusho*, vol. 31。
2　天和元年十一月 日，宗义真写给礼曹参议的书信。见 *Honpo Chosen ofukusho*, vol. 31。
3　*Shimazu kokushi* (MS copy, preface and 25 satsu, 1800, collection Historiographical Institute), 27：49b，天和元年十月十八日条。
4　天和元年十月四日，[岛津]纲贵写给尚贞的书信，收录于 *Kagoshima ken shiryo Kyuki zatsuroku tsuiki*, 1：707, 1816号文书。
5　Hayashi Akira, comp., *Tsuko ichiran*, 8 vols. (Kokusho Kankokai, 1913), 2：417；*Tokugawa jikki*, 5：427；天和元年九月二十八日，收录于 *Hiyoroku, Kotoku ben, Han hiroku*, ed. Kitajima Masamoto et al. (Kondo Shuppan, 1971), p. 77。

御用挂）。[1]

在详细考察将军在千代田城[2]接待这两队使节所用的礼仪前，我们应当先对比幕府分别同朝鲜和琉球交换的国书。正如新井白石（Arai Hakuseki）在日后指出的，这些国书是日本与朝鲜和琉球外交关系中最重要的指标。[3] 因此，考察日本分别同朝鲜和琉球交换的国书对于评价日本如何认识与这些国家的关系而言尤为重要。

在纲吉同肃宗国王交换的国书[4]中最重要的一点或许是，两位统治者都将对方视为平等的存在，这在国书的用词上尤为明显。朝鲜政府与日本幕府之间交换的所有书信也都是如此。

虽然东亚的统治者通常将使用自己的真实名讳视为禁忌（尤其是在比日本更看重这点的中国和朝鲜），但两位君主都在国书中署上了自己的实名。将军的名讳相对来说被用得更多，而朝鲜国王只有在给中国皇帝的书信中为了避免迂回才会使用名字。

两位君主互称"殿下"，将对方置于同级，这意味着二者地位平等且相互尊敬。这一称呼比"陛下"低一个等级。朝鲜只对中国皇帝使用"陛下"，而日本只对天皇使用这个称呼。

---

1 *Tokugawa jikki*, 5：437.
2 江户城的别名。——译者注
3 Arai Hakuseki, "Chosen shinshi o gi su," in *Arai Hakuseki zenshu*, 4：675.
4 壬戌五月 日朝鲜国王李焞写给日本国大君殿下的国书，收录于 Hayashi Akira, comp., *Tsuko ichiran*, 8 vols. (Kokusho Kankokai, 1913), 3：112；天和二年九月 日日本国源纲吉写给朝鲜国王殿下的国书，收录于 *ibid.*, 3：115。

肃宗的国书以"朝鲜国王李焞奉书日本国大君殿下"开篇,而纲吉则回以"日本国源纲吉敬复朝鲜国王殿下"。虽然"奉"和"敬"是两个不同的汉字,很难判断它们是否处于同一等级,但写就于这封国书前后的九封将军回信都使用了"敬"字以回答肃宗的"奉"字。《大汉和辞典》认为,这两个字可以被看作是对等的。

肃宗的国书以华丽的汉文写就,并使用恭维的词句表达对将军的尊敬,但其中却丝毫没有自我贬低。实际上,从本质上看,国书的内容就是一系列套话。它与此前的六封国书和此后的五封国书都没有太大差别。[1] 从这个方面来说,这封国书继承了先例,也与早前朝鲜国王和足利将军之间的通信十分类似。日本和朝鲜之间的国书通信在各个层次上都是对等的,因此,将军和国王、老中和朝鲜官员、对马藩藩主和礼曹参议也都在通信中将对方视作对等的存在。[2] 同样重要的是,在1644年明朝灭亡后,朝鲜的国王和官员在给日本的书信中不再使用中国年号。这意味着中国不再在日朝关系中起到任何公开的作用。实际上,中国也在日本的对外关系中完全失去了踪影。[3]

---

1 这些国书收录于 Hayashi Akira, comp., *Tsuko ichiran*, 8 vols. (Kokusho Kankokai, 1913), vol. 3 各处。但是,最早的 1607 年、1617 年和 1624 年的国书与之后的国书有很大不同,因为前者同时还要处理战后正常化和俘虏送还的问题。1/11 年肃宗庆祝第六代将军德川家宣袭职的国书是一个特例,相关内容参见拙稿"Korean-Japanese Diplomacy in 1711"。
2 坚持对等通信明显地体现在 120 卷外交通信中,这些文书被收录在由幕府任命的以酊庵僧侣的 *Honpo Chosen ofuku sho* 中。
3 关于这一点的意义,参见第三章。

因此，从幕府和朝鲜政府间交换的国书的形式、内容和用语中可以明显看出，朝鲜国王和将军都将对方视作对等的存在，并在外交礼仪中处于同等级别。在日本和朝鲜的各个阶层中进行的对等通信也都在证实这种国家间的对等关系。这种对等关系在自《史记》和《汉书》以来的中国典籍中被称作"抗礼"，即"对等的礼仪"。[1] 虽然笔者没有在日本人当时的讨论中找到过明确使用这个词语的例子，但当时的朝鲜政策制定者曾用这个词语来形容朝鲜王朝和德川幕府之间的关系特征。[2] 实际上，日朝之间关系平等的印象渗透于国家的各个阶层之中。从将军、老中到对马藩藩主，他们都只分别与至少是对等的阶层通信；他们也都对对方使用尊敬语和自谦语，正如对方所做的那样。同样的规则自上而下地被遵守，这增强了两国关系的对等印象。

幕府在同年的早些时候与琉球使节之间的通信则与日朝通信形成了鲜明对比。首先，最明显的区别是，国王尚贞没有资格将书信直接递送给将军。尚贞将书信恭敬地"奉呈"和"呈上"给老中，并在信中表达了他对"贵大君"承袭将军职位的庆贺。[3] 与朝鲜形成鲜明对比的是，或许因为琉球是日本的属国，或许仅仅因为琉球国王被认为没有资格能与将军直接通

---

[1] Morohashi, *Daikanwa jiten*, 5: 142, no. 11889.12.

[2] 例如，*Sungjongwon ilgi*, 25: 11-12。

[3] 延宝九年五月十六日，尚贞写给稻叶美浓守的书信；延宝九年五月十六日，尚贞写给大久保加贺守、土井能登守、堀田备中守、板仓内膳正的书信。见 Hayashi Akira, comp., *Tsuko ichiran*, 8 vols. (Kokusho Kankokai, 1913), 1: 72-73。

第五章 窥视礼仪之镜：映照理想世界的镜子

信，尚贞被要求在给老中的信里提及他要为将军献上贡物一事。他在描述此事时使用了"进上"这一动词，这明显带有朝贡的意味。

在近代以前的东亚世界，尤其是在视中国典籍为典范的人们的心中，一个国家接受另一个国家的年号意味着这个国家公然承认自己成为年号提供国的附属国。实际上，在清朝构筑的高度体系化和清晰化的对外关系体系中，附属国必须遵守的一个条件就是每年都要派遣使节前往北京"接受历法"，即中文里的"奉朔"，这个词还可以被译为"拜受天子的命令"。[1]

琉球国王尚贞在给老中的书信中使用了日本年号，这清楚地表明琉球是日本的附属国。对于一个在1609年被日本征服且直到德川时代末期为止一直处于萨摩藩管控之下的国家的君主来说，这是合适的。仿佛是为了强调日本与琉球的这种等级秩序，尚贞在给老中的信中为将军的继承人，即体弱多病的德川德松送上了祝福，并将日本称作"华"，将琉球称作"裔夷之属国"或"如吾小邦"。在结尾部分，"裔夷"的国王对幕府、将军和老中表达了极大的敬意，即"伏冀诸大老扶纳达青宫听聪"[2]。

老中在回信中的语气与琉球书信的语气有着天壤之别。信

---

[1] John K. Fairbank,"A Preliminary Framework," in Fairbank, ed., *The Chinese World Order*, p. 10.
[2] Hayashi Akira, comp., *Tsuko ichiran*, 8 vols. (Kokusho Kankokai, 1913), 1: 73.

中的语气丝毫没有自谦,实际上,它们近乎高傲而专横。大老[1]堀田正俊提到"台颜怏然"。信中的一组词(按字面解读的话)暗示,堀田正俊认为将军是天子:他提醒琉球国王"恩赏如目录"[2]。

所有参与日朝关系的群体都通过外交礼仪维持着表面上的对等关系,17世纪30年代以后日本与朝鲜间的所有外交通信都基于这种对等关系。与汉城和江户、朝鲜国王和日本将军之间的这种通信形成鲜明对比的是,琉球国王被不断要求在用词和行为上表现出对将军的臣属。如果说,尚贞所写的庆贺纲吉袭职的书信明显体现了琉球承认日本的上级地位的话,那么可以说,这也只不过是对每任琉球国王继位时都会展示出的关系进行再次确认罢了。每位新上任的琉球国王都既要对中国表示效忠、接受中国皇帝的册封[3],又要从日本的将军和萨摩藩藩主那里获得继位的认可[4]。为了得到后者的认可,每任新国王都需要向江户派遣谢恩使,正如尚贞在1671年所做的那样。那一年,尚贞在写给大老酒井忠清和四位老中成员的信中表达了感谢:"去岁吾萨州之太守光久,奉台命而令予嗣琉球国王

---

[1] 大老是高于老中且在特殊情况才下被任命的特别官职,它也会作为荣誉授予老中当中受到特殊眷顾的人。在德川时代260年的历史中,共任命了13位大老(相比之下,老中共有175位)。关于堀田正俊作为大老的特殊意义,参见Conrad Totman, *Politics in the Tokugawa Bakufu*, pp. 211 – 214.

[2] 恩赏指的是"天子的赐物"。见Onrai, "A Gift from the Son of Heaven," Morohashi, *Daikanwa jiten*, 4: 1038, no. 10591.152。

[3] 参见Ta-tuan Chen, "Investiture"。

[4] *Kagoshima kenshi*, 2: 668.

第五章　窥视礼仪之镜：映照理想世界的镜子　　　195

之爵位。"[1] 他派出的正使金武王子在岛津光久的陪同下献上了"鄙国之方物"。

在17世纪的最初几十年里，幕府没有与中国和荷兰交换外交国书。虽然同这两个国家交换国书的行为并没有被法律禁止，但这的确成为"常例"，并在18世纪90年代被松平定信成文化。因此，例如在19世纪40年代中期，当荷兰的威廉二世给将军送去书信并试图为他提供国际局势的建议时，幕府经过多番讨论后以没有先例为由拒绝了这封书信，也没有进行回复。[2]

外交文书中的语言是能够映照被构想出的"现实"的一面镜子，它作为"象征符号"中的一个，"从本质上说，通过制造差异……创造出了具有意义的现实"[3]。同样地，外交礼仪也可以成为一种象征性语言，表达一种被构想出来的，或是得到当事者认同的关系，而且最重要的是，外交礼仪也是使当事者间的交换成为可能的一系列规则。[4]

1　Hayashi Akira, comp., *Tsuko ichiran*, 8 vols. (Kokusho Kankokai, 1913), 1: 63; *Shimazu kokushi*, 27: 20–23.

2　此事被详细记录在 *Tsuko ichiran zokushii*, 5 vols. (Osaka: Seibundo Shuppan, 1973), 2: 401–530. 老中阿部正弘与水户藩藩主德川齐昭之间关于如何适当处理此事的通信被收录在 "Shin Ise monogatari"。

3　Janet L. Dolgin, David S. Kemnitzer, and David M. Schneider, eds., *Symbolic Anthropology: A Reader in the Study of Symbols and Meanings* (Columbia University Press, 1977), "Introduction: 'As People Express Their Lives, So They Are...,'" p. 15.

4　William Roosen, "Early Modern Diplomatic Ceremonial: A Systems Approach," in *Journal of Modern History*, 52: 3 (September 1980): 452–476. 为外交礼仪的价值提供了一个令人兴奋的论点。

从各个方面看，幕府接待朝鲜和琉球使节时使用的不同外交礼仪一方面反映了朝鲜和琉球具有完全不同的等级地位，另一方面也有助于日本确立自己在世界中的地位。这或许也适用于幕府接待前往江户的荷兰人和应对中国人时的情况。荷兰人仅仅被认为是没有外交资格的商业中介者，因此相应地不被优待。而中国人甚至不被允许前往江户进行访问。这样看来，我们可以先考察幕府在1682年接待朝鲜和琉球使节的方式，再将其与幕府在1691年和1692年接待荷兰人的方式进行比较。恩格尔伯特·肯普费参加了后者，即从长崎到江户谒见纲吉的两次荷兰队伍，并留下了记录。

1682年8月29日，纲吉接见了朝鲜的"三使"，即正使尹趾完以及副使和从事官。接见的人员不仅包括三使，还包括十几位随从。他们在江户城的大广间受到盛大接待。[1] 而纲吉在此前的5月18日接见名护王子时，只有王子本人受到了接见的礼遇。[2]

正如其他重大国事一样，幕府要求大名来到现场见证其对朝鲜和琉球使节的接待。但被要求参加两次接待的大名具有不同地位，这暗示了幕府眼中朝鲜和琉球的相对地位。当纲吉在8月接见朝鲜正使尹趾完及其随从时，将军命令大老、老中以

---

[1] *Tenna jinjutsu shinshi kiroku*, MS, 68 vols. (So Collection, Keio University Library), vol. 63.

[2] Hayashi Akira, comp., *Tsuko ichiran*, 8 vols. (Kokusho Kankokai, 1913), 1: 70.

第五章　窥视礼仪之镜：映照理想世界的镜子

及"国主领主四品以上"[1]的人员出席大广间的接待，由此将使节接待当作大名精英社会的高档事务。此次出席的大名只包括地位最高的20余位外样大名和亲藩大名（就算所有的大名都聚集在江户，这些人也占不到大名总数的十分之一，却是所有大名中最重要的），以及构成老中和大老的四位谱代大名。[2]

与此形成对照，当名护王子在5月进入大广间时，他一定感觉到了自己的卑微。出席大名的地位变低了，但他们的人数却很多。四品依旧是切线，但这次是"累代侯及四品以下一万石以上"[3]的大名被要求列席。

两次使节接见中的核心仪式都是正使向将军献上来自国王和自己的问候和礼物。朝鲜正使尹趾完于8月登城。三使被一同召入，并进到"中段下第二叠"[4]的位置。他们行四拜半礼以表达来自朝鲜国王的问候。而后，他们撤到离将军上座稍远的位置又行了一次四拜半礼作为自己的问候。（见图5-1）[5] 在此前的5

---

[1] Hayashi Akira, comp., *Tsuko ichiran*, 8 vols. (Kokusho Kankokai, 1913), 2: 484.
[2] 对出席的大名人数的推算基于 Toshio G. Tsukahira, *Feudal Control in Tokugawa Japan: The Sankin Kotai System* (East Asian Research Center, Harvard University, 1966), pp. 139-173 中的年大名一览表。
[3] Hitomi Chikudo, *Jinjutsu Ryukyu haicho ki, in Shiryo kohon*, 203.4, 天和二年四月十一日条。参照 Chikudo zenshu, 3 vols., MS copy (collection Historiographical Institute, Tokyo), vol. 3, 天和二年四月十一日条。
[4] 原文："中段下より二叠目。"在日语中，草席叫"叠"，"叠"也有数量的意思。——译者注
[5] *Tenna jinjutsu shinshi kiroku*, vol. 63. 对比 "Tenna jinjutsu hachigatsu nijushichinichi Chosenjin tojo no setsu," MS, 1682, in the collection of the Tokyo Institute of Korean Studies (Kankoku Kenkyuin) 的谒见席次。

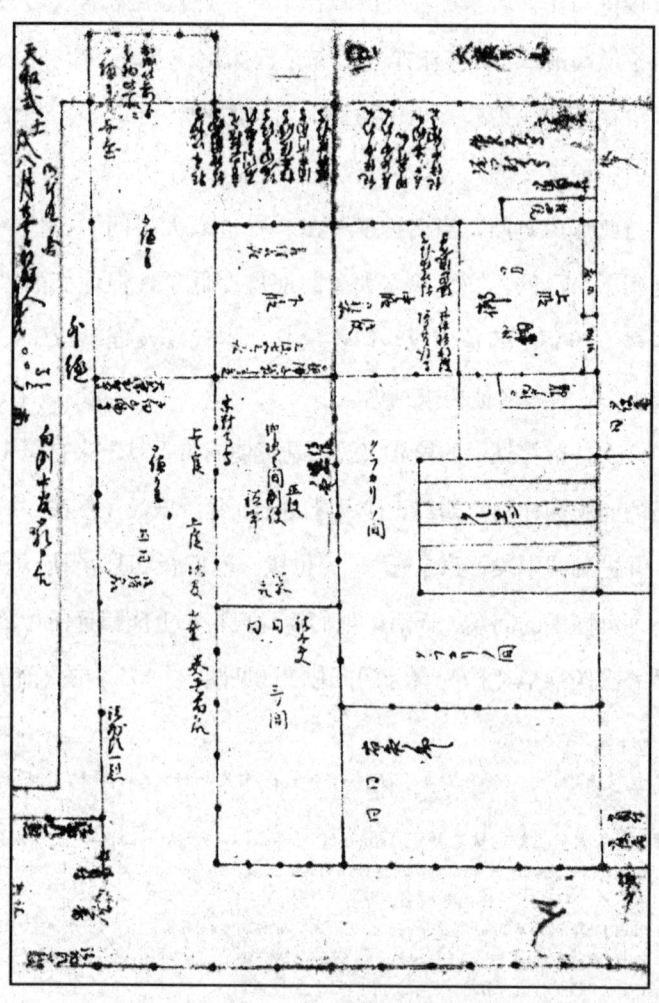

图 5-1 1682 年朝鲜通信使在江户城受到将军接待时的座次图
（东京韩国研究院提供）

第五章　窥视礼仪之镜：映照理想世界的镜子　　　　　　　　　　199

月，琉球正使名护王子同样在大广间受到接见。但他是在"下段下第四叠"行了来自"琉球中山王"的"九拜"礼仪，而后"后退"到"走廊边行自己的三拜之礼"。[1]　186

身份地位相当不同的人向将军进言时，往往因为地位过低不能够直接进言，而需要按照惯例，通过有资格的中介者把话传给将军。在朝鲜使节代表国王和自己献上问候时，这一传话的庄重任务交给了"高家"中的一位。"高家"虽然不属于大名级别，却有着高规格的家系，他们会在幕府举行特别重要的仪式时得到委任，由此可以看出接待朝鲜使节的重要性。而当琉球的王子使节送上国王的问候时，"奏者番"充当了中介者。"奏者番"是更富裕的将军仪典掌管者，但在仪式的地位方面比不上"高家"。[2]

这两种外交接待有着极其明显的等级差别，但在一些人看来，即便这样也不能准确反映琉球的低下地位。荻生徂徕（Ogyu Sorai）描述了1711年的两次琉球使节接待（一次是感谢德川家宣封尚益为王的谢恩使，另一次是庆祝家宣继承将军

1　Hitomi Chikudo, *Jinjutsu Ryukyu haicho ki*, in *Shiryo kbhon*, 203：4；参照 Hayashi Akira, comp., *Tsuko ichiran*, 8 vols. (Kokusho Kankokai, 1913), 1；72。但竹洞自己的全集，即 *Hitomi Chikudo zenshu*, vol. 3 中有不同记载，其中记录了名护王子"在下段第四叠拜了六次"。竹洞是为幕府效力的著名儒学者，地位仅次于林家。竹洞与纲吉的堂表亲，即水户藩藩主的亲藩大名德川光圀保持日常通信，竹洞自己也是一位热心的朱子学者。竹洞家的菩提寺，即栃木县足利市西场町的云龙寺保存了数封光圀写给竹洞的署名书信的抄本。（原文："下段の下より四畳目に到て九拜して退り"；"自分の御礼は板椽において三拜"。——译者注）

2　"高家"是担任朝廷、伊势神宫和日光东照宫将军仪典的管理者。参见 Sasama Yoshihiko, *Edo bakufu yakushoku shusei*, p. 165。高家中最有名的是吉良义央，即1702年赤穗义士的最大宿敌。

188 之位的庆贺使）。这些描述与人见竹洞（Hitomi Chikudo）所描述的 1682 年的使节接待基本相同。徂徕提到，琉球国王臣属于萨摩藩的事实意味着琉球使节的地位实质上仅相当于萨摩藩的家臣，而只因为"国家柔远之意，故见优待焉"[1]，所以他们直接谒见了将军。

上文概述的礼仪差别勾勒出了日本、朝鲜和琉球间的等级秩序。当江户分别接待朝鲜和琉球的使节时，这种等级秩序几乎体现在所有方面。例如，朝鲜使节及其随从通常下榻于江户马喰町的本誓寺，费用由幕府负担。与此相对，琉球使节则下榻于江户的萨摩藩藩邸。朝鲜使节的 65 名随行人员在江户城的 5 间大厅中被招待以包含 15 道菜肴的酒宴。虽然纲吉本人没有同使节们共进佳肴，但他的从兄弟们，即纪伊的德川光贞、甲府的德川纲丰（他将在 1709 年继承纲吉的将军之位），以及水户的德川光圀（Tokugawa Mitsukuni）分别陪同朝鲜的正使、副使和从事官进餐。他们被认为与自己的陪餐对象有同等级别，因此他们和朝鲜使节在大广间内面对面地坐着，使节坐在东边，他们坐在西边。使节们由大老、老中和侧用人领进，并由几位大名的儿子服侍。[2] 在这一会场里，以及同时在松之间、虎之间、柳

---

[1] Ogyu Sorai, *Ryukyu heishi ki*, MS copy (collection Nanki Bunko, Tokyo niversity Library）.

[2] Hitomi Chikudo, *Jinjutsu Ryukyu haicho ki*, in *Shiryo kbhon*, 203：4；参照 Hayashi Akira, comp., *Tsuko ichiran*, 8 vols. (Kokusho Kankokai, 1913), 2：486-496.

第五章 窥视礼仪之镜：映照理想世界的镜子

之间和红叶之间的会场中，宴席"根据等级差别"[1]谨慎地进行着。而琉球国王的使节则没有享受这样的宴会。当名护王子启程回国时，代表将军的老中成员也没有像对待尹趾完及其随从那样到他的下榻处告别。

我们在这里看到了日本对外关系中的二重体系。幕府将朝鲜视作对等的国家，而将琉球视作下等的属国。两个国家都向江户派去使节，都与幕府交换问候的国书，也都让使节谒见将军以促进两国关系。所有场合中的外交礼仪和外交用语都有等级差别，这反映了一种等级秩序。这种等级秩序存在于由作为幕府意识形态的儒家价值观和日本维持的传统自我认识所构建的世界之中。[2]

但在这个二重等级之下，还存在着与其对应的其他对外关系等级，即日本同荷兰和中国的关系。两国都被允许以私人的形式参与长崎贸易。也就是说，荷兰东印度公司和中国商人都得到了认可，但他们都不被视作国家的代表。因此，他们都未参与国家层面的幕府通信，他们的君主也没有与将军交换国书或进行官方问候。

在这两个国家中，只有荷兰东印度公司的代表被允许前往江户为将军送上问候。这是荷兰商馆长的义务，并在17世纪

---

1 Hitomi Chikudo, *Jinjutsu Ryukyu haicho ki*, in *Shiryo kbhon*, 203：4；参照 Hayashi Akira, comp., *Tsuko ichiran*, 8 vols. (Kokusho Kankokai, 1913), 2：486. （原文："その余席々において諸官人にも賜饗をのゝ差あり。"——译者注）

2 Uete Michiari, *Nihon kindai shiso no keisei*, pp. 235–245.

通常以每年一次的频率进行。¹ 幕府的记录会提到荷兰人一行（通常包括荷兰商馆长、荷兰商馆的医师、另外两名荷兰人以及通词）前往江户并为将军献上贡物。荷兰人前往江户参府并受到将军接待的特权使荷兰人获得了稍高于长崎中国商人的地位，后者不被允许前往江户，更不用说谒见将军。对荷兰人和中国人的接待差别类似于排列国内武士阶层序列时的重要身份差别，即有权谒见将军或藩主的家臣要比没有这一特权的家臣地位更高。² 正如下文会详细讨论的，新井白石将在1715年试图通过强制中国商船使用印有日本年号的贸易许可证进一步突出中国的低下地位。

幕府接待荷兰使节的方式比接待朝鲜和琉球使节来得更简单，而欧洲人也一定感到了羞辱。当然，很重要的一点是，荷兰人不被认为是国王或者国家的代表，因此也没有交换问候将军的国书。事实上，根据记录，将军并非像对待朝鲜和琉球使节那样"引见"和"入谒"荷兰人，而是像观看（"御览"）朝

---

1 关于前往江户的荷兰商馆长的历史概述，参见 Itazawa Takeo, *Nihon to Oranda* (Shibundo, 1955), pp. 128-132。荷兰商馆长前往江户参府的最详尽和最生动的记述是作为随员的恩格尔伯特·肯普费在1691年和1692年的参府记录。见 *The History of Japan*, 3: 1-214。

2 Uete, *Nihon kindai shiso no keisei*, pp. 235-245 中讨论了德川时代朱子学者思想中的一种看法，即认为日本国内的等级秩序与国际间的等级秩序之间有一种常规的相似性。我们会在后文再次回到这个问题。关于"お目見え"的意义，参见 Totman, *Politics in the Tokugawa Bakufu*, pp. 131-132; Fujino Tamotsu, *Shintei bakuhan taisei shi no kenkyu*, pp. 330-332。

鲜马戏团或是琉球乐师的表演那样"御览"和"上览"荷兰人。[1] 幕府接待荷兰人的外交礼仪也反映了他们的低下地位。[191] 例如，1665 年 4 月 5 日接待荷兰商馆长的礼仪如下：

> 将军出现（出御）于大广间，立于上段。此时，荷兰商馆长献上问候，并由松平备前守（御奏者番）通报。将军立刻入内（入御）。[荷兰人]由北条安房守、保田若狭守[两位都是管理禁教之事的长官]和通词引导走过御书院的矮廊，在距离上段最远的走廊边行礼，并通过同样的路线离开。他们的贡物在将军出御前被放置在矮廊上御目所及之处。[2]

在上述简短的行礼后，荷兰人通常要来到将军及其陪臣面前，即"1690 年 4 月 7 日，在商馆长公开行礼之后，四位

---

1 例如，Tokugawa jikki, 5：438，"于白木书院'御览'荷兰人的本国音乐"。ibid., p. 473，"御览荷兰人的入贡。贡物（如目录所示）。御览其国音乐表演"。对比 ibid., p. 457，"'引见'朝鲜信使"，但在第 460 页，"五日'御览'朝鲜人马技表演"。
2 Hayashi Akira, comp., Tsuko ichiran, 8 vols.（Kokusho Kankokai, 1913），6：213，出自 Ryuei hinamiki。需要注意的是，出御和入御都是用来形容天子行动的词。出御，即"天子从内御殿出来，来到表御殿"[shutsugyo（Morohashi, 2：177, no. 811.65）]。入御，即"天子离开，进入内御殿"[nyugyo（Morohashi, 1：1038, no. 1415.38）]。（史料原文："大広間出御上段立御、此時阿蘭陀カピタン御礼申上、松平備前守披露之、即時入御、但、御書院番所落縁通、北條安房守、保田若狭守并通詞導之、上段より向之板縁にて御礼、退去之時前に同、進物者出御以前より御目通落縁に並置之。"——译者注）

荷兰人在起居室（御座之间）受到短暂'上览'"[1]。第二年也同样，"1691 年 3 月 29 日……四位荷兰人在御座之间受到上览"[2]。

恩格尔伯特·肯普费正是四位"荷兰人"中的一位。他其实是一位德意志人，是日本荷兰商馆的医师。他留下了关于1691年和1692年将军"上览"的记录：

> 谒见之日，献给陛下的贡物在摄津守［长崎奉行川口宗恒］和审查对外事务的长官的陪同下按顺序被放置在有上百张榻榻米的大厅的木桌上，皇帝可以看到它们……我们被要求直到被领进谒见为止都一直要在这间警备室等待。我们得知，在高官们都聚集到宫殿后，我们就能立即谒见将军。我们受到了两位警备头领的友好接待，他们向我们提供茶和烟草。过了一会儿，摄津守和两位长官以及几位我们不认识的皇帝宫廷的官员前来问候我们。我们等了大约一小时。在这期间，老中和若年寄等大多数国家官员或是步行或是乘轿，都进入了宫殿。我们被带领着穿过由两扇庄重的大门围成的矩形区域，在通过第二扇大门后踏上几级台阶，进入了宫殿。从第二扇大门到宫殿前之间的地

---

1 *Ryuei hinamiki*，元禄三年二月二十八日条，Hayashi Akira, comp.，*Tsuko ichiran*，8 vols. (Kokusho Kankokai, 1913), 6: 216.（史料原文："一六九〇年四月七日。カピタン御表御礼之後、於御座之間阿蘭陀人四人共暫上覽有之。"——译者注）

2 *Ryuei hinamiki*，元禄四年二月三十日条，Hayashi Akira, comp.，*Tsuko ichiran*，8 vols. (Kokusho Kankokai, 1913), 6: 216.（史料原文："一六九一年三月二七日。蘭人四人御座之間召之、上覽有之。"——译者注）

第五章　窥视礼仪之镜：映照理想世界的镜子

方只有几步距离，当时挤满了侍臣和护卫的军队。我们从那里被领着又上了两级台阶，进入了宫殿。我们首先进入了玄关右边的一个宽敞的房间。所有参与谒见皇帝或官员的人在被传唤前都要在这里等待。这个房间很大很高。但当所有的隔扇都被拉上的时候却会变得很暗，只有些许光亮会通过上面的栏间从隔壁放置家具的房间透过来。这个房间装饰华丽，体现了这个国家的风格。它镀金的柱子、墙壁和隔扇都很好看。我们在这里等了一个多小时，其间皇帝在接见的大厅就座。摄津守和两位长官进来后将我们的代表领到将军面前，把我们留在原处。当代表向那里走去时，他们大声喊道：荷兰商馆长。这示意他靠近行礼。他相应地用手和膝盖爬到了先前指示的地方，即按顺序摆放好礼物和将军所坐位置中间的地方。他跪下、鞠躬，额头都快要碰到地板了。而后，他一言不发地像只螃蟹一样爬着后退。我们对这位伟大君主的谒见就是如此简陋而短暂。[1]

在肯普费描述的"拜谒"后几天（拜谒是他们"以前必须在皇帝宫廷里参加的"），正如他们在"过去的20年中所做的

---

[1] Kaempfer, *The History of Japan*, 3：85-88. 肯普费提到的"Sino Cami"指的是摄津守川口宗恒，他在1680年到1693年期间担任长崎奉行，在肯普费访问期间在江户任值。摄津守是官位，参见 Kaempfer, *Geschichte und Beschreibung von Japan*, 2：281. 笔者是依据吴秀三译注的肯普费的 *Kenperu Edo sanpu kiko*, 2 vols.（Ikoku sosho series, vols. 7, 8, Yushodo, 1928-1929, repr. 1966），1：457 做出的判断。"Norimons"或者说"norimono"，即乘り物，是有身份的人乘坐的轿子。一个人被允许使用的轿子的精致程度、他是否被允许乘轿到达城门或是通过城门，以及乘轿通过城门后可以走多远都受到身份和等级的严格限制。

那样",荷兰人一行被要求"进入宫殿更里面的地方,让皇后及其侍女,以及宗室的女性成员观赏,以作为娱乐"。[1] 之后,在起居室(即御座之间),"四位荷兰人受到'上览'"[2]。当时,这些欧洲人被要求"走路,站直,相互问候,跳舞,跳跃,扮演酒鬼,说蹩脚的日语,读荷兰语,画画,唱歌,穿上披风再脱下"。肯普费"一边跳舞一边唱着高地德语的情歌。通过这种方式,以及其他无数的愚蠢行为,我们折磨自己来为皇帝和宫廷提供消遣"[3]。

虽然在接待朝鲜和琉球使节的过程中也有娱乐活动,但这两队使节都配备了专门的表演艺术家,即朝鲜的马戏团和琉球的乐师,并不是由一般随员为将军提供消遣。[4] 不过,不同于朝鲜使节享受了日本的回礼表演(即能乐表演和1711年的雅乐表演)[5],琉

---

1 Kaempfer, *History*, p. 89.
2 Hayashi Akira, comp., *Tsuko ichiran*, 8 vols. (Kokusho Kankokai, 1913), 6: 216. (史料原文:"蘭人四人御座之間召之、上覽有之。"——译者注)
3 Kaempfer, *History*, 3: 93-94. 不过,不强制荷兰商馆长为将军提供娱乐:"但大使与这些事和这些要求无关。因为他代表着主人的权威,所以他得到了照顾,这样他的权威就不会受到伤害或歧视。除此之外,他的表情和行为都十分庄重,这点似乎就足够说服日本人,让他们知道他完全不适合接受这种愚蠢而搞笑的命令。"(第94页)
4 关于1682年朝鲜的马戏表演,参见 *Kyokuba joran no oboegaki* (MS, *Tenna ni jinjutsu no toshi shinshi kiroku*, vol. 42). 另参见 Hayashi Akira, comp., *Tsuko ichiran*, 8 vols. (Kokusho Kankokai, 1913), 3: 55-58; *Tokugawa jikki*, 5: 460-461. Hayashi Akira, comp., *Tsuko ichiran*, 8 vols. (Kokusho Kankokai, 1913), *kan* 91, 92, at 6: 51-82, 包含了1635年、1643年、1655年、1682年、1711年、1719年、1748年和1764年的朝鲜马戏表演记录。天和二年四月十四日,琉球乐师的表演被记录在将军的城中每日记录中,参见 Nikki, *kan* 18, collection Naikaku Bunko, Box 257, no. 4, vol. 3. "Ryukyu shisetsu sogaku haiza no zu" 中也收录了演奏会的座次抄本。对比 *Tokugawa jikki*, 5: 444 中的当天记录。
5 例如,Hayashi Akira, comp., *Tsuko ichiran*, 8 vols. (Kokusho Kankokai, 1913), 2: 414。

第五章 窥视礼仪之镜：映照理想世界的镜子　　　　　　　　　　207

球使节和荷兰人都没能享受幕府提供的表演。正如 1691 年四　195
位"荷兰人"的精彩表演一样，受到"上览"的朝鲜马戏表
演被安排在城外特别打造的观看台上进行。

　　此外，荷兰商馆长每年一度的江户参府也会让荷兰人收到幕府　196
修订的义务条款。这些条款包括荷兰人须对将军尽的义务和荷兰人
为了维持长崎贸易必须遵守的规范。正如肯普费所言，"在［我们对
将军进行首次拜谒］的几天后，他们给商馆长读了一些关于我们贸
易和行为的法规。商馆长以荷兰国民的名义发誓会遵守这些法规"[1]。
在肯普费前往江户的第一年，这个仪式在他们一行人动身返回长
崎的两天前（即 4 月 2 日）举行："不久后……大使被领去左边的
一间大厅［大广间］。在行礼之后，他进行了离别的拜谒，听取了
皇帝的命令。命令包括五条条款，主要与葡萄牙贸易相关。"[2]

---

[1] Kaempfer, *History*, 3: 89.
[2] Kaempfer, *History*, 3: 100. 根据 *Tokugawa jikki*, 6: 202,"［3 月］4 日，荷兰人被准许离开。他们按照先例听取了条例，也被赐予应季的衣服"。这与肯普费记录的"3 张桌子上放着 30 件衣服"相吻合。1682 年的道别也是一样，除了"若君［纲吉的儿子德松，1684 年去世］给了他们 20［件衣服］"，见 *Tokugawa jikki*, 5: 439，天和二年三月四条。1681 年被通谕的条约如下所示："虽然荷兰人被允许在本国通商，每年可以在长崎登岸，但正如此前的规定，他们不能与南蛮的天主教徒往来。如果从其他国家那里听到消息，［荷兰人］与［天主教］关系密切，那么他们就会被禁止进入我国。荷兰人不应该从那群人那里带来任何消息。他们也不应该在船上搭载任何宗教的追随者。如果他们想要像现在这样保持与我国的贸易的话，那么他们就应该把他们听到的关于邪教的一切动静报告给幕府。如果南蛮人的宗教征服了新土地，或者荷兰人听说了他们的航行计划，那么不论荷兰人看到了什么听到了什么，他们都应该将其报告给长崎奉行。荷兰人不应劫掠来到我国的中国船只。在荷兰人前往的各国中，一定会有让他们遇见南蛮人的国家。即使如此，荷兰人也不应与南蛮人往来。每年，荷兰人都要开列一个所到国家的详细清单，商馆长要在到达之后立即交给长崎奉行。附：琉球是我国的属国，因此，无论你们在哪里遇见他们，你们都不应劫掠他们的船只。"（*Tokugawa jikki*, 5: 403-404.）

荷兰人在接受了这些法规后返回长崎（虽然他们自然不会严格遵守这些法规），继续从事商业活动以待来年。不过他们在长崎的居所被限制在距离长崎港口几码远的人造小岛——出岛上。在离长崎荷兰人的居所不远的地方有唐人町的寺庙和住房。中国人在日本国内受到的限制比荷兰人更多，他们甚至没有前往江户接受将军"上览"的权利。但中国人也遵守日本的规定，他们每年都要听取"御法令"的"宣读"。这一宣读不由直属于将军的长崎奉行执行，也不在江户城内进行，而是由长崎的通事来执行。每当中国船只到达港口后，这一宣读都会被实施。此外，荷兰人也会在他们到来和离开时被要求提交他们承诺遵守的保证书。[1]

在1621年幕府拒绝同中国建立国家层面的直接关系后，幕府将中国降到了外交序列等级中的最低一等。幕府将中国人限制在九州，通过长崎奉行所管理他们。这一制度自家康晚年起得到实施。根据林罗山的说法，这标志着幕府给予中国的低等地位。在一封通过长崎奉行所交给中国人的书信中，林罗山解释道："此时武威严重遇蛮夷如奴隶，故如藤广光次等微臣亦预焉。"[2]

自家康的晚年起，通过长崎奉行所管理中国人成为幕府的惯例，只是在1635年后，所有的唐人贸易才被限制在长崎港。中

---

1 Hayashi Akira, comp., *Tsuko ichiran*, 8 vols. (Kokusho Kankokai, 1913), 5: 239.
2 *Hayashi Razan bunshu*, p. 136.

国人曾试图与幕府取得联系,也曾想前往江户与幕府交涉(正如1619年至1621年间浙江总督提出贸易条款,或是1645年至1647年间郑芝龙试图寻求幕府援助以光复明朝时那样),但他们的努力都以失败告终。就像中国在自己的港口城市通过低级官员与"蛮夷"交涉一样,用林罗山的话说,幕府也通过长崎,同中国的"蛮夷"之辈交涉。正如林罗山所写的一连串书信,即使是遵照家康的"台命"所写,它们也会被署上被认为适合与蛮夷和奴隶打交道的"微臣"之名。同样,幕府认为崔芝和郑芝龙的书信不值得被呈给将军,甚至没有资格得到老中的正式回复,所以对"蛮人"的处置就被留给了大目付和长崎奉行。[1]

把中国商人和中国列为国际秩序中最低等次的降级最终完成于18世纪10年代。1715年,幕府接受将军的儒学顾问新井白石提出的关于长崎贸易规范的建议,发布了《正德海舶互市新例》。[2] 这些条例中的一项是要求来到长崎的中国商人须携带被称作"信牌"的通行证。信牌由代表幕府的长崎唐通事会所发放给商人。这些信牌使用了一定会被中国官员视作冒犯的用

198

---

[1] 参照第四章,第120—122。
[2] 1715年2月18日(正德五年一月十五日)的最初条例收录在 *Tokugawa kinrei ko zenshu*, 6: 417-422 (第4117、4118号文件)中。翌月增加了更多规定,包括颁布中国商船必须持有的证明(信牌),见 *ibid.*, pp. 423-431 (第4119号文件)。前两份文书的翻译见于 Yosaburo Takekoshi, *The Economic Aspects of the History of the Civilization of Japan*, 3 vols. (The Macmillan Company, 1930), 2: 149-153,正德新例及其相关文书也收录于 Hayashi Akira, comp., *Tsuko ichiran*, 8 vols. (Kokusho Kankokai, 1913), 2: 356-436。

语，记有日本年号，并采用了"勘合"的形式。[1] 它们与 15—16 世纪明朝要求来到中国沿岸贸易的日本船携带的勘合符十分类似。

新井白石于 1715 年春起草的条例在同年 4 月被告知给长崎的唐人町。条例指出，幕府将会"给予接受我国法规的[中国人]信牌，准许他们来此地参加贸易。对于不接受我国法规的人将不被允许进行贸易，他们会被立刻遣返"[2]。

出台新例的目的有好几个，其中包括限制来到长崎的商船数量、限制长崎的贸易总额和限制经由长崎流出的日本货币。[3] 发布的信牌以明代的勘合符为模板，这清晰地显示出林罗山的对外政策理念：之所以将中国商人限制在长崎，仅派"微臣"

---

[1] 为了防止伪造，唐通事会所会保留"割符留帐"。每次颁发信牌时，割符留帐里都会被详细地写上相关信息。在写好信牌和割符留帐的信息后，信牌的右上角会被放置在留帐的对应页面上，而后两个一起被盖上唐通事役所的印章，印章同时盖在信牌和留帐的页面上。Yano Jin'ichi, *Nagasaki shishi tsuko boeki hen*, *Toyo shokoku bu*, p. 384 提供了 1857 年信牌和留帐中对应页面的图片影像，其中能清楚地看到印章。Yamawaki Teijiro, *Nagasaki no Tojin boeki* (Yoshikawa Kobunkan, 1966), p. 145 中载录了 1733 年的信牌，但没有对应的留帐页面。1715 年 3 月指示唐通事役所起草信牌的命令收录于 Hayashi Akira, comp., *Tsuko ichiran*, 8 vols. (Kokusho Kankokai, 1913), 4: 375-376, 其中包括一份提供给唐通事的样式模板。

[2] 这是新井白石在其自传中对此事的回顾，参见 *Teihon Oritaku shiba no ki shakugi*, ed., Miyazaki Michio (Shibundo, 1964), p. 514. 此段内容的英译参见 Joyce Ackroyd, *Told Round a Brushwood Fire: The Autobiography of Arai Hakuseki* (University of Tokyo Press and Princeton University Press, 1979), p. 249. （史料原文："我国の法を奉ぜむと申すのもどもには、信牌を分ち给りて、此後来たり商せむ事をゆるされ、我が国の法をうけざらむものどもをは、生理をゆるさず、即時に放ち還され。"——译者注）

[3] 关于这些条规对经济的影响，参见 Robert Leroy Innes, "The Door Ajar," pp. 346-355; Yamawaki, *Nagasaki no Tojin boeki*, pp. 140-155; Yano, *Nagasaki shishi*, Ch. 5, "Shotoku shinrei mae no Nagasaki no Shina boeki to Shotoku shinrei."

（没有谁的地位会比唐通事会所更低）处理相关事宜是因为中国人等级低。信牌上写着日本年号，不称中国为"大清"（这是在外交文书中常用的正式名称），而是将中国称作"唐"（这是日语中的俗称）。信牌使用了勘合的形式，并以中国人遵守日本法规为前提。如果中国商人接受了日本年号，那么这是不是意味着中国人承认了日本的世界中心地位，将中心让给了日本呢？

信牌制度的主要目的之一是减少来到长崎的中国船只数量，因此在新例发布之时停在港口的51艘船中，不可避免会有一些船因信牌不够而无法进行贸易。不管怎样，只有47艘船被允许继续贸易。来自宁波、南京、广东、台湾和厦门的船只可以继续，而来自福建的船只却被排除在外。在福建船空手而归后，愤怒的福建商人向中国政府提出抱怨。他们不是抱怨自己被排除在贸易之外，而是说浙江和江苏的商人接受了记有日本年号的信牌，这相当于接受了日本的年号。这无异于背叛［中国］朝廷和对日本称臣。[1] 也就是说，这些被排除出日本贸易的商人所抗议的是日本想要降低中国国际等级的企图。因为这已经成为既成事实，所以向长崎当局提出他们的经济困难也无济于事。

因发放第一轮信牌时不在长崎而被排除在贸易之外的中国

---

[1] 转引自 Yamawaki Teijiro, *Kinsei Nitchu boeki shi no kenkyu*（Yoshikawa Kobunkan, 1960），p. 32。（史料原文："船頭共朝廷へ背き、日本に随ひ候て信牌を請取、外国の年号を用候"，引自《华夷变态》下，第 2695 页。——译者注）

商人在不知道新例的情况下来到了长崎。[1] 他们被要求在到达后的两天内回国，不被允许进行贸易。他们被唐通事会所告知，随着近年来到长崎的中国商船数量增加，中国人的违法活动（例如走私）也在增加，因此幕府不得不发布新例以控制中国人和限制他们的数量。即"［幕府］已经发放了一定数量的割符……虽然将军也为他们感到惋惜，但没有携带割符的船只应当被遣返，不然将军的法规就会被认为不够严格"[2]。

中国人在接下来的几年中不断抗议这一新规。他们既向长崎抱怨，也向中国政府申诉。而且有一段时间，中国商人的信牌常常在归国之后被中国的港口官员没收。[3] 不过，根据1717年9月22日南京第18号船船员在审问中向长崎唐通事提供的报告，康熙帝在前年秋的一场朝廷大议论后决定缓和这一行为。康熙帝下令把信牌归还给商人，因为"信牌的内容丝毫没有触犯国法"[4]，也允许商人继续从事贸易。报告中更引人注目的是，康熙帝下令停止中国除与日本外所有国家的海上贸易。[5]

---

[1] *To tsuji kaisho nichiroku*, 7 vols.（Tokyo Daigaku Shuppankai, 1955 – 1968），*Dainihon kinsei shiryo series*, part 3, 7: 92.

[2] *To tsuji kaisho nichiroku*, 7 vols.（Tokyo Daigaku Shuppankai, 1955 – 1968），*Dainihon kinsei shiryo series*, part 3, p. 95. 关于这一时期的走私活动，参见 Fred G. Notehelfer,"Notes on Kyoho Smuggling,"in *Princeton papers in East Asian Studies*, I, Japan (1)（August 1972), pp. 1 – 32.（史料原文："船数を御定被成、割符を御与へ被下候……依之，割符を不持来候船者，御不便ニハ被思召上候得共，御積帰し被成候、無左候而者，御法厳ならさる事候故、如斯被仰付候。"——译者注）

[3] *Ka'i hentai*, 3: 2692 – 2742 各处经常能见到这类事件的报告。

[4] *Ibid.*, p. 2743.（史料原文："文儀少も国典に碍る事に而も無之处。"——译者注）

[5] *Ibid.*, pp. 2743 – 2744.

第五章 窥视礼仪之镜：映照理想世界的镜子

信牌制度得到成功实施，也为中国皇帝所接受。它作为控制长崎的中国贸易的许可制度，直到幕末为止一直发挥着作用。

通过让中国人接受信牌制度，新井白石和幕府成功剥夺了代表中国优越地位和中心地位的外交象征符号，即日本拒绝使用大清国号和中国年号，而是代之以日本的年号。中国对信牌制度的接受和皇帝的默许暗示了中国认可日本的优越地位和中心地位。事实上，正如林罗山曾经构想的那样，新井白石成功地将中国降级到了日本国际秩序中最低等级。

为了使一个象征性的世界秩序起作用，这个秩序的"创造者"和接受者未必需要在所有其他理念上都达成共识。相反，或许正是因为特定的"事实"和"客观现实"对于维持一个想象的自我形象和必要的自我认识来说是不舒服或不适合的，所以人们构造了属于自己的、可控的象征符号体系的另外一个世界来替代现实。人们可以遮盖现实中的特定部分而强调其他部分，由此创造并保持自己希望的形象。

为了使这样的外交礼仪和象征符号体系具有说服力，主导者未必要让它被所有人接受，或是让它拥有数量庞大的参与者，因为它满足的是主导者情感深处的自我认识。这一体系的其他参与者同样不需要共享主导者的自我认识或是主导者对象征符号的理解。事实上，正如马克·曼考尔（Mark Mancall）和其他学者指出的，"中国世界秩序"的许多参与者对于中国主张的解释多少有点怀疑。[1] 一些国家甚至完全拒绝它，或是提出一些将自己置于世界中心的替代性解释。对于维持中国的自我形象和中国中心观来说，最重要的仅仅是中国的解释为外国所接受的表象。不论是像朝鲜那样热情拥抱中华意识并乐于遵守礼仪的国家，还是像暹罗那样为了获取利益而遵守礼仪、一旦离开中国就立马拒绝中华意识的国家，他们的所作所为都没有引起中国的怀疑。中国始终相信全世界都接受它的中心地位和优越地位。这就足够了。当这一观念在19世纪迎来挑战，而中国既无力应对，也无法强制欧洲诸国和他们在中国的代表遵循这些礼仪时，这面象征符号的镜子就破碎了，中华帝国也随之土崩瓦解。

既然幕府有能力管理发生在日本国内的对外关系的各要素，那么建立一个象征符号体系以促进以日本为中心的世界秩序和以将军为中心的国内秩序应该也不会太困难。但为了让这个作为国家政策的象征符号体系起到作用，它的接受者必须超出政府决策者和政策制定者的直接当事人的范围。也就是说，它需要被转化成国家的公开仪式，让多数国民参与其中，即使只是让他们做旁观者。在江户时代，这一目标通过往返于江户的外国使节团得到部分实现。当1682年的朝鲜通信使在8月28日从大坂通过淀川航行到京都时，译官洪禹载（Hong Ujae）记录下了众多的人群：" 百万观光，蚁聚两岸，垂帘左右，红

---

[1] Mark Mancall,"The Ch'ng Tribute System: An Interpretive Essay," esp. pp. 63-72, "The Chinese Idea of Tribute and its Acceptance Abroad."

第五章 窥视礼仪之镜：映照理想世界的镜子

绿照耀，到泊城底，浮桥河边，延候其上者，不知其千百人。"[1]

在17世纪30年代中期，以1636年至1637年的朝鲜通信使为代表，这种公开表演通过朝鲜和琉球使节前往祭祀"东照大权现"家康的日光东照宫进行"参拜"得到进一步加强。当三代将军家光向朝鲜正使任絖第一次提出这一参拜时，宗义成是这样告知使节的，即"大君欲得使臣游览，为一国光华"。四天后，家光在接见使节时强调了这一想法："日光新创寺刹，寺刹欲得三官使游览，以为一国光华，得蒙许诺，不胜喜幸，冒寒往来，为未安耳。"[2] 任絖拒绝了好几天，但最终还是同意了。他最初的拒绝理由是日光之行不在国王的命令中[3]，而任絖自然知道此行不仅仅会被认为是一次旅行，而会是一场参拜。实际上，幕府的一些记录显示，此次参拜并非由家光提议，而是由任絖提出的。他请求让自己和217名随行人员"允许前往日光参拜，正如他们所要求的那样"[4]。

---

[1] Hong Ujae, *Tongsarok*, in *Kaiko sosai*, 4: 30.
[2] Im Kwang, *Pyongja Ilbon ilgi*, in *Kaiko sosai*, 2: 339-342. 最近一项关于朝鲜人访问日光东照宫的有趣研究是 Otaki Haruko, "Nikko to Chosen tsushinshi," in *Edo jidai no Chosen tsushinshi*, ed. Eizo Bunka Kyokai (Mainichi Shinbun Sha, 1979), pp. 155-182. 早期研究参见 Matsuda Kinoe, "Nikko Toshogu no hengaku to kane," and Nakamura Hidetaka, "Nikkozan Tokugawa hengaku no mohon ni tsuite," (October, 1968), pp. 241-257。
[3] Im Kwang, *Pybngja Ilbon ilgi*; 参见 Hayashi Akira, comp., *Tsuko ichiran*, 8 vols. (Kokusho Kankokai, 1913), 3: 23-25。
[4] *Tokugawa jikki*, 3: 44. （史料原文："御官参拜の事請ふままにゆるされ。"——译者注）

德川家光尊敬其祖父家康并为赞美家康事迹、宣扬日光"东照大权现"崇拜而做出的巨大努力是广为人知的。[1] 家光不仅成功将这一尊敬转变为全民崇拜（通过在京都和各大名的城下町中建立东照宫小分社的方式确立了至少是上层武士的崇拜），还要求朝鲜和琉球的使节们进行日光参拜以表达对作为神道的神和佛教的权现的结合体的家康之灵的尊敬。幕府制造了外国使节自发表达对"权现样"尊敬的表象。同时，为了装饰东照宫和进一步神圣化家康，幕府收到了例如1643年朝鲜送来的铜钟和阳明门前与铜钟相对的荷兰人献上的灯笼等礼物或"贡物"。外国使节的参拜成为一种机制，崇拜家康的范围由此伸展到日本地理边界之外的地方，它们给"东照大权现"的神圣威光赋予了一种普遍性。林鹅峰的确也是这么认为的。他写道："窃惟英雄将一统之政则四夷来贡者，古今之常也。庆长年中，东照太神君一戎衣定阃国，之后吕宋安南柬埔……等蛮夷投化交易，往来不绝。"[2] 他还认为，1616年至1644年间留下的外交文书证明了"知教化之及异域也"[3]。

---

[1] 关于家光对家康的尊敬、家光重建日光东照宫以及宣扬东照大权现崇拜的概述，参见 Hayashi Sukekatsu, "Dai sandai Tokugawa Iemitsu," in *Tokugawa shogun retsuden*, ed. Kitajima Masamoto (Akita Shoten, 1974), pp. 106–109; Asao Naohiro, *Sakoku*, pp. 271–278。

[2] "Ikoku orai jo," in *Gaho sensei Hayashi gakushi bunshu*, 90：1b。"投化"，即"因受到道德教化力量的吸引而臣服"（Morohashi, *Dai kanwa jiten*, 5：136, no. 11887. 48）。

[3] "Ikoku raio honshu jo," leaves 1a–2b。

第五章 窥视礼仪之镜：映照理想世界的镜子

这一宣传日本中心主义和优越性以及对外国臣服于日本和将军的幻想，同样可见于在德川国家和社会中身份稍低成员（即艺术家和作家）的观念之中。这些人常常通过高雅艺术、大众作品，以及广泛传播的插图小册子（江户和京坂地区的书商会在每队使节离开后出版这些册子）来庆祝外国使节的到来和离开。

高级艺术作品之一，即"江户图屏风"，宣扬的正是将军（尤其是三代将军家光）的威光。它由被家光称作他的"右手"的酒井忠胜于1637年左右委托他人创作（图5-2）[1]。正如其他同样壮观的艺术作品一样，这一六面两扇屏风描绘了发生在一年里不同时节的场景，家光本人也出现在屏风中的许多地方。屏风画中的核心场景是在耸立于江户并被画得过大的江户城中进行的"行事"。这一行事占据了屏风最中央的两面，画的正是1636年朝鲜使节抵达江户城大门的场景。画中描绘的是正使任絖的到来。他正乘轿通过外围护城河上的第一座桥，并接近江户城的主要大门大手门。仁祖国王送给家光的礼物，即虎皮、豹皮、隼和马等18种被许多人认为是"贡物"的物品被放置在大手门和三之门中间的广场上供人观看。任絖的几

---

[1] 这扇屏风全貌和细节的翻刻收录于 Edo zu bybbu, ed. Suzuki Susumu（Heibonsha, 1971）。书中包括一些有用的说明和分析。Murai Masuo,"Edo zu byobu no rekishiteki haikei," in *ibid.*, pp. 22-46 认为屏风的委托人是酒井忠胜，该处同时给出了家光称忠胜为他的"右手"的引文，第23页。

十位随员在江户的大街和城门内正列队走向江户城。[1]

正如任絖到达江户城的样子被描绘在屏风画中,他和217名随员到达日光的场景也被当时的一位知名艺术家画了下来。1640年,狩野探幽受幕府委托绘制了一幅献给东照宫的缘起绘卷。绘卷的文字由僧侣天海写就,画中包含了任絖参拜家康灵

图5-2 朝鲜正使任絖及其随员到达江户城谒见家光。仁祖国王送给将军的礼物被放置在内围护城河前

[《江户图解屏风》(局部),国立历史民俗博物馆(佐仓)提供]

---

[1] Hayashi Akira, comp., *Tsuko ichiran*, 8 vols. (Kokusho Kankokai, 1913), 3: 102 给出了1636年仁祖给家光的礼物清单。即锦缎一十疋、缎子一十疋、白苎布三十疋、黑麻布三十疋、黄照布三十疋、人参五十觔、虎皮一十五张、豹皮十五张、彩花席二十张、色纸三十卷、黄毛笔五十柄、油烟墨五十笏、青斜皮三十张、鱼皮一百张、黄密一百觔、清密一十器、鹰子二十连、骏马二匹、鞍具。不是所有记录在仁祖别幅中的物品都能在屏风画中被识别出,马和隼不容易被认出来。

第五章 窥视礼仪之镜：映照理想世界的镜子

庙的场景，即他乘轿到达标志家康墓所入口的鸟居前的样子。[1] 天海在说明文字中提到朝鲜人的访问，即"朝鲜的正使和副使最近来到武州参拜行礼。他们来到日光山参拜并在社坛前祈祷。这体现了他们尊敬神圣地域的信念"。天海附上了三使留下的祝词，并得出结论：这些都证明了"这个国家的现在和将来都得到了正确的统治，正如天空中映照的月亮一样明确"[2]。天海似乎相信"权现样"的威光已经远播海外。

大众的认知也同样如此。由于廉价的图书和版画在民众之间广泛流传，他们也共享了外国"朝贡"使节的荣光。狩野永敬（Kano Eikei）以绘卷的形式颂扬了1682年的朝鲜使节，他应该是受雇于幕府或是某位大名（图5-3和图5-4）[3]。类似地，使节在江户城外提供给纲吉观看的马戏表演成了一份廉价都城景观小册子中版画插图的主题，它出版于下一次朝鲜使节到来前夕的18世纪初。[4] 浮世绘师羽川藤永（Hanegawa Toei）在一幅著名的18世纪中期套色画中描绘了以灿烂的富士山为

---

1 *Toshosha engi*, kan 4, 绘卷的文本，即 *Toshogu Daigongen engi* 被收录于 *Zokuzoku gunsho ruiju*, vol. 1 (*Zoku Gunsho Ruiju Kanseikai*, 1970), pp. 691-705。家光十分满意探幽的绘卷。他在1640年1月19日（宽永十六年闰十一月二十六日）赏给探幽10枚金（*Tokugawa jikki*, 3: 164），并且在6月30日（宽永十七年五月十一日）又给了他100枚银、2件时服和1件羽织（*ibid.*, p. 188）。

2 *Toshogu Daigongen engi*, p. 700. (史料原文："近曽朝鮮の正使副使武州にきたりて大樹を拝し奉りやがて日光山に詣し社壇ををがみ蘭若をうやまふ。"; "此国にはかくただしき御政を今の世も末の世も大空の月の光とあふぎたてまつらむかし。" ——译者注)

3 Kano Eikei, *Chosenjin gyoretsu zu*. Spencer Collection, New York Public Library.

4 *Hoei Karaku saiken*, reproduced in Vi Won-sik, "Tennado (1682) Chosen shinshi hisho Ko Seitai to Nihon bunshi no hitsudan shoshu ni tsuite," in *Chosen gakuho*, 98 (January 1981): 3.

背景的理想化的朝鲜使节进入江户的样子（图 5-5）[1]。而德川时代后期的两位著名的大众绘画大师十返舍一九和喜多川歌麿则创作了纪念 1811 年幕府倒台前最后一次朝鲜通信使的绘本。[2] 根据十返舍一九的说法，使节来日"仅仅是因为［第十一代将军德川家齐］治世的荣耀"。因此，绘本作者意在"将此［书］散布给没能亲眼看见朝鲜客人华丽队列的人们，以及不知感恩身处太平之国的蒙童"[3]。

琉球使节同样也没能免于"被媒体关注"（如果用我们今天的话来说的话）。例如《琉球人行列记》（图 5-6 和图 5-7）这样的廉价小册子[4]比狩野探幽所绘的朝鲜人的日光参拜图流传得更广。并且，正如佚名作者在序言中所说，这些琉球使节的意义在于，"琉球最初是天孙氏的后代……而如今跟朝鲜一样是吾皇国的属国……琉球自古就向我国遣使，这些使节自后光明天皇的庆安二年起固定来朝。此次是因其国王即位而派遣使节前来谢恩"[5]。

---

1 Hanegawa Toei, *Chosenjin raicho zu*, 套色印刷, 神户市立博物馆所藏。*Kobe Shiritsu Nanhan Bijutsukan zuroku*, 5 vols., vol. 4, p. 17.

2 十返舍一九（文）、喜多川歌麿（图）: *Chosenjin raicho gyoretsu ki*（Edo: Nishimuraya Genroku; Taishu Omachi; Mikiya Kizaemon, 1811）。插图后来被复刻于 *Chosen shinshi raicho kihan kanroku*, ed. Ishizaka Kojiro（Kobe: Hyogo Okagata Komonjo Kanko lin, 1969）的卷头。

3 十返舍一九、喜多川歌麿（图）: *Chosenjin raicho gyoretsu ki*。"太平、泰平"是江户时代用来形容由德川家康创造并被其继承人继承的、实现全国和平的伟大时代的词语。因此它是被特别用来形容德川统治的光荣。（史料原文: "かの韓客の行桩見ぬ人にしらせもほして猶太平国恩のありがたきを不知短才の童蒙にまで麻及して、仰さらしめんと積みて筆を採而已。"——译者注）

4 *Ryukyujin raicho gyoretsu ki*, 作者不详（丹波屋新左卫门，天保三年）。

5 *Ryukyujin raicho gyoretsu ki*, 作者不详（丹波屋新左卫门，天保三年）。

第五章　窥视礼仪之镜：映照理想世界的镜子　　　　　　　　　221

图5-3　1682年，朝鲜正使尹趾完前往江户城谒见纲吉

［狩野永敬：《朝鲜人行列图》（局部）］

图5-4　对马藩家臣抬着装有朝鲜国王肃宗给纲吉国书的轿子。几位朝鲜使节的随员骑着马紧跟其后

［狩野永敬：《朝鲜人行列图》（局部）］

图5-5　正如这幅理想化的18世纪版画描绘的一样，江户的百姓都出来观看朝鲜通信使进入城市的队列

（羽川藤永：《朝鲜人来朝图》）

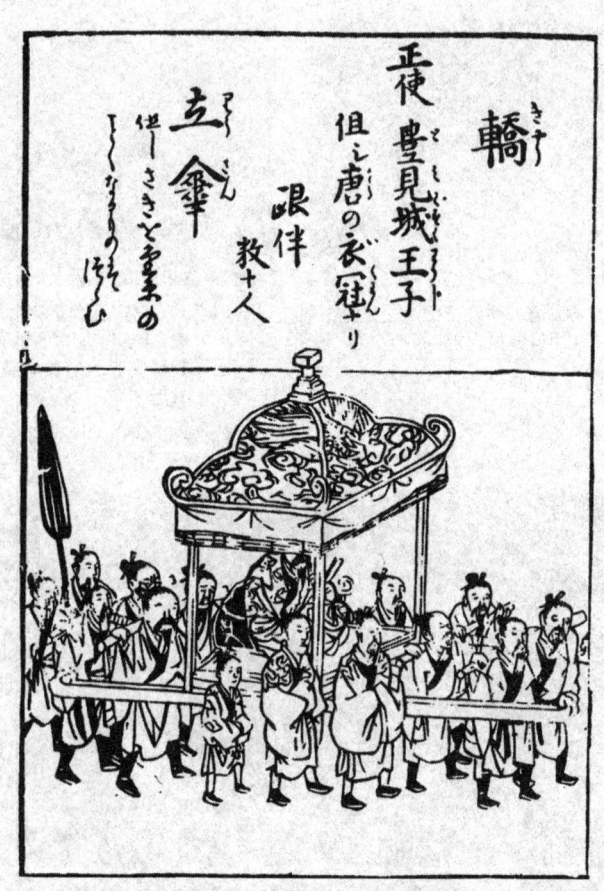

图 5-6　1832 年,琉球正使丰见城王子由随员抬着前去谒见德川家齐
(《琉球人来朝行列记》,笔者所藏)

第五章 窥视礼仪之镜：映照理想世界的镜子

图5-7 1832年，由琉球使节携带的国王尚育给将军德川家齐的国书在萨摩藩武士的护送下被送往江户

(《琉球人来朝行列记》，笔者所藏)

从中心眺望

正如植手通有所言，江户时代日本人的对外认识和日本的对外关系是基于与中国一样的朱子学的"华""夷"二分法。[1] 根植于前近代中国自我认识中的华夷二分法反映了中国与外部世界之间的关系[2]，但这未必符合德川日本的情况。不过，德川时代的日本人，无论是朱子学者还是国学者，都或多或少地接受了一种等级规范秩序，并将这种秩序投射到了一个以日本为中心的世界观之中。[3]

不能认为江户时代的所有日本人无一例外都认真而明确地相信，有可能存在一个与中国中心的世界观一一对应的日本中心的世界观，但在日本的"本土"思想和宗教传统中确实存在鼓励类似想法的元素，它们主张日本具有神圣而道德的优越性和中心性。这些理念随着朱子学的传播得到加强，并在朱子学将道德秩序编织进政治和外交秩序的过程中获得了更稳定的表达方式。下文将简要介绍这一"世界观"在江户时代及其之前的时代中的背景和演变，而后论证德川幕府对外关系的主要意

---

1 Uete Michiari, *Nihon kindai shiso no tenkai*, p. 235.
2 关于这点的讨论，参见 John K. Faribank, "A Preliminary Framework," and Benjamin I. Schwartz, "The Chinese Perception of World Order, Past and Present," in Faribank, ed., *The Chinese World Order*.
3 Kate Wildman Nakai, "The Naturalization of Confucianism in Tokugawa Japan," and Harry D. Harootunian, "The Function of China in Tokugawa Thought," in *The Chinese and the Japanese*: *Essays in Political and Cultural Interaction* (Princeton University Press, 1980), pp. 9–36.

识形态机制正促进和支持了这一日本中心主义的幻想。

日本人长久以来都主张日本具有神圣性。最常见的表述，即"大日本者神国也"，出自记录日本皇统的14世纪重要史书《神皇正统记》。[1] 而日本在对外关系方面的神国主张最早出现于3世纪与新罗相关的传说性记述中：据说新罗的国王曾言，"吾闻，东有神国。谓日本"[2]。

在那以后，日本乃神国的论断经常出现在日本人的政治论述中，尤其是在发生外交危机的时候。例如，日本在1270年就以日本乃"神国"的主张拒绝了忽必烈让日本臣服于蒙古的要求。日本人也正是因此而相信，蒙古人在那之后的两次入侵都是败给了"神风"。[3] 同样地，当朝鲜军队在1419年为报复

---

[1] *Jinno shotoki*, *Masukagami*, ed., Iwasa Tadashi, et al. (Iwanami Shoten, 1965 [*Nihon Koten Bungaku Taikei*, vol. 87]), p. 41; 参见 H. Paul Varley, tr., *A Chronicle of Gods and Sovereigns*: *The Jinno Shotoki of Kitabatake Chikafusa* (Columbia University Press, 1980), p. 49 中, "伟大的日本居于神圣的土地"。

[2] *Nihonshoki*, ed. Sakamoto Taro et al., 2 vols. (Iwanami Shoten, 1965 - 1967 [*Nihon Koten Bungaku Taikei*, vols. 67, 68], vol. 1, p. 339); 参见 W. G. Aston, tr., *Nihongi*, *Chronicles of Japan from the Earliest Times to A. D. 697*, 2vols. (Allen & Unwin, 1956), 1; 230。这里的关键是日本人在 *Nihon shoki* 成书时，即8世纪初所发展的日本观，而非该记述是否与事实相符。关于前一个问题，即与外交相关的民族自觉的演变问题，参见 Ishimoda Sho, "Nihon kodai ni okeru kokusai ishiki ni tsuite: kodai kizoku no baai," in *Shiso*, 454 (April, 1962): 2 - 9。关于后一个问题，以及关于 *Nihon shoki* 的史料的特点，参见 Gari K. Ledyard, "Galloping Along with the Horseriders, Looking for the Founders of Japan," in *Journal of Japanese Studies*, 1. 2 (Spring 1975), especially pp. 241 - 242。关于 *Nihon shoki* 编纂的整体问题及其与日本早期国家意识成长的直接关联，参见 G. W. Robinson, "Early Japanese Chronicles: The Six National Histories," in W. G. Beasley and E. G. Pulleyblank, ed., *Historians of China and Japan* (Oxford University Press, 1961), pp. 213 - 228。

[3] *Koji ruien*, 26; 903 - 904, "Nihon-koku Dajokan Moko-koku Chushosho ni chosu, Korai-koku shijin ni fu shite choso su," drafted by Fujiwara Nagashige.

倭寇侵入朝鲜而袭击对马藩时，日本朝廷的公卿们都惊骇于"神国"的土地上竟会发生这样的事，同时也惊异于朝鲜竟敢攻击日本。[1]

这样的日本神国意识激发了日本人的优越感。这点最频繁地表现在日本与其最近的邻国——朝鲜的关系中。例如，《日本书纪》中充斥着大量关于朝鲜三国的国王向日本献上"贡物"的记述。[2] 甚至到了17世纪以后（正如林罗山在1611年所断言的那样），日本人认为朝鲜觉得自己是日本的藩屏。[3] 在德川时代的用语中，在《日本书纪》的时代总称朝鲜半岛诸国的"韩"一词，在这个时代继续带有"向日本朝贡的属国"的意味，而朝鲜王朝的正式国名"朝鲜"则有着与日本对等的意思。

尤其是在日本文化自信高涨的时代，日本会主张自己与优于全世界的"中央帝国"中国是平等的，甚至自己更优越。早在7世纪初期，日本的推古天皇就曾主张自己与中国皇帝对等。天皇在国书中写道："日出处天子致书日没处天子无恙。"[4] 在100年后日本新兴的律令体制中，对包括朝鲜和中国在内的所有外国的划分，意味着日本自封为"中央帝国"的自我认识

---

1 *Kanmon gyoki*，应永二十六年六月二十三日条，*Zoku Gunsho ruiju hoi*，rev. ed. (Zoku Gunsho Ruiju Kanseikai, 1958 - 1959, 1: 87.

2 例如，*Nihon shoki*, 1: 339, 371 等。

3 *HayashiRazan bunshu*, p. 136.

4 *Koji ruien*, 26: 835.

已然根深蒂固。[1] 实际上，平野邦雄（Hirano Kunio）认为，推古天皇写给隋朝皇帝的国书意味着日本明确拒绝了它曾经承认的中国的优越性地位，从而进一步拒绝参与以中国为中心的外交秩序。[2] 这与德川幕府在 1621 年拒绝加入明朝秩序的行动是相似的。

正如 13 世纪下半叶一样，16 世纪末的日本同样面临遭到外国入侵的潜在威胁，这次威胁来自葡萄牙和西班牙。正如 1270 年的菅原长成和 1419 年的伏见宫贞成亲王所做的那样，丰臣秀吉也利用日本神国论来应对这次危机。为了将耶稣会士驱逐出日本，秀吉在 1587 年声称，"因为日本是神国，所以基督教之国的邪法不适于在此传播"[3]。四年后，当秀吉向葡属印度的总督阐述他的征明计划时，他又一次使用了"日本乃神国"的前提。[4]

---

[1] 这点基于 Ishimoda Sho, "Nihon kodai ni okeru kokusai ishiki," p. 8 中关于古代律令制中职员令部分的考察。关于他提出这一解释所依据的史料文本，参见 *Ritsuryo*, ed., Inoue Mitsusada et al., *Nihon Shiso Taikei*, vol. 3 (Iwanami Shoten, 1976), pp. 190‐191；关于同样的补充用法，参见第 229 页的户令部分。

[2] Hirano Kunio, "Yamato oken to Chosen," in *Iwanami koza Nihon rekishi*, 1 (1975): 241.

[3] 1587 年 7 月 24 日（天正十五年六月九日），"Sadame," MS, Matsuura Collection, Hirado, Nagasaki Prefecture, Japan. *Shiryo ni yoru Nihon no ayumi*, *kinsei hen*, ed. Okubo Toshikane et al. (Yoshikawa Kobunkan, 1955), p. 51 中收录的版本与松浦史料馆的抄本在细节上有所不同。此文书的全文英译参见 C. R. Boxer, *The Christian Century in Japan*, p. 148, 或 George Elison, *Deus Destroyed*, pp. 115‐116。（史料原文："日本は神国たる処キリシタン国より邪法を授候儀太以不可然候事。"——译者注）

[4] 1591 年 9 月 12 日（天正十九年七月二十五日）关白（丰臣秀吉）写给葡属印度总督的书信，*Ikoku ofuku shokan shu*, *Zotei Ikoku nikki sho* (vol. 11 of *Ikoku sosho*, Komiyama Shoten, 1966), pp. 26‐28。

奈仓哲三（Nagura Tetsuzo）近年认为，秀吉的神国思想不是源于作为神的后代的万世一系的日本天皇，而是基于对战神八幡神的崇拜。这种思想将世界分为基督教国家和亚洲三国（即日本、中国和印度）两个部分。根据奈仓哲三的说法，秀吉以日本神国思想为基础，按照以日本为中心的华夷秩序构想了亚洲三国的"世界"。[1] 实际上，认真读过秀吉写给葡属印度总督的书信就会明白，秀吉的日本中心观同样源于他相信日本体现了儒家文明的"华"的理念，即"在日域谓诸神道。知神道，则知佛法，又知儒道。凡人处世也，以仁为本，非仁义，则君不君，臣不臣。施仁义，则君臣父子夫妇之大纲，其道成立矣"[2]。

千年以来，存在于国际关系和自我认识中的这种华夷秩序模式在日本和其他国家间被竞相模仿。正如中村荣孝所说，在中华思想的影响下，许多"夷"国也开始自称"华"国。对于这些国家来说，"华夷"的二分法激发了他们的民族意识。在他们效仿中国模式发展国内制度、吸收中国思想的同时，他们也在某些情况下通过适当运用"内"和"外"、"华"和"夷"的区别来构筑以自我为中心的文化圈层，在这一圈层中自封为"华"并担任"华"的角色。[3] 我们已经看到这一华夷模式持续

---

[1] Nagura Tetsuzo, "Hideyoshi no Chosen shinryaku to 'shinkoku,'" in *Rekishi hyoron*, 314 (June 1976): 29 - 35.

[2] *Ikoku ofuku shokan shu*, pp. 26 - 28.

[3] Nakamura, *Nissen kankei shi no kenkyu*, 3: 469; 参见 Tanaka Takeo, *Chusei taigai kankei shi*, p. 19。

第五章 窥视礼仪之镜:映照理想世界的镜子

运作于日本民族意识的早期发展过程中(尤其是在日朝关系,甚至中日关系中),它将在德川时代来临的前夜再次出现。

这一华夷秩序模式同样潜藏于德川初期对外关系决策者的意识中,并使决策者制定出反映华夷模式的外交语言和外交礼仪。马克·恩格尔(Mark Engel)曾认为,"我们创造了自己所感知的世界。这不是因为在我们的大脑之外不存在现实世界……而是因为我们从自己所看到的现实世界中选择和剪裁了与我们对自己所处世界的信念和希望相一致的部分"[1]。为了避免让这种观点听起来像是一种国家的自闭症,这里有必要引用一下费正清(Fairbank)的话,即"作为一种理想模式,中国型世界秩序只有对于中国人来说并且只有在礼仪层面上才是一个完整的概念"[2]。因此,正如田中健夫从17世纪的日朝关系中所观察到的,对于早期的德川幕府来说,外交政策的目的"并非获取书籍、技术或是经济利润,而是要建立国际秩序"[3]。*219* 对于日本来说,这一秩序将会被建立在日本中心主义和完全主导外交事务的日本的自主性之上。[4]

由于朱子学在17世纪被日本彻底"本土化",并得到了广

---

[1] Mark Engel, "Preface," in Gregory Bateson, *Steps to an Ecology of Mind* (Ballantine Books, 1972), p. 7. 这是恩格尔对贝特森(Bateson)论点的总结。

[2] Fairbank, "A Preliminary Framework," p. 9.

[3] Tanaka Takeo, "Sakoku seiritsu-ki Nissen kankei no seikaku," in *Chosen gakuho*, 34 (January 1965): 59.

[4] Manfred Jonas, *Isolationism in America, 1935—1941* (Cornell University Press, 1966), p. 275 中如此阐述这点:"独立地行动以及单纯为了自己利益的行动满足了国家的期望和国家的目标。"

泛传播[1]，日本中心主义的历史观在近世思想界再次复苏。前文已经提到，这一观念在近世以前就已在一些日本人心中成型。它也与对外政策的演变有着紧密而实际的联系。尤其是，丰臣秀吉在近世前夜又一次将日本神国论和日本中心主义思想融入日本的外交实践，甚至开始用儒家学说粉饰它们。

在德川幕府建立后，思想和外交的相互作用继续激发着日本中心主义。例如，林罗山在1610年写给福建总督的书信中提到，以朝鲜为首的几个明朝的朝贡国都受到了德川将军"其化之所及"[2]的感化。林罗山在1611年初又写道，明朝和日本的邦交恢复一定会带来"二天之欢心"[3]。

诚然，这些早期的通信会采用尊重中国东亚优位的传统用语，但这只不过反映了德川日本自我认识中的持续矛盾和不一致。凯特·怀尔德曼·中井（Kate Wildman Nakai）[4]曾精妙地总结道，这种认识的不一致在日本近世儒学者面对以中国为中心的儒学理论时表现得最为强烈。[5]而且，"或许可以把他们对中国文明的感情

---

[1] 笔者从 Kate Wildman Nakai, "The Naturalization of Confucianism" 一文中借鉴了将儒学看作"本土化"信仰的观点。

[2] 林罗山起草的1610年11月10日（庆长十五年庚戌十月六日）本多正纯写给福建总督的书信，收录于 Razan, in *Ikoku nikki*, vol.1; Hayashi Akira, comp., *Tsuko ichiran*, 8 vols. (Kokusho Kankokai, 1913), 5: 342.

[3] 林罗山起草的1611年1月29日（庆长十五年十二月十六日）长崎奉行长谷川藤广写给陈子贞的书信，收录于 *Hayashi Razan bunshu*, p.132; Hayashi Akira, comp., *Tsuko ichiran*, 8 vols. (Kokusho Kankokai, 1913), 5: 343.

[4] 经与本书作者确认得知 Kate Wildman Nakai 的姓氏 Nakai 对应的汉字为中井。——译者注

[5] Nakai, "The Naturalization of Confucianism," p.165.

称为恋母情结。日本人缺乏与同时代的中国人面对面的机会,因此德川时代的儒学者参加的是一场与看不见的对手决胜负的比赛……[因此]与假想敌进行战斗是日本近世儒学的一个特征"[1]。

想要赢得这场"同假想敌进行的战斗"的一个重要方法是从具有历史和地理属性的"中国"中剥离出其"中心性"和"文明性"的特质,并将这些特质转化为抽象的、普遍的法则,让这些法则能像适用于中国那样适用于同时代的日本,或者更适用于日本。关于如何调和令人满意的日本国家形象与传统的中国地位之间的矛盾的问题,以及我们在此关注的日本近世思想中将日本"中心化"的问题,例如丸山真男、尾藤正英(Bito Masahide)、植手通有、哈里·哈鲁图尼安(Harry Harootunian)、马里乌斯·B. 詹森(Marius B. Janson)、I. J. 麦克马伦(I. J. McMullen)和怀尔德曼·中井等许多学者都曾进行过详细考察。[2] 因此,在回到最初的论题前,我们只需提及在日本中心化过程中最重要的一些思想发展,即产生和维系日本自我意识的思想与幕府的外交实践之间的相互作用。

---

[1] Nakai,"The Naturalization of Confucianism," p. 173.
[2] 例如,Maruyama Masao,"Kindai Nihon shisoshi ni okeru kokka risei no mondai (1)," in *Tenbo* (January 1949), pp. 4–15; Bito Masahide,"Sonno joi shiso,"*Iwanami koza Nihon rekishi*, 13 (1977): 41–86; Uete Michiari, *Nihon kindai shiso keisei*, pp. 233–282; Harry D. Harootunian, "The Function of China in Tokugawa Thought," Marius B. Jansen, *Japan and Its World: Two Centuries of Change* (Princeton University Press, 1980)(此书的中译本为马里乌斯·詹森:《日本的世界观——两百年的变迁》,柳立言译,北京:生活·读书·新知三联书店 2020 年版。——译者注); I. J. McMullen,"Non-Agnatic Adoption: A Confucian Controversy in Seventeenth- and Eighteenth-Century Japan," in *Harvard Journal of Asiatic Studies*, 35 (1975): 133–189; Nakai,"The Naturalization of Confucianism."

或许最初的论述（当然也是德川时代最早的论述）来自藤原惺窝（Fujiwara Seika）。他通过阐述一种类似于杰斐逊式的国家平等观，将中国移出中心位置，即"理之在也，如天之无不帱，似地之无不载。此邦亦然，朝鲜亦然，安南亦然，中国亦然"[1]。担任幕府外交总设计师的藤原惺窝的弟子林罗山则持不同看法，他主张儒学思想的本质是现世世界中的等级秩序。[2] 虽然林罗山在他与中国的一些外交通信中承认中国的地位，但很明显，他依旧坚持日本也有可与之匹敌的对等的中心地位。而且，林罗山并未借用天皇的派生权力而是以德川家自身的正统地位来证明这点：家康统一了全国，将军已袭职三代且会继续传承，德川幕府的道德具有"感化力"。在此基础上，林罗山宣称，东亚诸国已对日本自称"臣下"或前来"朝贡"，现在已有"二天"。很明显，林罗山是在对外关系和中日关系的语境中说出这些话的。林罗山的儿子、将军御用儒学者的继承人林鹅峰在《鹅峰先生林学士文集》中的几处序言里进一步扩展了日本中心主义的图景。同时，正如前文提到的那样，他将这一图景与幕府的外交实践和外交礼仪体系直接联系在一起。

几位与林罗山和林鹅峰同时代的学者也开始深化日本中心主义的概念，虽然他们的出发点不是外交，而是道德和神道。

---

[1] *Fujiwara Seika shu*, 2 vols. (Kokumin Seishin Bunka Kenkyujo, 1930), 2: 394. Minamoto Ryoen, *Tokugawa shiso shoshi* (Chuo Koron Sha, 1973), p. 18 指出，惺窝的立场中带有国际平等主义的色彩。

[2] Minamoto, *Tokugawa shisho shoshi*, p. 18.

第五章　窥视礼仪之镜：映照理想世界的镜子　　　　　　　　　　233

这一倾向在朱子学"本土化"后得到了进一步加强。尾藤正英认为，山崎暗斋（Yamazaki Ansai）、山鹿素行（Yamaga Soko）和浅见絅斋对将日本转变为"中华"做出了贡献，而1661年至1680年正是完成这一转变的关键时期。[1] 这三位学者都反对用带有"独占中心"意味的正统词汇（例如"中华""中国""华夏"）来描述清朝，主张用能够宣扬日本国威和强调日本独特传统的方式来处理外交事务。对他们来说，这一方式包括天皇崇拜。

诚然，为了否认中国的特殊地位，必须禁止使用带有价值判断的词语来描述。在提到"中国"时不说"中"字是一件难事。想要做到这点就要否认由中国自己制定的带有优越性和中心性的正式国号。因此，德川日本的多数文书并未使用暗示中国优越性的"大明""大清""中华"或"中国"。相反，中国被简单地称作"唐"——一个带有历史意味的、中性的中国称呼。这一称呼确实频繁地出现在日本的外交文书中，它同时还出现在自1715年至幕末期间发放给中国商人的信牌上。

尤其对于山鹿素行来说，中国因失去了道德方面的优越性而失去了中心地位。山鹿素行在《谪居童问》中提到，与日本不同的是，中原地方常常受到少数民族政权侵袭，并且接受了少数民

---

[1] Bito, "Sonno joi shiso," pp. 50–51.

族政权的统治。因此,中国人不仅失去了正统,也"不如本朝完整"[1]。与此相对,日本则"武威遍布四海,甚至令外国惧怕,更不会受到外国侵略。日本从未失去过一寸领土"[2]。山鹿素行认为,日本通过稳定政治体制和保持领土完整来实现"道",从而成为日本型华夷思想的中心。与此相对,中国只不过是一个"异国"。[3]

对于山鹿素行和其他许多人来说,中国落入"夷狄"(即清朝)之手所带来的冲击是巨大的,这一冲击也破坏了中国试图维持的、其固有的制度性的中心主义。林鹅峰在17世纪70年代后期写道:"鞑掳掠华殆四十年,正史未见则不详真伪。然本朝升平,西海波稳,德风广罩,福泉商舶湊至长崎。"[4] 南明不断向日本求援,以期从鞑靼手中夺回中国,光复明朝,无数的明朝遗臣来到日本,他们宁愿像孔子说的那样"居九夷"[5]也不愿出仕一个外来的朝廷:这些事实都增强了日本认为自

---

1 "Takkyo domon," quoted in Bito Masahide, "Yamaga Soko no shiso teki tenkai," part 2, in *Shiso*, 561 (March 1971): p. 92. 山鹿素行在这里说的是保全领土的能力,而非保持国家的道德完整。(史料原文:"大唐トイヘドモ本朝ノゴトク全キコトアラザルナリ。"——译者注)

2 "Haisho zanpitsu," in *Yamaga Soko*, ed. Tahara Tsuguo and Morimoto Jun'ichiro, *Nihon Shiso Taikei series*, vol. 32 (Iwanami Shoten, 1970), p. 333. (史料原文:"武威を四海にかがやかす事、上代より近代迄しかり。本朝之武勇は、異国迄はをそれ候へ共、終に外国より本朝を攻取候事をさて置、一ヶ所も彼地へうばわるる事なし。"——译者注)

3 Bito, "Yamaga Soko," part 2, p. 92, 以山鹿行实的 *Chucho jijitsu* 为基础展开讨论。

4 "Go Tei ron," in *Gaho Sensei Hayashi gakushi bunshu*, 48; 22a.

5 《论语·子罕篇第九》14:"子欲居九夷。"参见 James Legge, tr., *Confucius: Confucian Analects, The Great Learning, The Doctrine of the Mean* (The Clarendon Press, 1893; Dover reprint, 1971), p. 221. 关于德川思想中"夷"的概念的更大问题,参见 Tsukamoto Manabu, "Edo jidai ni okeru 'i' kannen ni tsuite," in *Nihon rekishi*, 371 (April 1979): 1–18. 关于对《论语》中这段话的讨论,参见该论文第3页。

第五章 窥视礼仪之镜：映照理想世界的镜子

己才是真正"中心"的幻想。[1]

但清朝的统一对日本人的中国观所造成的影响不仅限于知识阶层。就大众层面而言，它的影响也是巨大的。近松门左卫门（Chikamatsu Monzaemon）的《国姓爷合战》(*Battles of Coxinga*)是德川时代最卖座的戏剧之一。这部戏剧从1715年起至1717年中期在大坂的竹本座上演了17个月。戏剧主要讲述母亲是日本人的国姓爷郑成功领导明朝光复运动，试图阻挡清军并复兴明朝的故事。在第一幕中，"忠臣"吴三桂（17世纪70年代发起三藩之乱的领导者）告诉明朝皇帝，鞑靼的征服会使中国文明倒退。如果用皇帝的奸臣李踏天的话来说就是，"这片诞生了圣人的土地将会落入蒙古人手中。我们将会成为他们的奴隶，这与成为动物的区别只在于我们不会摇晃尾巴和浑身长毛"[2]。

关于这句话以及《国姓爷合战》中其他的类似段落，正如马里乌斯·B.詹森提醒的那样，"过分解读这些舞台表演的夸

---

1 朝鲜也将中国落入可憎的满族侵略者的手中视作"华"已经从中国转移到朝鲜的标志（虽然只是暂时地）。姜在彦曾认为："由于中国落入了清朝手中，因此在全世界都被北胡、倭夷和洋夷占领的情况下，唯一独立的朝鲜便自封为'小中华'。这成为朝鲜对外孤立的锁国主义的思想基础。即使到了19世纪后期，在朝鲜自主的近代化过程中，开国开化已经不可或缺，但这一思想依旧是阻碍开国开化的重要儒学思潮。"［*Kidai Chosen no henkaku shiso* (Nihon Hyoronsha, 1973), p. 17.］姜在彦的观点一开始会让人觉得他是在支持"以朝鲜为中心的华夷观"，这与 Maruyama, "Kindai Nihon shisoshi ni okeru kokka risei no mondai"中所主张的以日本为中心的华夷观正相反，但朝鲜一直保持着对一个存在于历史中的标准中国（即一个理想中明朝）的感情。朝鲜只是一个暂时保管者，姜在彦并非主张朝鲜本身是"中华"。

2 Donald Keene, tr., *The Battles of Coxinga*, p. 107.（史料原文："聖人出世の此の国たちまち蒙古の域に落ち、尾をふり皮をかふらぬばから畜類の奴と成り。"——译者注）

张台词是愚蠢的"[1]。但日本的知识分子、幕府官员和大众作家确实都认为清军是鞑靼，并认为他们正是 13 世纪企图侵略日本但最终失败的民族。中原落入少数民族政权之手的事实削弱了日本人对中国的敬重，也玷污甚至颠覆了中国曾经光辉的理想文化形象。毕竟，虽然鞑靼曾两次试图侵略日本，但日本都靠着道德力量抵御了他们，而中国却屈服了两次。《国姓爷合战》显示出这种观念在 18 世纪初期"渗透进大众文化中的程度，也证明了它对于大众来说是一个很有吸引力的主题"[2]。

想要将儒家典籍中理想化的中国与具有历史和地理属性的实际的中国分割开来并不容易，因此德川时代的儒学者采取多种方法来解决这个问题。一些学者，尤其是由山崎闇斋创立的崎门学派的学者，倾向于一种类似于近代民族主义的立场。例如，山崎闇斋本人在一篇回忆藤原惺窝观点的文章中提到："就'中国'这个称呼而言，站在每个国家各自的角度上看，自己的国家都是'中'而四外各国都是'外'。"[3] 因此，在一段有名的轶事中，山崎闇斋告诉弟子，即使孔孟亲自率领唐军进攻日本，他"也会顶盔掼甲生擒孔孟以保护国家。这正是孔

---

1 Marius B. Jansen, *Japan and Its World*, p. 24.
2 Marius B. Jansen, *Japan and Its World*, p. 22.
3 *Bunkai hitsuroku*, quoted in Bito, "Sonno joi shiso-," p. 51. （史料原文："中国の名、各国自ら言えば、則ち我が是れ中にして、四外は夷なり。"——译者注）

孟所教导的"[1]。其他学者，例如山鹿素行，则主张，由于日本比中国更能体现儒家道德，日本也从未被少数民族王朝征服，并且日本还受到万世一系的天皇的统治，因此日本优于中国。

对于其他学者来说，最好的办法是将"华夷"一词中的道德含义转变为实际意义。正如太宰春台（Dazai Shundai）所认为的，"之所以将四夷称作夷狄，认为他们比中华低贱，是因为他们没有礼仪。就算是中华之人，如果没有礼仪的话，他们就与夷狄没有区别。即使是四夷之人，如果礼仪得当的话，他们也无异于中华之人"[2]。决定一个人或者一个国家是华还是夷的标准是看那个国家是否知晓道德和遵守礼仪（即政府的统治形式）。

诚然，检验一个国家是否知晓道德和受到正确统治的一个很好方法是观察这个国家如何处理同其他国家之间的关系。换言之，德川幕府设计和维持的外交礼仪和外交语言体系在这里证明了它们的价值。通过维持一种看上去完全自主自立的对外关系，通过排除不遵守日本外交秩序的国家，德川幕府为培育日本中心主义这一幻想提供了一个温床。在这个温床中，日本

---

1 *Sentetsu sodan*，英译版见，Ryusaku Tsunoda et al. comp. *Sources of Japanese Tradition*, pp. 360‑361.（史料原文："我れ自ら甲冑に身を固め、孔孟を生け捕りにして我国に仕えさせん。"——译者注）
2 Dazai Shundai, *Keizai roku*, quoted in Uete, *Nihon kindai shiso*, p. 242.（史料原文："四夷を夷狄と名付て、中華より賤しむるは、礼儀なき故也。中華の人にても、礼儀なければ夷狄と同じ。四夷の人にても礼儀あれば中華の人に異ならず。"——译者注）

本土的神国思想和儒家思想中的华夷二分法相互作用，并转变为日本是"华"、其他国家（甚至包括现实中的中国）是"夷"的新秩序。其他国家都没能产生这种以自我为中心的幻想。他们要么缺乏神国论的传统，要么受制于因承认中国宗主权而派生出的责任。例如，面对19世纪来自西方列强的压力，朝鲜声明，虽然朝鲜是独立的国家，但它同时也是中国的属国，因此外交事务需要遵从中国的指示。朝鲜试图将其与中国的传统朝贡关系作为国防安全的一道防波堤。[1]

但日本在1621年拒绝了对中国的臣属。幕府试图建立一个对外关系体系。这一体系让日本认为，处于中心位置的日本是"华"国，它被几个认同这一体系且向被具有普世性的神圣词汇层层包裹的将军朝贡的"夷"国所围绕。日本不仅拒绝臣属于中国，甚至还主张与中国对等，甚至优于中国。到了1715年，新井白石甚至成功地让中国商人承认了日本的优越地位，正如300年前明朝对日本贸易者所要求的那样。甚至连清朝的皇帝都默许让中国商人使用日本的信牌！没有外国人真心相信这些外交花样的含义，但这并不重要。因为正如费正清在提到中国朝贡体制时所说的，对于中国来说，重要的是它对中国人的意义。[2] 同样，对于日本来说，重要的是日本人的理解。

丸山真男认为，日本在19世纪中期维持的独立主权和领土完整在一定程度上依赖于日本在早先实现的自封为"华"的

---

1 参见 M. Frederick Nelson, *Korea and the Old Orders in East Asia*, p. 112.
2 Fairbank, "A preliminary Framework," p. 9.

价值转换，以及由日本创造的观念中的、自愿相信的、以日本为中心的华夷秩序。因为在他看来，只有在以日本为中心的华夷观念的催化下，日本人才可能将幕末的锁国和攘夷转化为主张日本的存亡取决于开国与否的观念。[1] 然而，正如中村荣孝所认为的，为了维持这种认识的基础，日本需要退出以中国为中心的世界秩序。中国中心的世界秩序在德川时代到来前就规制着东亚的国际交流，并在德川时代继续规范着中国与周边国家的部分关系。换言之，"日本国大君"外交的建立使日本获得了独立的地位，即一个阿基米德的"支点"（place to stand）。从这个支点出发，幕府可以改变世界的样貌。当在思想和外交方面依赖中国中心主义幻想的东亚其他国家逐渐丧失独立并受到西方列强和后来居上的日本的支配时，曾经拒绝中国中心主义并构筑了以日本为中心的思想和外交体系的日本则得以更自由地行动并维持其主权的独立和国家的完整。

因此，当朝鲜在19世纪中后期频繁向中国寻求外交问题的建议和保护时，日本"扮演了中国的角色"。日本也同意让"属国"琉球与外国缔结条约，就算日本无法阻止法国在1847年强迫琉球国王签订条约也并无大碍。[2]

此外，当日本在19世纪50年代和60年代再次直面对外

---

1 Maruyama, "Kokka risei no mondai." 康拉德·托曼（Conrad Totman）最近也提出了类似的说法，参见 "From Sakoku to Kaikoku: The Transformation of Foreign-Policy Attitudes, 1853 - 1868," in *Monumenta Nipponica*, 35.1（Spring 1980）: 1 - 20。

2 Nakamura, *Nissen kankei shi no kenkyu*, 3: 551 - 555。

关系问题时，它已经具备了有例可循的外交礼仪的实践规范。当佩里的船只于1853年现身浦贺时，幕府下令编纂德川时代对外关系的前例和规程。[1] 当哈里斯即将前往江户签订1858年《日美修好通商条约》时，幕府参考了这些前例以决定是应该用接待朝鲜正使的外交礼仪和等级接待哈里斯，还是应该仅使用接待琉球正使的相对低的等级和礼仪接待他。[2] 翌年，当幕府准备在次年向美国派遣第一批使节时，外国奉行向老中进言，建议这些使节可以参考日本接待1811年朝鲜通信使的先例准备与美国总统的会面。[3]

幕府选择只同接受日本单方面（至少表面上看是这样）制定的外交基本规则的国家保持外交关系，将这些关系囊括进以幕府为顶点的外交礼仪等级之中，并断绝可能损害日本优越性的同中国间的外交关系，甚至构筑了一个日本、朝鲜、琉球、荷兰、中国之间由高到低的等级秩序。通过这些做法，幕府创造了一个似乎能够维持日本型华夷秩序的环境。这一秩序是培养日本型华夷思想的必要条件（虽然绝不是唯一的必要条件）。此外，虽然这一秩序本身显然不足以维持它所培育的日本型华夷思想和幻想，但它确实从根本上支撑起了映照出日本理想世界的认识之镜。

---

1 Konishi Shiro, *Kaikoku to joi* (Chuo Koron Sha, 1966), pp. 12-15; Kerr, *Okinawa*, pp. 277-278.
2 Dainihon komonjo bakumatsu gaiko monjo, 17: 37-44.
3 安政六年十月二十一日（1859年11月3日）小栗又一（忠顺）等写给（间部）下总守（诠胜）的书信，收录于 *Ishin shiryo kohon*, MS, collection Historiographical Institute, Tokyo University, vol. 1092。

第六章
终　章

外交活动有助于国家建设,情报活动有利于国防安全,而巧妙地构建和操纵与邻国的关系则相当于塑造了一种语言,它可以凌驾于现实之上并将现实转化为维护某种理想化世界观的机制,由此辅助维持了国家的幻想信念和意识形态。当然,这样的幻想信念和意识形态存在着危险性。当它们过分远离现实时,它们的保守性会使国家无法对新形势和新环境做出有效应对。

外交活动有助于德川幕府在17世纪初期建立起统治的合法性,情报网使得幕府能够在17世纪中后期的东亚危机中充分把握动荡的战略经济形势,外交礼仪和外交语言则使日本传统的神国思想日益成熟,并将其转变为新兴的日本中心主义和民族优越主义这一意识形态。它最终将日本推进至20世纪。上述的所有机制都在18世纪和19世纪持续运作。它们构成了日本国家和国民的经验集合,并形成了日本对外关系秩序的准则。

这些准则的一部分由德川幕府早期的领导者和决策者制定,另一部分则是在几个世纪的经验中积累出来的,还有一部分甚至是在幕末领导者重新解释过往的外交活动和目的时产生的。但不论是有意的还是无意的,不论是正确的还是错误的,正是借由这个由实践、认识和观念组成的集合,幕府的领导者得以制定政策。也正是借由这一集合,"大众"(至少是有知识和政治意识的"大众")得以在幕末衰弱期的挑战中借助德川时代的过去来理解和评价政府、民族和国家的一切。

认为这一外交实践和思想的集合没有与时俱进,或因此认为它们不符合客观的历史事实都不能否定它们对德川时代日本人产生的影响。不论是在日常的国际秩序中,还是在日本的政治领袖和学者对他们所面临的国际挑战做出回应时,正是这个由外交实践、语言和思想构成的集合为他们提供了帮助。这个集合帮助他们理解自身所处的环境,进而帮助他们做出回应。

当海军准将马休·佩里在1853年夏率领小规模的"黑船"舰队进入江户湾,要求日本加入国际社会并接受根据上百年的西方经验制定出的条款时;甚至在更早的亚当·拉克斯曼代表俄国的叶卡捷琳娜女皇提出贸易和交流的请求时,这些西方人面对的都不是一个对外交既没有知识也没有经验的"白板"一样的日本。相反,他们所面对的日本从历史中继承了"简化的、易于理解的世界图景"以及支撑这一图景的外交实践和经验。欧洲人带来了一个既坚决又富有挑战性的新的"世界图景",它与日本既成的图景大不相同也无法调和。[1]

只要德川日本的既成图景没有受到来自国内外的强烈冲

---

[1] 引号中的句子来自阿尔伯特·爱因斯坦在马克斯·普朗克(Max Planck)60岁生日时的发言。Einstein, *The World as I See It* (Covici, Friede, Publishers, 1934), pp. 20 - 21. 笔者第一次看到这句话是在 Robert M. Pirsig, *Zen and the Art of Motorcycle Maintenance* (William Morrow, 1974; repr. Bantam Books, 1975), pp. 106 - 107 中。原文收录于 Einstein, *Mein Weltbild* (Amsterdam: Auflage Ersdruck, 1934; repr. Frankfurt/M: Ullstein Materianlen, 1979), pp. 107 - 110。

击，只要日本的神国观念或是日本中心主义的看法（抑或是身处"夷狄"之中的"文明的"日本的图景）没有被前所未有的经验重荷冲垮，那么这一图景就能延续下去，创造并依赖这一图景的国家体制也能得到维持。

1639年，幕府终止了与葡萄牙的贸易，最后一艘商船离开长崎驶向澳门。但这并不意味着日本敲响了此后200年内对外关系的丧钟。此时，幕府开始限制有损于日本和幕府利益的对外关系。幕府致力于构筑强化自身合法性的外交体系，确保身处东亚之中的、面临战争和海盗困扰的日本能够获得安全，并使日本保持稳定的、持续增长的对外贸易。从禁止日本人自由航行海外和切断日欧关系的角度看，幕府的确有所损失，但幕府通过鼓励和扩大与其他对象的贸易获得了一些补偿，还在重要的政治和思想领域有了巨大收获。

德川家康及其继任者需要解决一个问题，即如何将日本对国际环境的矛盾情绪转化为能够在政治、思想、安全和贸易方面服务于幕府、国家和国民的可行的对外政策。这一对外政策要能被日本国民接受，符合他们的身份认同。这一当务之急同样离不开日本同亚洲和欧洲的关系。本书已经分析了近世初期的对外政策在政治和思想方面对17世纪幕府合法性的影响，以及这一对外政策在接下来的几个世纪中对日本民族意识和日本的世界地位产生的影响。

然而，幕府所构筑的其在东亚中的地位却不被包含在明朝传统的以中国为中心的世界秩序之中。诚然，幕府制定的许多外交礼仪规范，甚至外交书信的用语都源自中国，但幕府主张将军应该使用"日本国大君"这个史无前例的称号，认为日本年号具有优越性，并且招待外国使节前往江户或京都，还仔细制定外交礼仪以保证在对外交涉方面没有任何高于日本的存在。通过这些方式，幕府得以构筑一个以日本人为中心的、由日本人设计的东亚秩序的幻想。明朝遗臣在17世纪40年代向日本请求军事支援，中国文人从被清军占领的中国来到日本寻求避难，这些行为都强化了这一幻想。日本成了能动的主体，而不再是被动的存在。

在德川时代初期的17世纪，幕府控制着日本同亚洲其他国家和在日欧洲人之间的外交关系，希望以此为幕府创造出最大限度的国家权力和国家权威的合法性。幕府尤其重视在对外关系中强调德川将军家是"日本国"的代表。

自17世纪中期以降，幕府首先逐渐限制天主教徒进出日本，而后限制日本人远航海外。同时，幕府发展出了一套在保持距离的情况下收集情报的方法。幕府的亚洲外交有助于维护国家的安全和稳定。

但最重要的是，外交制度、外交实践、日本维持与其他国家和民族关系的思维模式，以及日本维持外交关系秩序的应当方式都离不开近世日本"自我认识"的演变。德川时代的外交和思想培养了一种共生的、协同的关系，它既体现在德川时代外交礼仪和外交语言的制度中，也体现在近世知识阶层的作品里。德川思想的这两种外在表现既强调了日本的自主性（即不参与中国的世界秩序、有权在外交事务中做出自主决定），也强调了日本要么与中国同处于最高位，要么替代中国，让自己成为等级秩序中的最高位国家。

考察德川时代早期对外关系的这些演变同样揭示了幕府内部制度和结构的某些变化。与对内政策一样，家康时代的幕府尚未确立任何明确负责制定或执行对外政策的机构。幕府早期对外政策的决策和执行与对内政策的情况一样，都依赖于自三河以来跟随家康的家臣，例如本多正纯。家康同样任用禅僧。他先后任用了西笑承兑和以心崇传。前者曾在秀吉手下担任过类似的职务，后者直到1633年初去世为止一直侍奉着秀忠和家光。从这个角度看，家康继承了让禅僧担任外交职务的中世传统，这一传统在足利将军的时代达到全盛。林罗山代表从早期的任用禅僧转变为德川时代任用儒学官员的过渡。正如朱子学开始从中世的禅僧学问中脱离出来并在17世纪成为一门独立的学问一样，被将军要求披上僧袍的林罗山开始崭露头角，并确立了其作为将军外交顾问的幕府儒官的地位。

到了17世纪30年代中期，随着幕府内部机构大致趋于规范化，对外事务也得到了统一管理。在1634年幕府新制定的《老中职务定则》中，对外事务被放在"异国方之事"的范畴里。在崇传去世后，禅僧在幕府决策机构中的作用开始减弱，幕府机构中的僧侣沦落为文书起草者。但幕府的确也让僧侣在特定的领域继续担任他们的传统职务。幕府将他们安排在对马藩的以酊庵，这既能监视对马藩藩主，又能让幕府在某种程度上控制日本与朝鲜间的书信往来，还能确保幕府的地位不被僭越。此前由承兑和崇传担任的职务逐渐被集中到林罗山手中，这些职务构成了担任幕府儒官的林家的职责中的一部分并逐渐得到制度化。[1]

除个别情况外，老中和林家掌握着幕府对外决策的关键，正如1634年和1662年的《老中职务定则》所规定的那样，长崎奉行、对马藩藩主和萨摩藩藩主都将重要的外交事务报告给老中并接受老中的指示。如果遇到宗义成在1647年所面临的情况，他们也会直接与将军商谈。似乎只有在处理南明的求援问题时，德川的御三家和有力的谱代大名（当然，他们也会在危机场合被要求作为大老参与幕阁的讨论）才会成为决策的关键。但即使是在这种情况下，决策也是通过老中评议进行的。

例如送还漂流民这样简单的外交事务则由长崎奉行以及对马藩和萨摩藩的藩主和官员管理。[2] 但即使是这样，对马藩的江户藩邸依旧留下了大量相关记录。这意味着每一起送还事件都被报

---

[1] 唯一的例外发生在1709年至1716年期间，当时新井白石取代了林家的地位，并对外交政策做了很大调整，参见拙稿"Korean Japanese Diplomacy in 1711"。1716年，吉宗迅速恢复了林家的传统地位。新井白石的所有改革几乎都被废除。

[2] 严格地说，当要送还漂流到对马藩的朝鲜漂流民或是遣返漂流到朝鲜的对马藩船员时，对马藩会直接与朝鲜进行交涉，对老中只是做一下报告。长崎奉行只会在来自对马藩之外地方的人漂流到朝鲜时参与处理。萨摩藩的情况似乎也是一样。当漂流民既非日本人亦非朝鲜人，而是荷兰人时，救助漂流民的制度如何运作？关于这一问题的阐述，参见 Gari Ledyard, *The Dutch Come to Korea* (Seoul: Royal Asiatic Society, Korea Branch, 1971), pp. 75-97。Okada Nobuko, "Kinsei ikoku hyochakusen"详细讨论了这一运作机制。不过她忽略了处理漂流到对马藩的朝鲜漂流民的问题。因此，她制作的朝鲜漂流民列表虽然包括从朝鲜漂流到日本东海岸的常规情况，但完全没有考虑对马藩的情况。对马藩的情况被详细记录在对马江户藩邸日记、对马藩的日记和釜山的倭馆日记中。共100页的 *Tosen hyochaku teishiki* (MS, ca. 1688, in the So Collection, National History Compilation Committee, Seoul) 规定了对马藩处理中国漂流民的方式。这份指南包括将漂流民送往长崎的详细手续和报告给老中的文书模板等内容。

第六章 终 章

告给了老中并获得了老中的许可。同样，每当幕府要迎来外国使节，或是产生了类似的外交事务时，老中里的一位成员就会被任命为负责人，并被授予类似"朝鲜御用挂"这样的临时职衔。

一些学者曾指出，幕府并未在17世纪设置一个专门管理对外事务的部门，这意味着幕府对建立、维持和管理对外事务没有太大兴趣。幕府确实在德川时代的任何一个时期都不曾设立过专门管理对外事务的部门。虽然幕府在末期的1858年设置了外国奉行，但它也只是老中的一个附属机关。但关于这点，我们必须留意日本国内的记录及其所处的语境。如前所述，1634年的《老中职务定则》明确包括对外交事务的管理。这一定则在30年后重新修订，并适用于整个德川时代。更进一步说，甚至在多国林立的欧洲，独立的外交部门（不同于职责中包含外交事务的国家机关）也并不常见（暂且不论未知的情况）。奥斯曼帝国直到1839年才设立了真正意义上的外交部门[1]，而清帝国建立外交部门则要等到20世纪[2]。我们无法通过外交部门的有无

---

[1] Carter V. Findley, "The Foundations of the Ottoman Foreign Ministry: The Beginnings of Bureaucratic Reform under Selim III and Mahmud II," in *International Journal of Middle Eastern Studies*, 3.4 (October 1972), p. 408.

[2] 设立于1861年的总理衙门虽然常常被认为是外交部门，但它只有"非常小的权力。它十分脆弱且不足……既没有外交事务的专断执行权，也没有广泛的外交政策决定权……它只是管理中国对外事务的数个部门中的一个罢了"。S. M. Meng, *The Tsungli Yamen: Its Organization and Functions* (The East Asian Research Center, Harvard University, distr. by Harvard University Press, 1962). 只有到了1901年7月24日，为了回应义和团运动后西方的要求，总理衙门才被外务部所替代。见 *Ibid.*, pp. 79-81. 关于将总理衙门改为外务部的议定书的英文翻译，参见 H. S. Brunnert and V. V. Hagelstrom, *Present Day Political Organization of China*, tr. A. Beltchenko and S. S. Moran (n. p. d.), pp. 106-107。

来判断任何一个前近代国家是否重视外交事务或是这个国家是否存在对外关系。

处理外交事务的幕府机制并非只存在于 17 世纪，它们在 18 世纪也并未衰退或消失。如前所述，情报机关在 19 世纪中期仍在运作，老中成员也会在处理特定的外交事务时被临时任命。除老中之外的其他幕府官员、目付、勘定奉行等都时常参与外交事务。只是到了 19 世纪 50 年代，他们在对外政策中扮演的角色才得到规范。[1]

当俄国使节亚当·拉克斯曼于 1792 年出现在根室时，制定应对策略的正是老中。为此，下级官员负责为身处江户的老中提供情报和传达交涉信息。同样，当荷兰国王在 1844 年给将军送去书信时（这是史无前例的，因为当时的荷兰被幕府定义为"通商"之国而非"通信"之国），此事先由长崎奉行、肥前藩藩主和其他在地官员传达给老中，再由老中进行最终裁决。[2]

日本 17 世纪的对外关系复杂而多变。这部分是因为幕府需要快速创制一种新兴的政治秩序，部分是因为东亚大陆直到 17 世纪 80 年代为止都处于风云变幻的政治局势之中，还有一部分是因为贸易也在不断变化和持续增长。但在下一个阶段，即元禄至正德期间，清朝巩固了统治，日

---

[1] W. G. Beasley, *Select Documents on Japanese Foreign Policy*, pp. 18–21.
[2] *Tsukb ichiran zokushu*, 2: 401–530. 老中阿部正弘和水户藩藩主德川齐昭关于此事的通信被收录于"Shin Ise monogatari"中。

本的货币改铸政策使日本货币不再吸引外国商人，日本国内的产业也开始成功抵挡进口产品，乃至近世文化也开始繁荣开花。所有的这些都使日本18世纪的对外关系进入了更稳定的停滞期。

外交不再像过去那样紧张。例如，朝鲜通信使来日总数中的三分之二都实现于德川时代最初三分之一的时期里。贸易减少了，外交问题的数量和紧张感也在下降。在整个18世纪，这种国家对外关系的衰退被视为一种常态，它被认为是由幕府最初三代将军制定的"祖法"。而事实上，正如前文所述，这一状况与其说是17世纪30年代政策变更的意图或结果。倒不如说，它是由其他政策，以及经济、政治和对外关系的变化，尤其是由国际环境本身的变化所造成的意料之外的结果。

因此，虽然日本在国际上相对而言不那么活跃，但17世纪制定的对外关系的制度和规范都继续潜在地运作于18世纪和19世纪。在海军准将佩里于1853年来到日本时，他给日本出了一道选择题。他并非让日本选择是否加入国际社会，而是让日本在一种新兴的、强制的对外关系体系和一种幕府自17世纪以来发展出的对外关系体系中做出选择。

通常认为，从1792年亚当·拉克斯曼出现在根室，到1804年尼古拉·彼得罗维奇·列扎诺夫（Nicolai Petrovich Rezanov）来到长崎，再到1853年夏佩里来到浦贺（实际上还包括18世纪末19世纪初试图与日本建立新关系的任何欧洲人),这些欧洲人的来航之所以会让德川幕府产生危机,很大程度上是因为日本是一块外交"白板"。换言之,日本似乎自17世纪30年代退出国际社会之后就不再具有足以应对这些挑战的经验和思想。这就好像一位类似于格列佛(Gulliver)的人漂流到日本岛上,因为发现没有人会说英语,没有人能回应他的口头请求,所以这个人得出结论,认为日本人是一个没有语言的民族。日本人并非没有"外交语言",只是他们的"外交语言"无法被欧洲人理解。

因此,当幕府(或者说日本人)试图理解拉克斯曼和列扎诺夫的请求、威廉二世的劝告、詹姆斯·比德尔(James Biddle)的请求和佩里的要求时,它自然会诉诸自家康以来使用了上百年的"外交语言"和由外交制度、实践和思想构成的"外交词汇"。这没什么好奇怪的。如果说真有什么值得惊讶的话,那就是我们直到如此晚近的现在才意识到原来日本人也是开口说话的。甚至还可以认为,日本的"外交语言"至少由两种语言构成。一种是政府的语言,即幕府在200多年的外交实践中积累的制度和先例;另一种是"在野"批评家的语言,它产生于200多年来的宗教、学问和思想领域的议题和讨论中。

因此,在被西方风平浪静地无视了100多年后,当幕府及其官员试图对日本面临的新挑战做出回应时,他们很自然地求助于自己的外交语言——"方言"。松平定信在1792年面对拉克斯曼使节时不需要知道(他确实也没有努力去了解)当时欧洲的外交规则。相反，他分析了日本所积累的外交经验（这是他用来理解恰当外交行为的唯一参考），对它们进行了分类，然后思考拉克斯曼应该属于其中的哪一种。松平定信认为，自德川幕府建立以来的外交可以被分为"通信"和"通商"两大类。到了列扎诺夫来航的时候，松平定信已经确定了结论，即"通信"和"通商"都是被固定好的分类，只有在他那个时代继续与日本保持两种中的任意一种活跃关系的国家才能被纳入其中。他进一步认为，它们不仅是抽象的分类，还是由幕府创立者制定的不可改变的"祖法"。[1]

在 1825 年以前，来自西方的日益增长的压力对于当时的幕府来说只是一个相对来说不那么重要的问题，虽然它在知识阶层中引起了热议。当然，正如林子平著述的命运一样，如果讨论变得过分热烈，它就会被镇压下去。[2] 但当幕府于 1825 年制定了击退靠近日本的外国船的异国船驱逐令，以及在会泽正志斋（Aizawa Seishisai）于同年完成了《新论》（Shinron）之后，外交议论的论调和要点都发生了变化。在会泽正志斋完成《新论》后，幕府的合法性被明确地与其在对外政策中的表现联系了起来（这或许是近 200 年来的首次）。

---

[1] 值得注意的是由志筑忠雄所翻译的肯普费的书正是出版于松平定信懊恼北方边境对策问题时。有记录显示，松平定信本人曾希望至少对列扎诺夫能做出更积极的回应。但由于当时他已离开了幕阁，所以他支持了老中的更保守的看法。关于这一点参见 Uchida Ginzo, *Kinsei no Nihon/Nihon kinsei shi*, Toyo Bunko series, no. 279 (Heibonsha, 1975), pp. 95–100。

[2] 关于林子平的命运，参见 G. B. Sansom, *The Western World and Japan*, pp. 213–214。

从现实的角度看，幕府 17 世纪对外政策的成功，或者说幕府直到 19 世纪为止在对外政策和国家体制方面的成功源于幕府的"行动力"，或者至少是在外交和对外事务方面"看似独立且自主"的行动力。[1] 幕府在草创期独立操纵与外国和外国君主之间关系的能力，一方面确保了日本的领土安全，避免了国家被外国颠覆的危险；另一方面也确立了德川幕府新秩序的合法性。本书的研究表明，近世初期的对外关系有助于幕府合法性的确立。哈罗德·博莱索（Harold Bolitho）进一步认为，幕府通过加强对外交活动的"垄断"，夺取并独占了诸大名的权力，这也是幕府确立初期合法性的环节之一。换言之，重要的不只是控制外交关系、外交对象和外交礼仪，更重要的是关注统辖外交事务的主体。马里乌斯·詹森也认为，锁国本身就是一个维护合法性的举措。[2]

虽然幕府"独立自主"的外交行动力在日益减弱，但要求幕府做出有这种能力的样子的事态却相应地增加了。来航的欧洲人越来越坚决，美国捕鲸者越来越频繁地出现在日本海岸，漂流到日本的外国人日益成为棘手的问题，但幕府显然没有控制他们的能力。幕府只能一次次回望那面映照自己幻想世界的镜子，它试图通过依靠与琉球和朝鲜的外交支撑起摇摇欲坠的

---

1 Manfred Jonas, *Isolationism in America*, p. 275.
2 *Japan and Its World*, p. 16.

权威。幕府的主张似乎还能得到世界的认可，幕府似乎还能对世界（至少是一直以来与幕府保持最紧密联系的那部分世界）发号施令。如前所述，幕府通常会在朝鲜或琉球使节到来的 6 至 18 个月前任命老中里的一位或几位为"朝鲜御用挂"或"琉球御用挂"。虽然对 1811 年最后的朝鲜通信使的接待仅止于对马藩，因为当时的幕府认为日本从朝鲜通信使的来日中获利甚少（再加上节约经费的考虑），但到了 19 世纪 30 年代和 40 年代，使节来日所带来的利益似乎增加了，因此幕府又开始多次请求朝鲜和琉球使节来到日本，以期修复那面映照幕府威光幻想的镜子。[1] 使节最终没有成行，但这并不重要，重要的是幕府希望借助他们重新获得正统性、权威性及其在外交方面的控制权。幕府试图诉诸"德川外交词汇"。这是他们唯一熟知的语言。

这种语言的生命力体现在《新论》中（该书评议幕府的外交，旨在重申幕府在对外事务中拥有特权）。会泽正志斋凝视着幕府通过外交创制出的那面镜子，他通过回望民族传统和本土化的朱子学，以期证明日本正是那个"中华"。他批评道："日本人不知名义，把明清称作华夏中华，由此损害了〔日本的〕国体。他们有时还追逐时势、混淆名义，将天皇视

---

[1] 例如，水野家的成员在 19 世纪 30 年代和 40 年代常常被任命为"朝鲜人来聘御用挂"，但实际上在 1811 年以后再也没有朝鲜使节来到日本，参见 *Hiyoroku* 各处。

为亡命者。这上有伤历代天皇的德化,下有损幕府的义理。"[1] 虽然会泽在外交论题中重新引入了天皇,但这并不影响他对日本的世界地位的看法来源于德川幕府外交和思想的事实。毕竟,会泽的关注点并非挑战幕府的外交垄断权,而是想借助将军的权威来支持这一权力。

如果说会泽是借助德川外交以及从外交实践中诞生的语言来支持幕府及其外交大权,那么可以说,在1859年的安政大狱中被处刑的革命知识分子吉田松阴(Yoshida Shoin)的情况则完全相反。他在19世纪50年代用同样的外交语言对幕府进行了批判。吉田松阴对幕府外交政策的彻底批判主要基于近藤守重(Kondo Morishige)编纂的近世外交文书集《外蕃通书》(*Gaiban tsusho*)。松阴极端的尊皇思想和他后来的"人臣无外

---

[1] Aizawa Seishisai, *Shinron*, in *Mitogaku*, ed. Imai Usaburo, Nihon Shiso Taikei, vol. 53(Iwanami Shoten, 1973), pp. 288(Chinese text), 67(Japanese text)。原文为:"しかるに或は名義に眛く、明清を称して華夏中華となして以て国体を汚辱するもの或は時を逐ひ勢を狥ひ名を乱り義を遺れて天朝を視ること寓公のごとく上は列聖の化を傷り下は幕府の義を害するもの。"笔者对这段话的理解与哈鲁图尼安的理解十分不同(Harry D. Harootunian, "The Function of China in Tokugawa Thought," pp. 3233)。不过,笔者依然同意哈鲁图尼安所认为的,对会泽来说,日本是真正的"中华"。笔者还认为,《新论》代表了"国体"一词意思变化的转折点。笔者此处对这一词汇的英译(即"national prestige")更多地考虑它在此前日本对外关系文书中的惯用法,但实际上,笔者认为,会泽使用的这个词汇一方面确实包含了传统的意思,但另一方面也想传达出"日本独特的国家政体"的意味。或许哈鲁图尼安选择不翻译这个词的想法是明智的,但我们在此处分析的是"知识分子对于表述(至少是会泽的表述)的矛盾心态,以及表述概念词汇的范畴的扩张"。[Tetsuo Najita, "Method and Analysis in the Conceptual Portrayal of Tokugawa Intellectual History," in Najita and Irwin Scheiner, eds., *Japanese Thought in the Tokugawa Period: Methods and Metaphors* (University of Chicago Press, 1978), p. 8.]

交，古之道也"[1] 的信念使他不仅谴责足利义满对明朝的臣属，还指控幕府支配外交的行为（不论是足利幕府还是德川幕府）本来就不具有合法性。但松阴用来控告幕府的语言依旧是幕府在掌控外交的两个半世纪中所形成的外交语言。

因此，虽然对于幕府来说，它在成立初期制定的外交用语和年号表明日本脱离了以中国为中心的国际事务框架，但对于松阴来说，在写给中国的书信中不明确使用日本年号的行为与使用了中国年号一样，都是不敬之罪。松阴尤其不能接受最早的一些写给中国的外交通信将中国称为"中华"的行为，他也几乎找不到任何可以挽救德川外交的地方。松阴如是说："謹案，源家康国主自居，私交外国，其罪固伙。"[2] 唯一得到松阴肯定的德川外交是它的锁国政策："元禄中，阿兰陀检夫儿观江户，著书极称锁国之美。"松阴还好奇家康为何要致力于扩大与"诸蕃"的关系，即"家康时何待诸蕃之广也"[3]。

然而，就算幕府犯下的外交过错（不论是真的还是被想象出来的）真的能成为攻击它的把柄，对幕府的批判也只能借用幕府在外交政策的实践、方式和目的中培育出的语言词汇来进

---

[1] Yoshida Shoin, "Gaiban tsuryaku," in *Yoshida Shoin zenshu*, 10 vols. (Iwanami Shoten, 1935), 8: 221. 关于吉田松阴的生平和思想，参见 David Margary Earl, Emperor and Nationin in Japan, pp. 109-210, 以及 Thomas M. Huber, *The Revolutionary Origins of Modern Japan* (Stanford University Press, 1981), pp. 7-91. 前者简单讨论了 "Gaiban tsuryaku," pp. 168-169, 197-198。

[2] "Gaiban tsuryaku," 8: 226.

[3] "Gaiban tsuryaku," 1: 226.

行。佩里来航后的外交争论不仅是由近世日本在几十年里相对孤立于欧洲"主流"国际事务所引发的结果，还是两个半世纪以来德川幕府对外关系性质、活动和实践的产物。因此，为了应对 19 世纪 50 年代西方冲击的挑战，幕府下令让大学头林辉编纂德川幕府的外交先例，这甚至发生在佩里来航以前。这部根据幕府和诸藩所藏资料编纂而成的 631 卷的外交先例集《通航一览》从真正意义上构筑了被笔者称为"德川外交"语言的官方语料库。

参考文献

Abe Yoshio 阿部吉雄. *Nihon Shushigaku to Chōsen* 日本朱子学と朝鮮. Tōkyō Daigaku Shuppankai 東京大學出版會, 1965.

Aimé-Martin, de M. L., comp. *Lettres Édifiantes et Curieuses, concernant l'Asie, l'Afrique, et l'Amérique*. 18 vols. Paris: Société du Panthéon Litteraire, 1863.

Aizawa Seishisai 会沢正志斎. *Shinron* 新論. in Imai Usaburō 今井宇三郎, et al., ed., *Mitogaku* 水戸学. Iwanami Shoten 岩波書店, 1973. (*Nihon Shisō Taikei* 日本思想大系, vol. 53).

Arai Hakuseki zenshū 新井白石全集. 6 vols. Kokusho Kankōkai 國書刊行會, 1905–1907.

Arano Yasunori 荒野泰典, "Bakuhansei kokka to gaikō-Tsushima han o sozai to shite" 幕藩制国家と外交—対馬藩を素材として, in *1978 nendo Rekishigaku Kenkyūkai Taikai hōkoku* 1978年度歴史学研究会大会報告 (*Rekishigaku kenkyū, beppen* 別編), (November 1978), pp. 95–105.

———, "Chōsen tsūshinshi no shūmatsu—Shin Ikan 'Kaiyūroku' ni yosete" 朝鮮通信使の終末—申維翰「海游録」によせて, in *Rekishi hyōron* 歴史評論, no. 355 (November 1979), pp. 63–74.

Asahi shinbun 朝日新聞, 23 November 1980.

Asami Keisai 浅見絅斎, "Chūgoku ben" 中国辨, in *Yamazaki Ansai gakuha* 山崎闇齋学派. Comp. Nishi Junzō 西順蔵, Abe Kōichi 阿部隆一, Maruyama Masao 丸山真男. *Nihon Shisō Taikei*, vol. 31. Iwanami Shoten, 1980. pp. 416–419.

Asao Naohiro 朝尾直弘. *Sakoku* 鎖国. Shōgakkan 小学館, 1975.

———, "Sakoku," in *Kōza Nihon rekishi* 講座日本歴史, 10 vols., Tōkyō Daigaku Shuppankai 東京大学出版会, 1969–1970. 4:59–94.

———, "Shogun and Tennō," in *Japan before Tokugawa*, ed. John W. Hall, et al., pp. 248–270.

———, "Shōgun kenryoku no sōshutsu" 将軍権力の創出, in *Rekishi hyōron* 歴史評論, nos. 241, 266, 293 (1970–1974).

———, "Shōgun seiji no kenryoku kōzō," 将軍政治の権力構造, in *Iwanami kōza Nihon rekishi* 岩波講座日本歴史. 26 vols., Iwanami Shoten, 1975–1977, 10:1–56.

Aston, W. G., tr. *Nihongi*. London: George Allen & Unwin, Ltd., 1956.

Atobe Kōkai 跡部光海. *Nakatsukuni no setsu* (or *Chūgoku no setsu*) 中國之說. MS copy, signed Gūji Munetsugu 宮司宗次, dated Meiwa 明和 1/8/*gejun* (1764/9/16–25). Collection, Ōsaka Furitsu Daigaku Toshokan 大阪府立大学図書館.

Banzan zenshū 蕃山全集. 6 vols., Banzan Zenshū Kankōkai 蕃山全集刊行會, 1940–1943.

Bateson, Gregory. *Steps to an Ecology of Mind*. New York: Ballantine Books, 1972.

Beasley, W. G. *The Modern History of Japan*. New York: Frederick A. Praeger, Inc., Publishers, 1963.

———. *Select Documents on Japanese Foreign Policy, 1853–1868*. New York and London: Oxford University Press, 1955.

Bitō Masahide 尾藤正英, "Sonnō jōi shisō" 尊王攘夷思想, in *Iwanami kōza Nihon rekishi*, 13 (1977), pp. 41–86.

———, "Yamaga Sokō no shisōteki tenkai" 山鹿素行の思想的転回, pt. 1, *Shisō* 思想 no. 560 (February 1971), pp. 22–37; pt. 2, *Shisō*, no. 561 (March 1971), pp. 82–97.

Blussé, Leonard, "Japanese Historiography and European Sources," in *Reappraisals in Overseas History*, ed. P. C. Emmer and H. L. Wesseling. Leyden University Press, 1979, by Martinus Nijhoff Publishers, pp. 193–221.

Bolitho, Harold. *Treasures among Men: The Fudai Daimyo in Tokugawa Japan*. New Haven: Yale University Press, 1974.

Bouwsma, William J., "From History of Ideas to History of Meaning," in *Journal of Interdisciplinary History*, XII:2 (Autumn 1981), pp. 279–291.

Boxer, C. R. *The Christian Century in Japan, 1549–1650*. Berkeley and Los Angeles: University of California Press, 1951.

———. *Jan Compagnie in Japan*. 2nd rev. ed., The Hague: Martinus Nijhoff, 1950; reprinted, Tokyo: Oxford University Press, 1968.

———, "The Rise and Fall of Nicholas Iquan," in *T'ien Hsia Monthly*, vol. XI, No. 5 (April–May, 1941), pp. 401–439.

Brunnert, H. S., and Hagelstrom, V. V. *Present Day Political Organization of China*. rev. ed., tr. A. Beltchenko and E. E. Moran. n.p.d.

Chang Ts'un-wu 張存武. *Ch'ing-Han tsung-fan mao-i 1637–1894* 清韓宗藩貿易. Taipei: Chung-ying Yen-chiu-yuan Chin-tai-shih Yen-chiu-so 中央研究院近代史研究所, 1978.

Chen, Ta-tuan, "Investiture of Liu-ch'iu Kings in the Ch'ing Period," in Fairbank, ed., *The Chinese World Order*, pp. 135–164.

Chōsen ōfuku sho 朝鮮往復書. MS, 72 volumes, 1645–1870. Sō Collection,

Keio University Library. The copy of *Honpō Chōsen ōfuku sho*, q.v., kept in the Tsushima office in Edo.

Chōsen shinshi raichō kihan kanroku 朝鮮信使来朝帰帆官録. ed., Ishizaka Kōjirō 石阪孝二郎. Kobe: Hyōgo Okagata Komonjo Kankō Iin 兵庫岡方古文書刊行委員, 1969.

Chōsen tsūkō taiki 朝鮮通交大紀. comp. Matsuura Masatada 松浦允任. MS, 10 *kan* 巻. Sō Archives, Banshōin, Izuhara, Tsushima.

Chōsen tsūkō taiki. ed. Tanaka Takeo and Tashiro Kazui. Meicho Shuppan, 1978.

Chōsenjin raihei gyōretsu tsuketari 朝鮮人來聘行列附 Woodblock printed scroll, n.d. Collection Kankoku Kenkyūin, 韓国研究院 Tokyo.

Chōsenjin raichō ni tsuki muramura atemono kakiage chō 朝鮮人來朝ニ付村々宛物書上帳. MS, 1710. Collection of the author.

Chōsenshi 朝鮮史. 36 vols. and index. Keijo: Chōsen Sōtokufu 朝鮮總督府, 1933.

Chosŏn wangjo sillok 朝鮮王朝實録. 48 vols. + index. Seoul: Kuksa P'yŏnch'an Wiwŏnhoe 國史編纂委員會, 1955-1963.

Chun, Hae-jong, "Sino-Korean Tributary Relations in the Ch'ing Period," in Fairbank, ed., *The Chinese World Order*, pp. 90-111.

Chŭngjŏng kyorinji 增正交隣志. Seoul: Asea Munhwasa 亞細亞文化社, 1974.

Cocks, Richard. *Diary Kept by the Head of the English Factory in Japan: Diary of Richard Cocks, 1615-1622*. 3 vols., published under the title *Igirisu Shōkanchō nikki, Genbun-hen* イギリス商館長日記, 原文編, in the series *Nihon kankei kaigai shiryō* 日本關係海外史料, of the Historiographical Institute, University of Tokyo. Tōkyō Daigaku Shuppankai 東京大學出版會, 1978-1980.

———. *Diary of Richard Cocks, Cape Merchant in the English Factory in Japan, 1615-1622*. 2 vols., ed. N. Murakami. Tokyo: Sankosha, 1899.

Dai Nihon kinsei shiryō, Hosokawa-ke shiryō 大日本近世史料, 細川家史料. 7 vols. to date. Tōkyō Daigaku Shuppankai, 1969-

Dai Nihon komonjo bakumatsu gaikoku kankei monjo 大日本古文書幕末外國關係文書. 44 vols. Shiryō Hensanjo 史料編纂所, 1910-

Dai Nihon komonjo iewake dai jūroku Shimazu ke monjo 大日本古文書家わけ第十六嶋津家文書. 3 vols., Tōkyō Teikoku Daigaku 東京帝國大學, 1942-1966.

Dai Nihon komonjo iewake dai ni Asano ke monjo 大日本古文書家わけ第二淺野家文書. Tōkyō Teikoku Daigaku, 1906.

Dai Nihon shiryō 大日本史料. comp., Shiryō Hensanjo. 293 vols., Shiryō Hensanjo, 1901-

Dennerline, Jerry, "Hsü Tu and the Lessons of Nanking: Political Integration and Local Defense in Chiangnan, 1634–1645," in Spence and Wills, ed. *From Ming to Ch'ing*, pp. 89–132.

Deuchler, Martina. *Confucian Gentlemen and Barbarian Envoys: The Opening of Korea, 1875–1885*. Seattle and London: The University of Washington Press, 1977.

Dokai kōshū ki 土芥冠讎記. ed. Kanai Madoka 金井圓. Jinbutsu Ōrai Sha 人物往来社, 1967.

Dolgin, Janet L., David S. Kemnitzer, and David M. Schneider, "Introduction: 'As People Express Their Lives, So They Are ...,'" in Dolgin, Kemnitzer, and Schneider, ed., *Symbolic Anthropology: A Reader in the Study of Symbolic Action*. New York: Columbia University Press, 1977.

Dulles, Allen. *The Craft of Intelligence*. New York: Harper & Row, Publishers, 1963.

Duus, Peter. *Feudalism in Japan*. New York: Alfred A. Knopf, 1969.

Earl, David Margarey. *Emperor and Nation in Japan, Political Thinkers of the Tokugawa Period*. Seattle: University of Washington Press, 1964.

Edo jidai no Chōsen tsūshinshi 江戸時代の朝鮮通信使. comp. Eizō Bunka Kyōkai 映像文化協会. Mainichi Shinbunsha 毎日新聞社, 1979.

Edo zu byōbu 江戸図屏風. ed. Suzuki Susumu 鈴木進. Heibonsha 平凡社, 1971.

Einstein, Albert. *Mein Weldbild*. Amsterdam: Auflage Erstdruck, 1934, repr. Frankfurt/M: Ullstein Materialen, 1979.

———. *The World as I See It*. New York: Covici, Friede, Publishers, 1934.

Elison, George. *Deus Destroyed, The Image of Christianity in Early Modern Japan*. Cambridge, Mass.: Harvard University Press, 1973.

Engel, Mark, "Preface," in Gregory Bateson, *Steps to an Ecology of Mind*, New York: Ballantine Books, 1972, pp. vii–viii.

Fairbank, John K., "A Preliminary Framework," in Fairbank, ed., *The Chinese World Order*, pp. 1–19.

———, ed. *The Chinese World Order*. Cambridge, Mass.: Harvard University Press, 1968.

Fang, Chao-ying "A Technique for Estimating the Numerical Strength of the Early Manchu Forces," in *Harvard Journal of Asiatic Studies*, vol. XIII (June 1950), pp. 192–215.

Farmer, Edward L. *Early Ming Government: The Evolution of Dual Capitals*. Cambridge, Massachusetts: Harvard University Press, 1976.

Findley, Carter V., "The Foundations of the Ottoman Foreign Ministry: The Beginnings of Bureaucratic Reform under Selîm III and

Maḥmud II," in *International Journal of Middle Eastern Studies*, vol. 3, no. 4 (October 1972), pp. 388-416.
Fujiki Hisashi, "The Political Posture of Öda Nobunaga," in *Japan before Tokugawa*, ed., John W. Hall, et. al., pp. 149-193.
Fujino Tamotsu 藤野保. *Bakusei to hansei* 幕政と藩政. Yoshikawa Kōbunkan 吉川弘文館, 1979.
―――. *Kaitei zōho bakuhan taiseishi no kenkyū* 改訂増補幕藩体制史の研究. Yoshikawa Kōbunkan, 1976.
Fujiwara Seika shū 藤原惺窩集. 2 vols. Kokumin Seishin Bunka Kenkyūjo 國民精神文化研究所, 1938-1939.
Fushiminomiya Sadafusa Shinnō 伏見宮貞成親王. *Kanmon gyoki* 看聞御記. in *Zoku gunsho ruijū hoi* 續群書類從補遺, vol. 2, parts 1, 2. rev. ed. Zoku Gunsho Ruijū Kanseikai 續群書類從完成會, 1958-1959.
Goffman, Erving. *Interaction Ritual: Essays in Face-to-Face Behavior*. Chicago: Aldine Publishing Company, 1967.
Goodrich, L. Carrington, ed., and Ryusaku Tsunoda. tr. *Japan in the Chinese Dynastic Histories, Later Han through Ming*. Pasadena: Perkins Oriental Books, 1968.
Goody, Jack, "Introduction," in Goody, ed., *Succession to High Office (Cambridge Papers in Social Anthropology, no. 4)*. Cambridge, England: Cambridge University Press, 1966, pp. 1-56.
Grossberg, Kenneth A., "From Feudal Chieftan to Secular Monarch: The Development of Shogunal Power in Early Muromachi Japan," in *Monumenta Nipponica*, vol. XXXI, no. 1 (Spring 1976), pp. 29-49.
Haboush, JaHyun Kim, "A Heritage of Kings: One Man's Monarchy in the Confucian World," Unpublished Ph.D. dissertation, Columbia University, 1978.
Hall, John Whitney. *Government and Local Power in Japan, 500 to 700. A Study Based on Bizen Province*. Princeton: Princeton University Press, 1966.
―――, "Hideyoshi's Domestic Policies," in *Japan before Tokugawa*, pp. 194-223.
―――, "Notes on the Early Ch'ing Copper Trade with Japan," in *Harvard Journal of Asiatic Studies*, vol. XII, nos. 3-4 (December 1949), pp. 444-461.
―――. *Tanuma Okitsugu (1719-1788): Forerunner of Modern Japan*. Cambridge, Mass.: Harvard University Press, 1955.
―――, "Tokugawa Japan: 1800-1853," in James B. Crowley, ed., *Modern East Asia: Essays in Interpretation*. New York: Harcourt, Brace & World, Inc., 1970, pp. 62-94.

———, Nagahara Keiji, and Kozo Yamamura, eds., *Japan before Tokugawa: Political Consolidation and Economic Growth, 1500 to 1650*. Princeton: Princeton University Press, 1981.

Harootunian, Harry D., "The Functions of China in Tokugawa Thought," in *The Chinese and the Japanese: Essays in Political and Cultural Interactions*, ed. Akira Iriye. Princeton: Princeton University Press, 1980, pp. 9–36.

Hayashi Akira 林煒. *Tsūkō ichiran* 通航一覧. 8 vols., Kokusho Kankōkai 國書刊行會, 1913; reprint, Osaka: Seibundō Shuppan, 清文堂出版, 1967.

Hayashi Gahō 林鵞峯. *Gahō Sensei Hayashi Gakushi bunshū* 鵞峯先生林學士文集. Contents, prefaces 1 and 2, plus 120 kan, in 51 fascicles; prefaces dated 1689.

——— and Hayashi Hōkō 林鳳岡, comp. *Ka'i hentai* 華夷變態. 3 vols., Tōyō Bunko 東洋文庫, 1958.

Hayashi Nobuatsu 林信篤. *Kan'ei shōsetsu* 寛永小説, in *Zoku shiseki shūran* 續史籍集覽. 10 vols. Kondō Shuppanbu 近藤出版部, 1930, vol. 6.

Hayashi Razan 林羅山. *Hayashi Razan bunshū* 林羅山文集. Osaka: Kōbunsha 弘文社, 1930.

Hayashi Sukekatsu 林亮勝, "Dai sandai Tokugawa Iemitsu" 第三代徳川家光, in *Tokugawa shōgun retsuden* 徳川将軍列伝. ed., Kitajima Masamoto 北島正元. Akita Shoten 秋田書店, 1974, pp. 88–127.

Henthorn, William. *A History of Korea*. New York: The Free Press, 1971.

Hibbett, Howard. *The Floating World in Japanese Fiction*. Rutland, Vermont & Tokyo, Japan: Charles E. Tuttle Company, 1975.

Hirano Kunio 平野邦雄, "Yamato ōken to Chōsen" ヤマト王権と朝鮮, in *Iwanami kōza Nihon rekishi*, vol. 1 (1975), pp. 227–272.

Hitomi Chikudō 人見竹洞. *Chikudō zenshū* 竹洞全集. 3 vols., abridged MS copy, collection Historiographical Institute, Tokyo University.

Hiyōroku, Kōtoku ben, Han hiroku 丕揚録, 公德辨, 藩秘録. ed. Kitajima Masamoto, Murakami Tadashi, Kanai Madoka 北島正元, 村上直, 金井圓. Kondō Shuppansha 近藤出版社, 1971.

"Hō Chōrō Chōsen monogatari tsuketari Yanagawa shimatsu" 方長老朝鮮物語附柳川始末, in *Shintei zōho Shiseki shūran* 新訂増補史籍集覽. 41 vols. Kyoto: Rinsen Shoten 臨川書店, 1967, vol. 28.

Hofstadter, Douglas R. *Gödel, Escher, Bach: An Eternal Golden Braid*. New York: Basic Books, 1979.

Honda Tadakatsu 本多忠勝, "Honda Heihachirō kikigaki" 本多平八郎聞書, in Naramoto Tatsuya 奈良本辰也, ed., *Kinsei seidō ron* 近世

政道論. (*Nihon shisō taikei*, v. 38). Iwanami Shoten, 1976, pp. 22-29.
Hong Ujae 洪禹載. *Tongsarok* 東槎錄, in *Kaikō sōsai*, 4:1-67.
Honjo, Eijiro. *Economic Theory and History of Japan in the Tokugawa Period*. New York: Russell & Russell, Inc., 1965.
Honpō Chōsen ōfukusho 本邦朝鮮往復書. Compiled by the resident monks of the Iteian hermitage, MS copy, 120 vols., collection Historiographical Institute, Tokyo University. Originals in Sō Collection, National History Compilation Committee, Seoul.
Hori, Kyotsu, "The Economic and Political Effects of the Mongol Wars," in John W. Hall and Jeffrey P. Mass, eds., *Medieval Japan, Essays in Institutional History*. New Haven: Yale University Press, 1974, pp. 184-198.
――――, "The Mongol Invasions and the Kamakura Bakufu." Unpublished Ph.D. dissertation, Columbia University, 1967.
Hsü, Immanuel C. Y. *The Rise of Modern China*. New York: Oxford University Press, 1970.
Huber, Thomas M. *The Revolutionary Origins of Modern Japan*. Stanford: Stanford University Press, 1981.
Hummel, Arthur W. *Eminent Chinese of the Ch'ing Period (1644-1912)*. Washington, D.C.: United States Government Printing Office, 1943; reprint, Taipei: Ch'eng Wen Publishing Company, 1975.
Hwang Ch'up'o 黃秋浦. *Tongsarok: Mallyŏk pyŏngsin chutung t'ongsinsa ilhaeng Ilbon wanghwan illok* 東槎錄萬曆丙申通信使一行日本往還日錄. MS, 1596, in Kawai Bunko 河合文庫, Kyoto University Library.
Hwang Ho 黃㦲. *Tongsarok* 東槎錄, in *Kaikō sōsai*, 3:49-115.
Hyojong taewang sillok 孝宗大王實錄. 28 *kwŏn*, in *Chosŏn wangjo sillok*, vols. 36-37.
Ikoku ōfuku shokan shū/Zōtei Ikoku nikki shō 異國往復書翰集・増訂異國日記抄. *Ikoku sōsho* 異國叢書, vol. 11. Komiyama Shoten 小宮山書店, 1966.
Im Kwang 任絖. *Pyŏngja Ilbon ilgi* 丙子日本日記, in *Kaikō sōsai*, 2:312-382.
Inaba Iwakichi 稻葉岩吉. *Shina kinseishi kōwa* 支那近世史講話. Nihon Hyōronsha 日本評論社, 1938.
――――. *Kōkaikun jidai no Mansen kankei* 光海君時代の滿鮮關係. Keijo: Ōsakayagō Shoten 大阪屋號書店, 1933.
Injo cho sillok 仁祖朝實錄. 50 *kwŏn*, in *Chosŏn wangjo sillok*, vols. 33-35.
Inobe Shigeo 井野邊茂雄. *Ishin zenshi no kenkyū* 維新前史の研究. Chūbunkan Shoten 中文館書店, 1935.

Inoue Mitsusada, "The *Ritsuryō* System in Japan," in *Acta Asiatica*, no. 31 (1977), pp. 83-112.

Irie Keishirō 入江啓四郎, "Nigen teki genshusei to Meiji ishin" 二元的元首制と明治維新, in *Nihon gaikōshi kenkyū* 日本外交史研究 (Fall 1957), pp. 22-39.

Ishihara Michihiro 石原道博, "Chōsen gawa yori mita Minmatsu no Nihon kisshi ni tsuite" 朝鮮側よりみた明末の日本乞師について, in *Chōsen gakuhō*, 4 (March 1953): 117-130.

Ishihara Michihiro 石原道博. *Minmatsu Shinsho Nihon kisshi no kenkyū* 明末清初日本乞師の研究. Fuzanbō 富山房, 1945.

Ishii Ryōsuke 石井良助, ed. *Go-tōke reijō; ritsuryō yōryaku* 御當家令條・律令要略. Sōbunsha 創文社, 1959. (*Kinsei hōsei shiryō sōsho* 近世法制史料叢書, vol. 2).

———, ed. *Tokugawa kinrei kō zenshū* 徳川禁令考前集. 6 vols. Sōbunsha, 1959.

Ishimoda Shō 石母田正, "Nihon kodai ni okeru kokusai ishiki ni tsuite: kodai kizoku no baai" 日本古代における国際意識について—古代貴族の場合, in *Shisō* 思想, no. 454 (April 1962), pp. 2-9.

Ishin shiryō kōhon 維新史料稿本. MS, Collection Historiographical Institute, Tokyo University.

Ishin Sūden 以心崇傳. *Honkō kokushi nikki* 本光國師日記. 7 vols., Zoku Gunsho Ruijū Kanseikai 続群書類従完成会, 1970.

———. *Ikoku goshuin chō* 異國御朱印帳. MS copy, collection Historiographical Institute, Tokyo University.

———. *Ikoku nikki* 異國日記. 4 vols., MS copy, collection Historiographical Institute, Tokyo University.

Itazawa Takeo 板澤武雄. *Mukashi no nanyō to Nihon* 昔の南洋と日本. Nihon Hōsō Shuppan Kyōkai 日本放送出版協會, 1940.

———. *Nihon to Oranda* 日本とオランダ. Shibundō, 1955.

———. *Oranda fūsetsugaki no kenkyū* 阿蘭陀風説書の研究. Yoshikawa Kōbunkan, 1974. (reprint of Nihon Kobunka Kenkyūsho 日本古文化研究所 ed., 1937).

Itō Tasaburō 伊東多三郎, "Edo bakufu no seiritsu to buke seijikan" 江戸幕府の成立と武家政治觀, in *Rekishigaku kenkyū* 歷史學研究, 131 (Jan. 1948): 1-10; 132 (March 1948): 29-44.

———, "Shugō mondai to shōgun ken'i" 殊号問題と将軍權威; in *Nihon rekishi* 日本歷史, 67 (December 1953): 2-13.

Iwao, Seiichi, "Li Tan 李旦, Chief of the Chinese Residents at Hirado, Japan in the Last Days of the Ming Dynasty," in *Memoirs of the Research Department of the Toyo Bunko*, no. 17, 1958. pp. 27-83.

———, "Reopening of the Diplomatic Relations Between Japan and Siam During Tokugawa Days," in *Acta Asiatica*, 4 (1963): 1-31.
——— 岩生成一. *Sakoku* 鎖国. Chūō Kōronsha 中央公論社, 1966.
———. *Shuinsen bōeki shi no kenkyū* 朱印船貿易史の研究. Kōbundō 弘文堂, 1958.
Jansen, Marius B. *Japan and Its World*. Princeton: Princeton University Press, 1980.
Japan before Tokugawa: Political Consolidation and Economic Growth, 1500 to 1650. ed. John W. Hall, et al. Princeton: Princeton University Press, 1981.
Japan in the Muromachi Age. ed. John Whitney Hall and Toyoda Takeshi. Berkeley: University of California Press, 1977.
Jinmei daijiten 人名大辞典. 10 vols. Heibonsha 平凡社, 1953-1955.
Jinnō shōtōki, Masukagami 神皇正統記, 増鏡. ed. Iwasa Tadashi 岩佐正, Tokie Akinori 時枝誠記, Kidō Saizō 木藤才藏. Iwanami Shoten, 1965. (*Nihon Koten Bungaku Taikei*. 日本古典文学大系, vol. 87).
Jippensha Ikku (text) 十返舎一九 and Kitagawa Utamaro (illustrations) 喜多川歌麿. *Chōsenjin raichō gyōretsu ki* 朝鮮人來朝行列記. Edo 江戸: Nishimuraya Genroku 西村屋源六, and Ōmachi (Tsushima) 大町(對州): Mikiya Kizaemon 三木屋喜左衛門, 1811. Photographically reproduced as front matter in *Chōsen shinshi raichō kihanroku*, q.v.
Jonas, Manfred. *Isolationism in America, 1935-1941*. Ithaca: Cornell University Press, 1966.
Jūkyūkō jitsuroku; Sōshi kafu 十九公実録宗氏家譜. ed. Suzuki Shōzō 鈴木棠三. *Tsushima sōsho* 對馬叢書, vol. 3. Murata Shoten 村田書店, 1974.
Kaempfer, Engelbert. *Geschichte und Beschreibung von Japan*. 2 vols. Stuttgart: F.A. Brockhaus, 1964.
———. *The History of Japan Together with a Description of the Kingdom of Siam, 1690-92*. tr. J. G. Scheuchzer. 3 vols. Glasgow: James MacLehose and Sons, 1906.
———. *Kenperu Edo sanpu kikō* ケンペル江戸参府紀行. tr. from Kaempfer, *Geshcichte und Beschreibung von Japan*, by Kure Shūzō 呉秀三. 2 vols. *Ikoku sōsho* 異國叢書, vols. 7, 8. Yūshōdō 雄松堂, 1928, 1929; reprint, 1966.
Kagoshima kenshi 鹿児島縣史. 5 vols. Kagoshima: Kagoshima Ken, 1940-1943.
Kagoshima kenshiryō Kyūki zatsuroku tsuiki 鹿児島縣史料旧記雑録追記. Comp., Kagoshima Ken Ishin Shiryō Hensanjo 鹿児県維新史料編纂所. Kagoshima: Kagoshima Ken, 1971.

Kaikō sōsai 海行惣載. 4 vols. Keijo: Chōsen Kosho Kankōkai 朝鮮古書刊行會, 1914.

Kanda Nobuo 神田信夫. *Heizei Ō Go Sankei no kenkyū* 平西王吳三桂の研究. Meiji Daigaku 明治大学, 1952.

―――, "Sanpan no ran to Chōsen" 三藩の亂と朝鮮, in *Shundai shigaku* 駿臺史學, 1 (March 1951): 60-75.

Kan'ei jūsan heishi nen Chōsen shinshi kiroku 寛永十三丙子年朝鮮信使記録. 3 vols. MS copy, collection Historiographical Institute, Tokyo University.

"Kan'ei 6 nen 'go-jōkyō no toki mainikki'" 寛永6年「御上京の時毎日記」, ed. Tashiro Kazui 田代和生, in *Chōsen gakuhō* 朝鮮学報, 95 (April 1980), pp. 73-116.

Kan'ei Shōhō no tabi Yaso shūmon go-genkin ni tsuki Chōsen-koku go-ōfuku go-shokan utsushi. 寛永正保之度邪蘇宗門御嚴禁ニ付朝鮮國御往復書翰寫. Sō Collection, Historiographical Institute, Tokyo University.

Kanezashi Shōzō 金指正三. *Kinsei kainan kyūjo seido no kenkyū* 近世海難救助制度の研究. Yoshikawa Kōbunkan, 1968.

Kang Chae'ŏn 姜在彦. *Chōsen kindai shi kenkyū* 朝鮮近代史研究. Nihon Hyōron Sha 日本評論社, 1970.

―――. *Kindai Chōsen no henkaku shisō* 近代朝鮮の変革思想. Nihon Hyōron Sha, 1973.

Kang Hongjung 姜弘重. *Tongsarok* 東槎録, in *Kaikō sōsai*, 2:205-311.

Kanō Eikei 狩野永敬. *Chōsenjin gyōretsu zu* 朝鮮人行列圖. Spencer Collection, New York Public Library.

Kansei chōshū shokafu 寛政重修諸家譜. 22 vols. and 4 index vols. Zoku Gunsho Ruijū Kanseikai 続群書類従完成会, 1964-1968.

Kanshu nikki 館守日記, or *Mainikki* 毎日記. (logbooks of the overseers of the Tsushima trading factory in Pusan). MS, 860 vols. 1687-1870. Sō Collection, National Diet Library, Tokyo.

Kansō dokugen 閑窓獨言. Variously attributed to Suyama Totsuan 陶山訥庵, Nakagawa Nobuyoshi 中川延良, and Kotō Bun'an 古藤文庵. *Tsushima Sōsho*, vol. 6. Murata Shoten, 1979.

Katagiri Kazuo 片桐一男. "Sakoku jidai ni motarasareta kaigai jōhō" 鎖国時代にもたらされた海外情報, in *Nihon rekishi*, 249 (February 1969): 83-98.

Katō Hidetoshi, "The Significance of the Period of National Seclusion Reconsidered," in *Journal of Japanese Studies*, vol. 7, no. 1 (Winter 1981), pp. 85-109.

Katsumata Shizuo, "The Development of Sengoku Law," in *Japan before Tokugawa*, ed. John W. Hall, et al., pp. 101-124.

Kawashima Masao 川嶋将生, "Sakokugo no shuinsen bōeki-ka" 鎖国後の朱印船貿易家, in *Kyōto Shishi Hensansho tsūshin* 京都市史編さん所通信, no. 143 (April 1981), pp. 1-2.

Keene, Donald. *The Battles of Coxinga*. London: Taylor's Foreign Press, 1951.

―――. *The Japanese Discovery of Europe, 1720-1830*. Revised edition. Stanford: Stanford University Press, 1969.

Kerr, George H. *Okinawa, the History of an Island People*. Tokyo: Charles E. Tuttle Company, 1958.

Kessler, Lawrence D. *K'ang-hsi and the Consolidation of Ch'ing Rule, 1661-1684*. Chicago: University of Chicago Press, 1976.

Kim, Key-Hiuk. *The Last Phase of the East Asian World Order: Korea, Japan, and the Chinese Empire, 1860-1882*. Berkeley: University of California Press, 1980.

Kim Seryŏn 金世濂. *Sasangnok* 槎上録, in *Kaikō sōsai*, 2:383-494.

Kimiya Yasuhiko 木宮泰彦. *Nisshi kōtsūshi* 日支交通史. 2 vols., Kinshi Hōryūdō 金刺芳流堂, 1926-1928.

Kitajima Masamoto 北島正元. *Edo bakufu no kenryoku kōzō* 江戸幕府の権力構造. Iwanami Shoten, 1964.

Kobayashi Shigeru 小林茂, "Tokugawa jidai ni okeru Chōsen tsūshinshi no sukegō mondai—Yodo han o chūshin to shite" 徳川時代における朝鮮通信使の助郷問題―淀藩を中心として in *Chōsen gakuhō* 朝鮮学報, 43 (1967): 49-82.

Kōbe Shiritsu Nanban Bijutsukan zuroku 神戸市立南蛮美術館図録. ed., Kōbe Shiritsu Nanban Bijutsukan Zuroku Hensan Iinkai 編纂委員会. 5 vols. Kobe: Kōbe Shiritsu Nanban Bijutsukan, 1968-1972.

Kobori Keiichi 小堀桂一. *Sakoku no shisō* 鎖国の思想. Chūō Kōron Sha, 1974.

Kōda Shigetomo chosakushū 幸田成友著作集. 7 vols. + index. Chūō Kōron Sha, 1971-1974.

Koji ruien 古事類苑. 56 vols., Yoshikawa Kōbunkan, 1969.

Kokusho sōmokuroku 国書総目録. 8 vols. + index, Iwanami Shoten, 1963-76.

Kondō Morishige 近藤守重. *Gaiban tsūsho* 外藩通書, in *Kondō Seisai zenshū*, 近藤正齋全集, 3 vols. Kokusho Kankōkai 國書刊行會, 1906. vol. 3, separate pagination. Also in *Kaitei shiseki shūran* 改訂史籍集覧, 33 vols., Sumiya Shobō すみや書房, 1968, 21:191-454.

Konishi Shiro 小西四郎. *Kaikoku to jōi* 開国と攘夷. Chūō Kōron Sha, 1966.

Korr, Charles P. *Cromwell and the New Model Foreign Policy*. Berkeley: University of California Press, 1975.

Kosa ch'waryo 攷事撮要. comp. Ŏ Sukkwŏn 魚叔權. Keijo: Keijō Teikoku Daigaku Hōbungakka 京城帝國大學法文學科, 1941. (Keishōkaku sōsho [Kyujanggak ch'ongsŏ], 奎章閣叢書, vol. 7).

Koun zuihitsu 江雲隨筆. MS copy, coll. Historiographical Institute, Tokyo University. Original in coll. Kenninji 建仁寺 Temple, Kyoto. Copy dated 1887.

"Kuji taiketsu goza-kubari ezu" 公事對決御座配繪圖. MS, 1635, Sō Collection, Historiographical Institute, Tokyo University.

Kujō Michifusa 九條道房. *Michifusa kō ki* 道房公記. 10 vols., MS copy, collection Historiographical Institute, Tokyo University.

Kumazawa Banzan 熊澤蕃山. Gotō Yōichi 後藤陽一 and Tomoeda Ryūtarō 友枝龍太郎, eds. Iwanami Shoten, 1971. (*Nihon Shisō Taikei*, vol. 30).

Kurita Motoji 栗田元次. *Edo jidaishi jō* 江戶時代史上. Naigai Shoseki 内外書籍, 1928.

Kwanghaegun ilgi. 光海君日記. 185 kwŏn 卷. In *Chosŏn wangjo sillok*, vols. 26–33. Includes both the T'aebaeksan 太白山, and the Chŏngjoksan 鼎足山 manuscripts.

Kyemi tongsa ilgi 癸未東槎日記. (anon.), in *Kaikō sōsai*, 3:194–249.

Kyokuba jōran no oboegaki 曲馬上覽之覺書. MS, 1682. Sō Collection, Keio University Library.

Kyŏng Sŏm 慶暹. *Kyŏng ch'ilsŏng haesarok* 慶七星海槎錄, in *Kaikō sōsai*, 2:1–71.

Kyŏngguk taejŏn 經國大典. Gakushūin Tōyō Bunka Kenkyūsho 学習院東洋文化研究所, 1974.

Leach, Edmund, "Ritual," in *International Encyclopedia of the Social Sciences*. New York: The Free Press, 1968. vol. 13, pp. 520–526.

Lebensztejn, Jean-Claude, "57 Steps to Hyena Stomp," in *Art News*, vol. 71, no. 5 (September 1972), pp. 60–75.

Ledyard, Gari. *The Dutch Come to Korea*. Seoul: Royal Asiatic Society, Korea Branch, 1971.

———, "Galloping Along with the Horseriders: Looking for the Founders of Japan," in *Journal of Japanese Studies*, vol. 1, no. 2 (Spring 1975), pp. 217–254.

Legge, James, tr. *Confucius: Confucian Analects, The Great Learning & The Doctrine of the Mean*. Oxford: The Clarendon Press, 1893 (Dover Press reprint, 1971).

Lewis, Andrew W., "Anticipatory Association of the Heir in Early

Capetian France," in *American Historical Review*, vol. 83, no. 4 (October 1978), pp. 906–927.

Liang Ch'i-Ch'ao 梁啓超. *Yin-ping-shih ch'üan-chi* 飲冰室全集. Taipei: Wen-Hua T'u-shu Kung-szu 文化圖書公司, 1968.

Mainikki (Edo) 毎日記. (Daily logbooks of the Tsushima domain residence in Edo; volume titles vary, e.g., *Nichinichiki* 日日記, *Hinamiki* 日並記, etc. Grouped together here for convenience as *Mainikki*.) 1077 MS volumes. Sō Collection, Historiographical Institute, Tokyo University.

Mainikki (Izuhara) 毎日記(嚴原). (Daily logbooks of the *Omoteshosatsukata* 表書札方 in the Tsushima domain headquarters in Izuhara. Titles vary from volume to volume, and are grouped here for convenience under *Mainikki* (Izuhara). MS, 2053 volumes. Sō Collection, Banshoin Temple, Izuhara, Tsushima.

Mainikki issatsu Edo go-rōjū narabini katagata e tsukawasu gojō hikae issatsu nisatsu gatchō 毎日記一冊江戸御老中并ニ方々に遣ス御状控一冊二冊合帳. MS, 1646. Sō Archives, Banshōin Temple, Izuhara, Tsushima.

Mancall, Mark, "The Ch'ing Tribute System: An Interpretive Essay," in Fairbank, ed., *The Chinese World Order*, pp. 63–89.

Manzai 滿濟. *Manzai Jugō nikki* 滿濟准后日記. 2 vols. *Zoku gunsho ruijū hoi* 續群書類從補遺, vol. 1, parts 1, 2. Zoku Gunsho Ruijū Kanseikai 完成会, 1958.

Maruyama Masao 丸山眞男, "Kindai Nihon shisōshi ni okeru kokka risei no mondai (1)" 近代日本思想史における國家理性の問題," in *Tenbō* 展望. (January 1949): 4–15.

Masui Tsuneo 増井経夫. *Shin teikoku* 清帝国. Kōdansha 講談社, 1974.

Matsuda Kinoe 松田甲, "Richō Jinso yori kizō seru Nikkō Tōshōgū no hengaku to kane, tsuketari, Daiyūbyō no Chōsen tōrō" 李朝仁祖より寄贈せる日光東照宮の扁額と鐘附大猷廟の朝鮮燈籠 in *Nissen shiwa* 日鮮史話, 2 (1926): 48–77.

Matsuda, Mitsugu, "The Ryukyuan Government Scholarship Students to China, 1392–1868, based on a short essay by Nakahara Zenchu, 1962," in *Monumenta Nipponica*, 21.3–4 (1966): 273–304.

———, "The Government of the Kingdom of Ryukyu, 1609–1872." Unpublished Ph.D. dissertation, University of Hawaii, 1967.

Matsudaira Sadanobu 松平定信. *Uge no hitokoto*, *Shugyōroku* 宇下の人言, 修行録. Iwanami Shoten, 1942.

Matsudaira Tarō 松平太郎. *Edo jidai seido no kenkyū (1)* 江戸時代制度の研究上巻. Buke Seido Kenkyūkai 武家制度研究會, 1919.

Matsumoto Sannosuke 松本三之介, "Kinsei ni okeru rekishi jojutsu to sono shisō" 近世における歴史叙述とその思想, in Matsumoto Sannosuke and Ogura Yoshihiko 小倉芳彦, ed., *Kinsei shiron shū* 近世史論集. Iwanami Shoten, 1974, pp. 578-615. (*Nihon Shisō Taikei*, vol. 48)

Matsushita Kenrin 松下見林 comp. *Ishō Nihon den* 異稱日本傳. In *Kaitei shiseki shūran*. vol. 20. Sumiya Shobō, 1968.

Matsuura Akira 松浦章, "Kōshū shikizō U-rin-tatsu Bo-ji-shin no Nagasaki raikō to sono shokumei ni tsuite—Kōki jidai no Nisshin kōshō no ichi sokumen" 杭州織造烏林達莫爾森の長崎来航とその職名について―康熙時代の日清交渉の一側面, in *Tōhōgaku* 東方學, no. 55 (January 1978), pp. 62-75.

Mattingly, Garrett. *Renaissance Diplomacy*. Sentry Edition. Boston: Houghton-Mifflin Company, 1971.

McClain, James L., "Castle Towns and Daimyo Authority: Kanazawa in the Years 1583-1630," in *Journal of Japanese Studies*, vol. 6, no. 2 (Summer 1980), pp. 267-299.

McCune, George McAfee, "Korean Relations with China and Japan, 1800-1864," Unpublished Ph.D. dissertation, University of California, Berkeley, 1941.

———, and E. O. Reischauer, "The Romanization of the Korean Language, Based on its Phonetic Structure," in *Transactions of the Korea Branch of the Royal Asiatic Society*, vol. XXXIX (1939).

McMullen, Ian James, "Kumazawa Banzan and 'Jitsugaku': Toward Pragmatic Action," in *Principle and Practicality: Essays in Neo-Confucianism and Practical Learning*, ed. Wm. Theodore de Bary and Irene Bloom. New York: Columbia University Press, 1979, pp. 337-374.

———, "Non-Agnatic Adoption: A Confucian Controversy in Seventeenth- and Eighteenth-Century Japan," in *Harvard Journal of Asiatic Studies*, vol. 35 (1975), pp. 133-189.

McMorran, Ian, "The Patriot and the Partisans: Wang Fu-chih's Involvement in the Politics of the Yung-li Court," in Spence and Wills, ed., *From Ming to Ch'ing: Conquest, Region, and Continuity in Seventeenth-Century China*, pp. 133-166.

Medieval Japan: Essays in Institutional History. ed. John W. Hall and Jeffrey P. Mass. New Haven: Yale University Press, 1974.

Meng, S. M. *The Tsungli Yamen: Its Organization and Functions*. Cambridge, Massachusetts: The East Asian Research Center, Harvard University, distr. by Harvard University Press, 1962.

Miki Seiichirō 三鬼清一郎, "Chōsen eki ni okeru kokusai jōken ni tsuite"

朝鮮役における国際条件について, in *Nagoya Daigaku Bungakubu kenkyū kiyō* 名古屋大学文学部研究紀要, 62 (1974): 1-16.

Minamoto Ryōen 源了円. *Tokugawa shisō shōshi* 徳川思想小史. Chūō Kōron Sha, 1973.

Ming-shih 明史. 6 vols. Taipei: Kuo-fang Yen-chiu Yuan 國防研究院, 1962.

Mitogaku 水戸学. Ed., Imai Usaburō 今井宇三郎, et al. Iwanami Shoten, 1973. (*Nihon Shisō Taikei*, vol. 53).

Miyake Hidetoshi 三宅英利, "Genna Chōsen shinshi raihei riyū e no gimon" 元和朝鮮信使来聘理由への疑問, in *Kyūshū shigaku* 九州史学, 52 (1973): 31-42.

———, "Kan'ei jūsannen Chōsen shinshi kō" 寛永十三年朝鮮信使考, in *Kitakyūshū Daigaku Bungakubu kiyō* 北九州大学文学部紀要, 6 (1970): 1-20.

———, "Kan'ei shokai no Chōsen shinshi," 寛永初回の朝鮮信使, *Kyūshū shigaku* 九州史学, 53-54 (1974): 63-78.

———, "Rishi Kōsō-chō Nihon tsūshinshi kō" 李氏孝宗朝日本通信使考, in *Kitakyūshū Daigaku Bungakubu kiyō B keiretsu* 北九州大学文学部紀要B系列, 3.1 (1969): 1-32.

———, "Sakoku chokugo no Chōsen tsūshinshi" 鎖国直後の朝鮮通信使, in *Kitakyūshū Daigaku Bungakubu kiyō* 北九州大学文学部紀要, 5.1-2 (1961): 23-52.

———, "Tenna Chōsen shinshi kō" 天和朝鮮信使考, in *Shigaku ronshū—taigai kankei to seiji bunka* 史学論集対外関係と政治文化. 2 vols. Yoshikawa Kōbunkan, 1974. 1:163-192.

———, "Tokugawa seiken shokai no Chōsen shinshi" 徳川政権初回の朝鮮信使, in *Chōsen gakuhō* 朝鮮学報, 82 (January 1977): 101-132.

Miyata Toshihiko 宮田俊彦, "Kinsei shoki no Ryūmin bōeki" 近世初期の琉明貿易, in *Nihon rekishi* 日本歴史, no. 340 (September 1976): 1-19.

Morgenthau, Hans J. *Politics among Nations*. (third edition) New York: Alfred A. Knopf, Inc., 1960.

Morohashi Tetsuji 諸橋轍次, comp. *Daikanwa jiten* 大漢和辞典. 13 vols., Taishūkan 大衆館, 1955-1960.

Murai Masuo 村井益男, "Edo zu byōbu no rekishiteki haikei" 江戸図屏風の歴史的背景, in *Edo zu byōbu*, q.v., pp. 22-46.

Murakami Naojirō 村上直次郎, tr. *Dejima Rankan nisshi* 出島蘭館日志. 3 vols., Bunmei Kyōkai 文明協會, 1938-1939.

———, ed. *Ikoku ōfuku shokan shū/Zōtei Ikaku nikki shō* 異国往復

書翰集・増訂異国日記抄. Yūshōdō Shoten 雄松堂書店, 1966. (*Ikoku sōsho* 異国叢書, vol. 11).

———, tr. *Nagasaki Oranda Shōkan no nikki* 長崎オランダ商館の日記. 3 vols. Iwanami Shoten, 1956–1958.

Nagasaki kenshi, hansei hen 長崎県史藩政編. Yoshikawa Kōbunkan, 1973.

Nagazumi Yōko 永積洋子, tr. *Hirado Oranda shōkan no nikki* 平戸オランダ商館の日記. 4 vols. Iwanami Shoten, 1969–1970.

———, "Japan's Isolationist Policy as Seen through Dutch Source Materials," *Acta Asiatica*, 22 (1972), pp. 18–35.

———, "Orandajin no hogosha to shite no Inoue Chikugo no kami Masashige" オランダ人の保護者としての井上筑後守政重, in *Nihon rekishi*, no. 327 (1975): 1–17.

Nagura Tetsuzō 奈倉哲三, "Hideyoshi no Chōsen shinryaku to 'shinkoku'" 秀吉の朝鮮侵略と「神国」, in *Rekishi hyōron* 歴史評論, no. 314 (June 1976), pp. 29–35.

Naitō Shunpo 内藤雋輔. *Bunroku Keichō no eki ni okeru hiryonin no kenkyū* 文禄慶長の役における被擄人の研究. Tōkyō Daigaku Shuppankai, 1976.

Najita, Tetsuo, "Method and Analysis in the Conceptual Portrayal of Tokugawa Intellectual History," in Najita and Irwin Scheiner, eds., *Japanese Thought in the Tokugawa Period*. University of Chicago Press, 1978. pp. 3–38.

Nakada Yasunao 中田易直, "Shuin seido sōsetsu ni kansuru shomondai" 朱印制度創設に関する諸問題, in *Chūō Daigaku Bungakubu kiyō* 中央大学文学部紀要, no. 55 (1969): 1–42; no. 61 (1971): 18–62.

Nakai Chikuzan to sōbō kigen 中井竹山と草茅危言. Taishō Yōkō 大正洋行, 1943.

Nakai, Kate Wildman. *Arai Hakuseki and Confucian Governance in Tokugawa Japan*. Forthcoming. Harvard University Press.

———, "The Naturalization of Confucianism in Tokugawa Japan: The Problem of Sinocentrism," in *Harvard Journal of Asiatic Studies*, 40, 1 (June 1980), pp. 157–199.

Nakamura Hidetaka 中村栄孝, "Kiyū yakujō saikō" 己酉約条再考, in *Chōsen gakuhō*, 101 (October 1981): 39–50.

———, "Nikkōzan Tokugawa Ieyasu byōshadō hengaku no mohon ni tuite" 日光山徳川家康廟社堂扁額の模本について, in *Chōsen gakuhō* 朝鮮学報, 49 (1968): 241–257.

———. *Nissen kankei shi no kenkyū* 日鮮関係史の研究. 3 vols. Yoshikawa Kōbunkan, 1965–1969.

Nakamura Kōya 中村孝也. *Edo bakufu sakoku shiron* 江戸幕府鎖國史論. Hōkōkai 奉公會, 1914.

―――, comp., *Tokugawa Ieyasu monjo no kenkyū* 徳川家康文書の研究. 4 vols. Gakujutsu Shinkōkai 学術振興会, 1958–1961.

Nakamura (Nakayama) Kyūshirō 中村(中山)久四郎, "Minmatsu no Nihon kisshi oyobi kisshi" 明末の日本乞師及び乞資, in *Shigaku zasshi* 史學雜誌, 26.5–6 (1915).

Nakamura Tadashi 中村質, "Shimabara no ran to sakoku" 島原の乱と鎖国, in *Iwanami kōza Nihon rekishi* 岩波講座日本歴史, 26 vols., Iwanami Shoten, 1975–1977, 9:227–262.

Nam Kon'gok 南壺谷. *Pusangnok* 扶桑録. in *Kaikō sōsai*, vol. 3, pp. 250–413.

Nihon shoki 日本書紀. ed. Sakamoto Tarō 坂本太郎, Ienaga Saburō 家永三郎, Inoue Mitsusada 井上光貞, Ōno Susumu 大野晋. 2 vols. Iwanami Shoten, 1965–1967. (*Nihon Koten Bungaku Taikei*, vols. 67, 68).

Nikki 日記. MS. Daily logbooks of Edo Castle; titles vary, also known as *Onikki* 御日記, *Ryūei hinamiki* 柳營日並記, etc. Collection Naikaku Bunko 内閣文庫, Tokyo.

Nikkan shokei 日韓書契. comp. Ungai Dōtai 雲涯道岱. 8 vols., MS copy, pref. dated 1726, collection Historiographical Institute, Tokyo University.

Notehelfer, Fred G., "Notes on Kyōhō Smuggling," in *Princeton Papers in East Asian Studies, I. Japan* no. 1 (August 1972), pp. 1–32.

Ŏ Sukkwŏn 魚叔權, comp., *Kosa ch'waryo* 攷事撮要. Keijo: Keijō Teikoku Daigaku Hōbungakubu 京城帝國大學法文學部, 1941.

O Yun'gyŏm 呉允謙. *Tongsasang illok* 東槎上日録, in *Kaikō sōsai*, 2:78–110.

Ofuregaki Kanpō shūsei 御觸書寛保集成. Iwanami Shoten, 1934.

Ogyū Sorai 荻生徂徠. *Ryūkyū heishi ki* 琉球聘使記. MS copy in Nanki Bunko 南葵文庫, Tokyo University Library.

Ogyū Sorai 荻生徂徠. ed., Yoshikawa Kōjirō 吉川幸次郎, Maruyama Masao 丸山真男, Nishida Tai ichirō 西田太一郎, Tsuji Tatsuya 辻達也. *Nihon Shisō Taikei*, vol. 36. Iwanami Shoten, 1973.

Ojima Sukema 小島祐馬. *Chūgoku no kakumei shisō* 中国の革命思想. Chikuma Shobō 築摩書房, 1967.

Okada Nobuko 岡田信子, "Kinsei ikoku hyōchakusen ni tsuite―toku ni Tō Chōsen sen no shogū" 近世異国漂着船について特に唐朝鮮船の処遇, *Hōsei shigaku* 法政史学, 26 (March 1974): 39–49.

Ōkubo Toshikane 大久保利謙, et. al., ed. *Shiryō ni yoru Nihon no ayumi, kinsei hen* 史料による日本の歩み、近世編. Yoshikawa Kōbunkan, 1955.

Ooms, Herman. *Charismatic Bureaucrat: A Political Biography of Matsudaira Sadanobu, 1758–1829.* Chicago: University of Chicago Press, 1975.

Osa Masanori 長止統, "Keitetsu Genso ni tsuite—ichi gaikō sō no shutsuji to hōkei" 景徹玄蘇について——外交僧の出自と法系, in *Chōsen gakuhō*, 29 (1963): 135–147.

———, "Nissen kankei ni okeru kiroku no jidai" 日鮮関係における記録の時代, in *Tōyō gakuhō*, 50.4 (March 1968): 70–124.

Ōshima Nobujirō 大島延次郎, "Ryūkyū shisetsu no Edo sanrei," 琉球使節の江戸參禮, in *Rekishi chiri* 歷史地理, 61.3 (March 1933): 48–56; 61.4 (April 1933): 35–42.

Ostrower, Alexander. *Language, Law, and Diplomacy: A Study of Linguistic Diversity in Official International Relations and International Law.* 2 vols. University of Pennsylvania Press, 1965.

Ōtaki Haruko 大瀧晴子, "Nikkō to Chōsen tsūshinshi" 日光と朝鮮通信使, in *Edo jidai no Chōsen tsūshinshi*, q.v., pp. 155–182.

Ou-yang Hsiu 歐陽修. *Ou-yang Wen-chung-kung chi* 歐陽文忠公集. (Ssu-pu ts'ung-k'an 四部叢刊 ed.). Shanghai, 1920.

Pak Ch'ungsŏk 朴忠錫, "Richō kōki ni okeru seiji shisō no tenkai—toku ni kinsei jitsugakuha no shi'i hōhō o chūshin ni" 李朝後期における政治思想の展開—特に近世実学派の思惟方法を中心に, in *Kokka Gakkai zasshi* 国家学会雑誌, vol. 88, nos. 9–10 (September 1975), pp. 1–49; 88.11–12 (November 1975): 1–65; 89.1–2 (January 1976): 1–55.

Palais, James B., "Korea on the Eve of the Kanghwa Treaty, 1873–1876." Unpublished Ph.D. dissertation, Harvard University, 1967.

———. *Politics and Policy in Traditional Korea.* Cambridge, Massachusetts: Harvard University Press, 1975.

Pibyŏnsa tŭngnok 備邊司謄錄, 28 vols. Seoul: National History Compilation Committee, 1959–1960.

Pirsig, Robert M. *Zen and the Art of Motorcycle Maintenance, An Inquiry into Values.* New York: William Morrow, 1974; repr. Bantam Books, 1975.

Pyŏllye chibyo 邊例集要. 2 vols. Seoul: Tamgudang 探求堂, 1973.

Rakuchū rakugai zu 洛中洛外図. ed. Kyōto Kokuritsu Hakubutsukan 京都国立博物館. Kadokawa Shoten 角川書店, 1966.

Ri Jinhi (Yi Chinhŭi) 李進熙. *Richō no tsūshinshi* 李朝の通信使. Kōdansha 講談社, 1976.

Ritsuryō 律令. ed. Inoue Mitusada 井上光貞, *et al.* Iwanami Shoten, 1976. (*Nihon shisō taikei* 日本思想大系, vol. 3).

Roosen, William, "Early Modern Diplomatic Ceremonial: A Systems Approach," in *Journal of Modern History*, vol. 52, no. 3 (September 1980), pp. 452–476.

———. *The Age of Louis XIV: The Rise of Modern Diplomacy*. Cambridge, Massachussetts: Schenkman Publishing Company, 1976.

Rosen, Stephen Peter, "Alexander Hamilton and the Domestic Uses of International Law," in *Diplomatic History*, vol. 5, no. 3 (Summer 1981), pp. 183–202.

Ryūkyūjin gyōretsu ki 琉球人行列記. Fushimi: Tanbaya Shinzaemon 丹波屋新左衞門, *et al.*, 1832.

Sakai, Robert K., "The Ryukyu (Liu-ch'iu) Islands as a Fief of Satsuma," in John K. Fairbank, ed., *The Chinese World Order*, pp. 112–134.

———, "The Satsuma-Ryukyu Trade and the Tokugawa Seclusion Policy," in *Journal of Asian Studies*, vol. 23, no. 3 (May 1964), pp. 391–403.

Sakamaki, Shunzo, ed. *Ryukyuan Names: Monographs on and Lists of Personal and Place Names in the Ryukyus*. Honolulu: East-West Center Press, 1964.

———. *Ryukyu: A Bibliographic Guide to Okinawan Studies*. Honolulu: University of Hawaii Press, 1963.

Sakihara, Mitsugu, "The Significance of Ryukyu in Satsuma Finances during the Tokugawa Period." Unpublished Ph.D. dissertation, University of Hawaii, 1971.

San-kuo-chih 三國志. Ch'en Shou 陳壽, ed., 5 vols. Peking: Chung-hua Shu-chü 中華書局, 1971.

Sansom, G. B. *The Western World and Japan, A Study of European and Asiatic Culture*. New York: Alfred A. Knopf, 1950.

Sasaki Junnosuke 佐々木潤之介, "Sakoku to Sakokusei" 鎖国と鎖国制, in *Rekishi kōron* 歴史公論 (Spring 1976), pp. 34–44.

Sasama Yoshihiko 笹間良彦. *Edo bakufu yakushoku shūsei (zōho ban)* 江戸幕府役職集成（増補版）. Yūzankaku 雄山閣, 1974.

Satō Shin'ichi 佐藤進一, "Muromachi bakufu ron" 室町幕府論, in *Iwanami kōza Nihon rekishi* 岩波講座日本歴史. 23 vols. Iwanami Shoten, 1962–1964, 7:1–48.

Satow, Sir Ernest. *A Guide to Diplomatic Practice*. 2 vols. London: Longmans, Green and Co., 1917.

Schwartz, Benjamin I., "The Chinese Perception of World Order, Past and

Present," in John K. Fairbank, ed., *The Chinese World Order*, pp. 276–288.

Sejong taewang sillok 世宗大王實錄. 163 *kwŏn*, in *Chosŏn wangjo sillok*, vols. 2–5.

Seno Bayū, 瀬野馬熊, "Seitō kigai jōyaku ni tsuite" 正統癸亥條約に就いて, in *Shigaku zasshi* 史學雜誌, vol. 26, no. 9 (September 1915): 103–123.

Shigeno Yasutsugu 重野安繹, Kume Kunitake 久米邦武, and Hoshino Hisashi 星野恒. *Kōhon kokushigan* 稿本國史眼. Shigakkai 史學會, 1980, rev. ed., 1908.

Shimazu kokushi 島津國史. comp. Yamamoto Masayoshi 山本正誼. prefaces and 25 *satsu* 冊. 1800. MS copy, collection Historiographical Institute, Tokyo University.

Shimizu Hirokazu 清水紘一, "Nagasaki bugyō ichiranhyō no saikentō" 長崎奉行一覧表の再検討, in [*Kyōto Gaikokugo Daigaku*] *Kenkyū ronsō* [京都外国語大学] 研究論叢, 15 (1974): 1–24.

"Shin Ise monogatari" 新伊勢物語, in *Kyū bakufu* 舊幕府, 4.6, 7 (1900).

Shinpojiumu Nihon rekishi 11 bakuhan taisei ron シンポジウム日本歴史 11 幕藩体制論. Gakuseisha 学生社, 1974.

Shinshi kiroku 信使記錄. MS, 425 vols. Sō Collection, Keio University Library.

Shintei zōho Sansei sōran 新訂増補三正綜覧. Kamakura: Geirinsha 藝林舍, 1973.

Shin'yashiki Yukishige 新屋敷幸繁. *Shinkō Okinawa issennen shi* 新講沖縄一千年史. 2 vols. Yūzankaku 雄山閣, 1961.

Shiryō kōhon 史料稿本 (also called *Hennen shiryō* 編年史料). MS drafts of published and unpublished portions of the *Dai Nihon shiryō*, q.v., prepared by, and held in the archives of the Historiographical Institute, Tokyo University.

Shizuki Tadao 志筑忠雄, tr., "Sakoku ron" 鎖國論 (by Engelbert Kaempfer), in *Shōnen hitsudoku Nihon bunko* 少年必讀日本文庫. 12 vols. Hakubunsha 博文社, 1891–1892. vol. 5.

Shōtoku Chōsen shinshi tojō gyōretsu zu 正德朝鮮信使行列圖. Collection National History Compilation Committee, Seoul. Facsimile edition, *Chōsen shiryō sōkan* 朝鮮史料叢刊, vol. 20. Keijo: Chōsen Sōtokufu 朝鮮總督府, 1938.

Smith, Thomas C., "Pre-modern Economic Growth: Japan and the West," *Past and Present*, 60 (August 1973): 128–160.

So, Kwan-wai. *Japanese Piracy in Ming China During the Sixteenth Century*. East Lansing: Michigan State University Press, 1975.

Sō-ke Bunko shiryō mokuroku (nikkirui) 宗家文庫史料目録（日記類）. comp. Sō-ke Bunko Chōsa Iinkai 宗家文庫調査委員会. Izuhara 厳原: Izuhara-chō Kyōiku Iinkai 厳原町教育委員会, 1978.

Sŏnjong taewang sillok 宣宗大王實録. 221 kwŏn, in *Chosŏn wangjo sillok*, vols. 21-25.

Spence, Jonathan D. *Ts'ao Yin and the K'ang-hsi Emperor, Bondservant and Master*. New Haven: Yale University Press, 1966.

——, and John E. Wills, Jr., eds. *From Ming to Ch'ing: Conquest, Region, and Continuity in Seventeenth-Century China*. New Haven: Yale University Press, 1979.

Ssu-ma Kuang 司馬光. *Tzu-chih t'ung-chien* 資治通鑑. 10 vols. Peking: Hsin-hua Shu-tien 新華書店, 1956.

Statler, Oliver. *Shimoda Story*. New York: Random House, 1969.

Sternberger, Dolf, "Legitimacy," in *International Encyclopedia of the Social Sciences* (1968), 9:244ff.

Strayer, Joseph R. *On the Medieval Origins of the Modern State*. Princeton: Princeton University Press, 1970.

——, "The Tokugawa Period and Japanese Feudalism," in John W. Hall and Marius B. Jansen, eds., *Studies in the Institutional History of Early Modern Japan*. Princeton: Princeton University Press, 1968, pp. 3-14.

Su Shih (Tung-p'o) 蘇軾(東坡). *Ching-chin Tung-p'o wen-chi shih-lüeh* 經進東坡文集事略. 60 chüan in 5 ts'e 冊, (Ssu-pu ts'ung-k'an 四部總刊 ed.), Shanghai, 1920.

Sugimoto, Masayoshi, and David L. Swain. *Science and Culture in Traditional Japan, 600-1854*. Cambridge, Massachusetts: The MIT Press, 1978.

Sukchong taewang sillok 肅宗大王實録. 65 kwŏn, in *Chosŏn wangjo sillok*, vols. 31-33.

Sŭngjŏngwŏn ilgi 承政院日記. 141 vols. Seoul: National History Compilation Committee, 1961-1977.

Tabohashi Kiyoshi 田保橋潔. *Kindai Nissen kankei no kenkyū* 近代日鮮關係の研究. 2 vols. Keijo: Chōsen Sōtōkufu Chūsūin 朝鮮總督府中樞院, 1940. Reprint, Munetaka Shobō 宗高書房, 1972.

Taishū hennen ryaku 對州編年略. Tōkyōdō Shuppan 東京堂出版, 1974.

Takekoshi, Yosaburo. *The Economic Aspects of the History of Japan*. 3 vols. New York: The Macmillan Company, 1930.

Takeno Yōko 武野要子. *Han bōeki shi no kenkyū* 藩貿易史の研究. Mineruva Shobō ミネルヴァ書房, 1979.

——, "Satsuma han no Ryūkyū bōeki to bōeki shōnin Ishimotoke no kankei" 薩摩藩の琉球貿易と貿易商人石本家の関係, in Hidemura Senzō 秀村選三, ed. *Satsuma han no kiso kōzō* 薩摩藩の基礎構造. Ochanomizu Shobō お茶の水書房, 1970, pp. 465–491.

Tanaka Takeo 田中健夫, "*Chōsen tsūkō taiki zakkō*"『朝鮮通交大紀』雜考, in *Chōsen gakuhō* 朝鮮学報, 79 (1976): 47–76.

———. *Chūsei kaigai kōshōshi no kenkyū* 中世海外交渉史の研究. Tōkyō Daigaku Shuppankai, 1959.

———. *Chūsei taigai kankei shi* 中世対外関係史. Tōkyō Daigaku Shuppankai, 1975.

———, "Kangō-fu, kangō-in, kangō bōeki" 勘合符・勘合印・勘合貿易, in *Nihon rekishi*, no. 392 (January 1981), pp. 1–21.

———, "Sakoku seiritsu ki Nissen kankei no seikaku" 鎖国成立期日鮮関係の性格, in *Chōsen gakuhō*, no. 34 (January 1965), pp. 29–62.

———. *Wakō to kangō bōeki* 倭寇と勘合貿易. Shibundō 至文堂, 1961.

Tashiro Kazui 田代和生, "Jūshichi jūhachi seiki Nissen bōeki no suii to Chōsen tokō sen" 十七・十八世紀日鮮貿易の推移と朝鮮渡航船, in *Chōsen gakuhō* 朝鮮学報, 79 (April 1976): 13–46.

———, "Kan'ei 6 nen (Jinso 7; 1629) Tsushima shisetsu no Chōsen-koku 'Go-jōkyō no toki mainikki' to sono haikei" 寛永6年(仁祖7; 1629)対馬使節の朝鮮国「御上京之時毎日記」とその背景, in *Chōsen gakuhō* 朝鮮学報, nos. 96 (July 1980), 98 (January 1981), 101 (October 1981).

———. *Kinsei Nitchō tsūkō bōeki shi no kenkyū* 近世日朝通交貿易史の研究. Sōbunsha 創文社. 1981.

———, "Kinsei Tsushima han ni okeru Nissen bōeki no ichi kōsatsu" 近世対馬藩における日鮮貿易の一考察, in *Nihon rekishi*, 268 (1970): 88–114.

———, "Tsushima han's Korean Trade, 1684–1710," in *Acta Asiatica*, 30 (1970): 85–105.

Teihon Oritaku shiba no ki shakugi 定本折りたく柴の記釈義. ed., Miyazaki Michio 宮崎道生. Shibundō 至文堂, 1964.

Tenkai 天海. *Tōshōgū Daigongen engi* 東照宮大權現縁起. in *Zokuzoku Gunsho ruijū* 続々群書類従, vol. 1, pp. 691–705. Zoku Gunsho Ruijū Kanseikai, 1971.

"Tenna jinjutsu hachigatsu nijūshichinichi Chōsenjin tojō no setsu" 天和壬戌八月廿七日朝鮮人登城之節 MS chart, 1682. Collection Kankoku Kenkyūin 韓国研究院, Tokyo.

Tenna jinjutsu shinshi kiroku 天和壬戌信使記録. 68 vols., MS, 1682. Sō Collection, Keio University Library.

Tenryūin kō jitsuroku 天龍院公實録. comp. Amenomori Hōshū 雨森芳洲. 2 vols., MS, 1675. Sō Collection, Banshōin, Tsushima.

Tō sen hyōchaku teishiki 唐船漂着定式. MS, ca. 1688. Sō Collection, National History Compilation Committee, Seoul.

Tō tsūji kaisho nichiroku 唐通事會所日録. comp. Tōkyō Daigaku Shiryō Hensanjo 東京大学史料編纂所. 7 vols. (*Dainihon kinsei shiryō* 大日本近世史料 series, part 3). Tōkyō Daigaku Shuppankai, 1955–1968.

Toby, Ronald, "Korean-Japanese Diplomacy in 1711: Sukchong's Court and the Shogun's Title," in *Chōsen gakuhō* 朝鮮学報, 74 (1975): 1–26.

Toguchi Masakiyo 渡口真清. *Kinsei no Ryūkyū* 近世の琉球. Hōsei Daigaku Shuppankyoku 法政大学出版局, 1975.

Tōheiran fūsetsu kōgi e ōseagerare sōrō hikae narabini Chōsen koku sanzoku totō goannai ōseagerare sōrō hikae 唐兵亂風説公儀に被仰上候控并朝鮮國山賊徒黨御案内被仰上候控. MS, ca. 1734. Sō Collection, Keio University Library.

Tokugawa jikki 德川實記. 10 vols., Yoshikawa Kōbunkan, 1964. (vols. 38–47 in *Shintei zōho kokushi taikei* 新訂增補國史大系).

Told Round a Brushwood Fire: The Autobiography of Arai Hakuseki. tr., Joyce Ackroyd. Princeton and Tokyo: Princeton University Press and The University of Tokyo Press, 1979.

T'ongmun'gwanji 通文館志. Chōsen Sōtokufu 朝鮮總督府, 1944; reprint, Kyŏng'in Munhwasa 景仁文化社, 1973.

Totman, Conrad, "From *Sakoku* to *Kaikoku*: The Transformation of Foreign Policy Attitudes, 1853–1868," in *Monumenta Nipponica*, vol. XXXV, no. 1 (Spring 1980), pp. 1–19.

———. *Politics in the Tokugawa Bakufu, 1600–1843*. Cambridge, Mass.: Harvard University Press, 1967.

Trachtenberg, Marc, "The Social Interpretation of Foreign Policy," in *Review of Politics*," vol. 40, no. 3 (July 1978), pp. 328–350.

Tsao, Kai-fu, "The Rebellion of the Three Feudatories against the Manchu Throne in China, 1673–1681: Its Setting and Significance." Unpublished Ph.D. dissertation, Columbia University, 1965.

Tsuji Tatsuya 辻達也. *Edo kaifu* 江戸開府. Chūō Kōron Sha, 1966.

———, "Kan'ei-ki no bakufu seiji ni kan suru jakkan no kōsatsu" 寛永期の幕府政治に関する若干の考察, in *Yokohama Shiritsu Daigaku ronsō* 横浜市立大学論叢, 24.2–3 (1973): 31–60.

Tsuji Zennosuke 辻善之助. *Zōtei kaigai kōtsū shiwa* 増訂海外交通史話. Naigai Shoseki 内外書籍, 1930.

Tsukahira, Toshio G. *Feudal Control in Tokugawa Japan: The Sankin Kōtai System.* Cambridge, Massachusetts: The East Asian Research Center, Harvard University, 1966.

Tsukamoto Manabu 塚本学, "Edo jidai ni okeru 'i' kannen ni tsuite" 江戸時代における「夷」観念について, in *Nihon rekishi*, no. 371 (April 1979), pp. 1–18.

Tsūkō ichiran zokushū 通航一覧続輯. Yanai Kenji 箭内健次, ed., 5 vols. Osaka: Seibundō Shuppan 清文堂出版, 1967–1973.

Tsunoda, Ryusaku, et al., comp. *Sources of Japanese Tradition*. New York: Columbia University Press, 1958.

Uchida Ginzō 内田銀藏. *Kinsei no Nihon; Nihon kinseishi* 近世の日本・日本近世史. ed. Miyazaki Michio 宮崎道生. Tōyō Bunko 東洋文庫 series, no. 279. Heibonsha, 1975.

———. *Kokushi sōron oyobi Nihon kinseishi* 國史總論及日本近世史. Dōbunkan 同文館, 1921. (*Uchida Ginzō ikō zenshū* 内田銀藏遺稿全集, v. 3).

Uete Michiari 植手通有. *Nihon kindai shisō no keisei* 日本近代思想の形成. Iwanami Shoten, 1974.

———, "Taigai-kan no tenkai" 対外観の展開, in Hashikawa Bunsō 橋川文三 and Matsumoto Sannosuke 松本三之介, eds., *Kindai Nihon seiji shisō shi* 近代日本政治思想史 2 vols., Yūhikaku 有斐閣, 1971, 1:33–74.

Ura Yasukazu 浦廉一, "Minmatsu Shinsho Senman kankei shijō ni okeru Nihon no chi'i" 明末清初鮮満關係に於ける日本の地位, in *Shirin* 史林, vol. 19, no. 2 (April 1934), pp. 24–48; vol. 19, no. 3 (July 1934), pp. 122–146.

———, "Tōsen fūsetsugaki no kenkyū" 唐船風説書の研究, in *Ka'i hentai*, (q.v.), pp. 1–78.

Varley, H. Paul, tr. *A Chronicle of God and Sovereigns: Jinno Shotoki of Kitabatake Chikafusa*. New York: Columbia University Press, 1980.

Wagner, Edward Willett. *The Literati Purges: Political Conflict in Early Yi Korea*. Cambridge, Massachusetts: East Asian Research Center, Harvard University, 1974.

Walker, Hugh Dyson, "The Yi-Ming *Rapprochement*: Sino-Korean Foreign Relations, 1392–1592." Unpublished Ph.D. dissertation, University of California, Los Angeles, 1971.

Wang Yi-t'ung. *Official Relations between China and Japan, 1368–1549*. Cambridge, Massachusetts: Harvard University Press, 1953. (Harvard-Yenching Institute Studies, IX).

Webb, Herschel. *The Japanese Imperial Institution in the Tokugawa Period.* New York: Columbia University Press, 1968.

———, and Ryan, Marleigh. *Research in Japanese Sources: A Guide.* New York: Columbia University Press, 1965.

Webster, C. K. *The Congress of Vienna, 1814–1815.* London: Oxford University Press, n.d.

Wen-hsien t'sung-pien 文獻叢編. 2 vols. Taipei: Kuo-feng Ch'u-pan-she 國風出版社, 1964.

Williams, William A., "The Legend of Isolationism in the 1920s," in *Science & Society*, XVIII (Winter 1954), pp. 1–20; reprinted in *Essays in American Diplomacy*, ed., Armin Rappaport, London: The Macmillan Company, 1967, pp. 215–228.

Wills, John E., Jr., "Maritime China from Wang Chih to Shih Lang—Themes in Peripheral History," in Jonathan D. Spence and John E. Wills, Jr., eds., *From Ming to Ch'ing: Conquest, Region, and Continuity in Seventeenth-Century China.* New Haven: Yale University Press, 1979. pp. 201–238.

———. *Pepper, Guns and Parleys: The Dutch East India Company and China, 1622–1681.* Cambridge, Massachusetts: Harvard University Press, 1974.

Wright, Mary C., "What's in a Reign Name: The Uses of History and Philology," in *Journal of Asian Studies*, 18.1 (November 1958): 103–106.

Wu, Silas. *Passage to Power: K'ang-hsi and His Heir Apparent, 1661–1722.* Cambridge, Massachusetts: Harvard University Press, 1979.

Yamaga Sokō 山鹿素行. ed., Tahara Tsuguo 田原嗣郎 and Morimoto Jun'ichirō 守本順一郎. *Nihon Shisō Taikei*, vol. 32. Iwanami Shoten, 1970.

Yamaguchi Keiji 山口啓二. *Bakuhansei seiritsuy shi no kenkyū* 幕藩制成立史の研究. Azekura Shobō 校倉書房, 1974.

Yamamoto Mieno 山本美越乃, "Ayamareru shokumin seisaku no kikeiji: Ryūkyū" 誤まれる殖民政策の奇形兒―琉球, in *Keizaigaku ronsō* 經濟學論叢. 23 (1926), 24 (1927), 25 (1927), 26 (1928).

Yamawaki Teijirō 山脇悌二郎. *Kinsei Nitchū bōeki shi no kenkyū* 近世日中貿易史の研究. Yoshikawa Kōbunkan, 1960.

———. *Nagasaki no Tōjin bōeki* 長崎の唐人貿易. Yoshikawa Kōbunkan, 1964.

Yamazaki Ansai gakuha 山崎闇齋學派. Comp. Nishi Junzō 西順蔵, Abe Kōichi 阿部隆一, and Maruyama Masao 丸山真男. *Nihon Shisō Taikei*, vol. 31. Iwanami Shoten, 1980.

Yanagawa kuji kiroku 柳川公事記録. 3 vols. MS copy, collection Historiographical Institute, Tokyo University.

Yanagawa kuji kiroku. MS, 1 packet of letters, diagrams. Collection Historiographical Institute, Tokyo University.

Yanagawa Shigeoki kuji no toki Hō Chōrō narabini Matsuo Shichiemon e otazune nararu seitō no chō 柳川調興公事之時方長老并松尾七右衛門に被成御尋請答の帳 MS, n.d., 1634 or 1635?, in Sō Collection, Historiographical Institute, Tokyo University.

Yano Jin'ichi 矢野仁一. *Nagasaki shishi Tsūkō bōeki hen Tōyō shokoku* 長崎市史通交貿易編東洋諸國 Nagasaki: Nagasaki Shiyakusho 長崎市役所, 1938.

Yi Hyŏnjong 李鉉淙. *Chosŏn chŏn'gi tae'Il kyosŏp-sa yŏn'gu* 朝鮮前期對日交涉史研究. Seoul: Han'guk Yŏn'guwŏn 韓國研究院, 1964.

———, "Kiyu choyak naeyong ŭi sasŏ-byŏl ch'ongnam kŏmt'o" 己酉條約內容의史書別綜覽檢討, in *Taegu sahak* 大丘史學, 7-8 (December 1973): 281-300.

———, "Kiyu choyak sŏngnip simal kwa segyŏnsŏnsu e taehayŏ" 己酉條約成立始末과歲遣船數에對하여, in *Hangdo Pusan* 港都釜山, 4 (1964): 229-312.

Yi Ik 李瀷. *Sŏngho saesŏl* 星湖僿説. 2 vols., Seoul: Kyŏng'in Sŏrim 景仁書林, 1967.

Yi Kyŏngjik 李景稷. *Pusangnok* 扶桑録, in *Kaikō sōsai*, 2:111-205.

Yi Pyŏngdo 李丙燾, *et al. Han'guksa* 韓國史. 7 vols. Seoul: Ŭryu Munhwasa 乙酉文化社, 1959-1965.

Yi Wŏnsik 李元植, "Chōsen Shunso shinmi Tsushima no hōnichi ni tsuite—Tsushima ni okeru Nikkan bunka kōryū o chūshin ni" 朝鮮純祖辛未対馬の訪日について—対馬における日韓文化交流を中心に in *Chōsen gakuhō*, 72 (1974): 1-50.

———, "Jinran sōshō Shōun Taishi bokuseki no hakken ni yosete—Katō Kiyomasa jin'ei e no ōhen o chūshin ni" 壬乱僧将松雲大師墨跡の発見に寄せて—加藤清正陣営への往返を中心に, in *Kan* 韓 (*The Han*), 5.5-6 (May 1976): 218-224.

———, "Tennado (1682) Chōsen shinshi hishō Kō Seitai to Nihon bunshi no hitsudan shōshū ni tsuite" 天和度(1682)朝鮮信使裨将洪世泰と日本文士の筆談唱酬について, in *Chōsen gakuhō*, no. 98 (January 1981), pp. 1-62.

Yokoi Shōnan 横井小楠. comp. Yamazaki Seitō 山崎正董. 2 vols. Meiji Shoin 明治書院, 1938.

Yoshida Shōin zenshū 吉田松陰全集. comp., Yamaguchiken Kyōiku Kai

山口縣教育會. 10 vols., Iwanami Shoten, 1935, repr. 12 vols., Iwanami Shoten, 1938-1940.

Yoshizane-kō go-kafu 義眞公御家譜. anon. MS, n.d. Sō Collection, Banshōin, Tsushima.

Zuikei Shūhō 瑞渓周鳳. *Zenrin Kokuhō ki* 善隣國寶記 in *Kaitei shiseki shūran*, 33 vols. Sumiya Shobō, 1968, 21:3-82.

索 引

Abahai (Manchu emperor). *See* Ch'ing T'sa-tsung
Abe Masahiro, 109; and correspondence with Tokugawa Nariaki, about foreign policy, 164, 238n
Aizawa Seishisai, *Shinron*, 242
Ancestral law, and diplomacy, 241
Anti-foreign sentiment. *See jo'i*
Andō Shigenaga, 70-71, 105
Arai Hakuseki, 42, 84n; and Chinese acknowledgment of Japanese superiority, 227; and Chinese trading ships, 190; and comparison of state letters, 178; and regulation of trade at Nagasaki, 197-198
Arita Mokubei, sent to Pusan to seek intelligence information, 134
Armaments, Cheng Ch'eng-kung obtains, from Japan, 139; export of, Japanese prohibition against, 122-123, 148, 159. *See also* Expeditionary force; Military aid; Japanese, sold to Keng Chingchung, 160; sent to Korea by Tsushima, 114; suggestion of sending of, to Korea, 123
Articles of 1609, 39-43, 44
Articles of Stipulation of 1691, 195-196, 196n
Asami Keisai, and rejection of sinocentrism, 222
Asao Naohiro, xiv, 64
Ashikaga shoguns, 23
Ashikaga Yoshimitsu, 84, 93; and reasons for accepting vassal state status, 58; subordinate status in Chinese diplomatic order, 24

Audience, shogunal, and Dutch status, 189-194; significance of, 188
Authority, centralization of, in Japan, xii-xiii; monopoly of, over foreign relations, 108-109

Baba Saburōzaemon, 121
Bakufu, institutional growth of, 235; and use of monks in diplomacy, 30, 81-83, 235-236. *See also* Gyokuhō Kōrin, Ishin Sūden, Keitetsu Genso, Kihaku Genpō, Saikaku Genryō, Saishō Shōtai
Bakuhan state, stability of, 5
Barbarian, as category for non-Japanese, 216; definition of, 226; as lowest level of international hierarchy, 197; in Neoconfucianism, 211; Ryukyu characterizes itself as, 181. *See also i*
"Barbarians," Chinese as, in Hayashi Razen's view, 196-197; in early Japanese law, 216; Chinese equated with, by Hayashi Razan, 196-197; unification of China by, 159
Battles of Coxinga, 224-225
Beasley, William, 20-21
Bell, Korean, presented to Tōshogū, 100-103, 204; Temitsu's reaction to, 102-103; Kujō Michifusa's reaction to, 102; text of inscription on, 101; perceived as "tribute," 204
Bitō Masahide, 220, 222
Blussé, Leonard, xvii
Board of Rites, Korean, negotiates

Board of Rites (*cont.*)
with Japanese envoys, in 1629, 117; notified of Yanagawa Affair verdict, 82
Bolitho, Harold, on external relations, 242
"Borrow a road," 128
Boxer, C. R., quoted, 4, 20
Bronze bell, Korean. *See* Bell, Korean
Buddhist monks. *See* Monks

Caezar, Martinus, informs Edo of Chinese trade overtures to Dutch, 150
Calendar: adoption of another state's, significance of, 90, 91n, 92, 171, 181, 199-200; and calendrical system, xxii-xxiii, 91n; Chinese: 59, 90, 171, not used by Hayashi Razan, 59, Korea abandons use of in correspondence with Japan, 95, 179, acceptance of, as prerequisite for diplomatic relations, 90, as symbol of Chinese authority, 171; Ch'ing: Korean acceptance of, 95, Korean receipt of, as symbol of vassalage, 145, and use by Korea, 95; Japanese: and Fukien merchants complaint, 199-200, and use on "credentials," 198-199, accepted by Chinese merchants, 199-200; Ming: used in forged Japanese letters, 31, 77, and *piao*, 58-59. *See also* Era names
Caron, François, 80
Catholicism, threat of, and control by edict, xii, 6, 71. *See also* Christianity
Catholics, expulsion of, and bakufu legitimacy, xii, 6, 96
"Central Kingdom"; definition of idea of, 215; Japan as: in Japanese thought, 211-228, 244, roots of, 87-88, 216, 222. *See also Chūka, ka, ka-i*
Centrality, Japanese. *See* Japanese centrality
Centralization of authority. *See* Authority, centralization of
Chandelier, Dutch tribute, 204
Cheng Ch'eng-kung, 47, 139; activities of, force bakufu to gather foreign intelligence, 159; obtains armaments from Japan, 139; as portrayed in theater, 224
Cheng Chih-lung, 119-120; bakufu suspicions of, 123-124; and request for Japanese aid, 18, 126-127; and surrender to Ching, 129
Cheng Ching, 140; in Revolt of the Three Feudatories, 140-141; feared by Chinese merchant captain, 143; manifesto of revolt, 141; request Dutch stay in Foochow, 144-145
Chikamatsu Monzaemon, *Battles of Coxinga*, 224
China: Ch'ing conquest of, in 1644: 9, 94-95, 111-112, 118-119, and *Battles of Coxinga*, 224-225, effect on Japanese popular consciousness, 222-225, equated with Mongol conquest, 127, 160, 223, 225. *See also* Tatars; generated Ming loyalist movements' appeals for Japanese aid, 119-140, Hayashi Gahō on, 223, ideological impact on Japan of, 224, impact on Japanese security, 9, 112, 117-118, 119, 166-167, Hayashi Gahō's interpretation of Japanese intelligence on, 118-119, 128-129, 131-136, 137, 138, Kumazawa Banzan's response to, 166-167, stimulates Japanese intelligence-gathering efforts, 130-140, and Yamaga Sokō's refutation of Chinese superiority, 223; de-

moted to barbarian status, 201; Japanese name for, 222; and loss of claim to ethical superiority, 223; and non-diplomatic status with Japan, 189
Chinese, low status of, in Japanese diplomatic order, 196-197
Chinese civil war, 9; and intelligence information about, 136. *See also* Revolt of the Three Feudatories; China, Ch'ing conquest of
Chinese tribute system. *See* Chinese World Order
Chinese World Order, 77, 170-171; admission to, 56; and bakufu's waning interest in entering, 60-61; as determinant of Japanese foreign relations, 57; difficulties of admittance to, 58-59; Japanese ambivalence toward, 60-61, 61n
Ch'ing invasions of Korea, in 1627, 93, 112; Iemitsu's response to, 113-118; Kihaku Genpō's reconnaissance mission on, 114-118
Ch'ing invasions of Korea, in 1636, 93
Ch'ing T'ai-tsung, 101-112
Chŏn Kyesin, 28; and forged letter to Korea, in 1606, 77
Chŏng Ip, 70
Chŏng Yun, sends condolences on death of Ietsuma, 176
Chŏnha. *See* "Your Highness"
Chōsen, 215
Chōsen goyō gakari, 177, 237, 243
Chosŏn. *See* Chōsen
"Christian century," as approach to foreign relations, 19-20
Christianity: control of, by Japan, xii, 6, 64, 195-196, 196n; eradication of, 4, 6, 103-109; evils of, 104; expulsion of, and Japanese legitimacy, 103-109; fear of, 3; fear of, as motivation for foreign intelligence, 158; prohibition of, 104-105, 195-196, 196n, edict against, 96. *See also* Catholicism
Chuka. *See* "Central Kingdom"
Chung-yüan era, 9
Chūzan Kingdom, normalization of relations with, 45-51. *See also* Ryukyu
Civilization, country of (Japan), 181; and Japanese centrality, 217. *See also* ka
Civilized peoples, definition of, 226; in Neoconfucianism, 211
"Closed country." *See* Sakoku
Cocks, Richard, 94, 123; and dating of diary entries, xxii; reports on "purpose" of Korean embassy, 67-68, 94, 106
Confiscations, of daimyo domains, 79-80
Confucianism, as ethical norm for civilization, 170
Congress of Vienna, and diplomatic symbol system, 168-169
Copper exports and imports, Japanese, xv
Couckebacker, Nichlaes, 80
Coxinga. *See* Cheng Ch'eng-kung
Credentials trading, Chinese acceptance of, 227; confiscated by Chinese port officials, 200-201; and prevention of forgery of, 198n; as requirement for Chinese merchants, 198; returned to merchantmen by K'ang-hsi emperor, 201. *See also* Kangō, split seals, *shinpai, shuin*, tallies
Cromwell, Oliver, and considerations of legitimacy, 54; and analogy with Tokugawas, 108
Currency crisis, in Genroku period, xiii, 239

Daigaku wakumon, 167

Daimyos, ordered to be present at embassy receptions, 184
Daiyūin, 103
Dates, treatment of, xxii-xxiii
Dazai Shundai, 226
Denka. See "Your Highness"
Deshima (island), removal of Dutch to, 96, 196
Diplomacy: as ancestral law, 241; Ashikaga, 58-59, 114. *See also* "King of Japan," *Kangō, Piao*; Ashikaga, Yoshida Shōin's condemnation of, 245; and establishment of autonomous system of, by Japan, 95; functions of, 106-109, 168-170, 231; Japanese, character of in 17th century, 239-240; as ordered symbol system, 168-170; propaganda oriented, 64; shogunal, Aizawa Seishisai's critique of, 244-245; Tokugawa: review of functions of, 231-232, Yoshida Shōin's critique of, 245
Diplomatic correspondence, language of, 174, 178, 183; tighter control over, 81-82. *See also* Letters
Diplomatic language: Japanese, and limitations of, 240-241; nature of, 168-169
Diplomatic letters. *See* Letters
Diplomatic markers of transition, in dual monarchy, 74-75
Diplomatic practice, nature of, 168-169
Diplomatic protocol, 47, 183, 202; distinctions in, 47, 184; for Korean and Ryukyan embassies, as precedent for 1850s, 47; nature of, 168-169, 183; at shogunal court, 184-196; as symbol system, 168-169, 173, 202
Diplomatic relations: Tokugawa, analytical categories for, 14-16. *See also tsūshin, tsūsho*; as tool for bakufu's legitimacy, 8, 70-71, 106-109
Distressed seamen, handling of, 105, 236-237. *See also* Repatriation
Doi Toshikatsu, discusses use of era names, 84, 88
Dual monarchy: critical transitions of, 72-73; termination of 2nd period of, 71
Dulles, Allen, 161; on use of foreign intelligence, 146, 156n
Dutch, confined to Nagasaki, 95-96; and news of Revolt of Three Feudatories, 150; and role in Japanese intelligence system, 144-145, 162n; status of, and shogunal audience, 189-194. *See also* Martinus Caezar, Nichlaes Couckebacker Dutch East India Company, Holland, Nagasaki *Oranda tsūji*, Willem II
Dutch East India Company, 3, 189; sells sulfur, saltpeter and lead to Keng, 148
Dutch merchants, as intelligence source, 144-145, 150, 151
Dutch trade, and expulsion of Portuguese, 9

East India Company (Dutch). *See* Dutch East India Company
Edo, as center of Tokugawa government, xii; foreign embassies in, 33-35, 46, 56, 57, 70, 85-86, 105, 184-196; foreign embassies in, depicted in art, 205-209
Edo Castle, in art, 205; rebuilding of, in 1657, significance of, 108, 110
Edo zu byōbu, 205
Einstein, Albert, quoted, 168, 232
Elison, George, 20
Embassies: bakufu's renewed interest in, for legitimation in baku-

matsu, 243-244; congratulatory: bakufu prepares for, 64-67, 69, 71-72, 175-177, as integral element in succession rituals, 72-73, 174; reception of, by bakufu, 174-175; exchange of, between Japan & Korea, 23; Japanese: to Seoul, 35-38, 116-117, to Seoul, response of Iemitsu to, 117; Korean: arrival of, in Kyoto, in 1617, 66, daimyos ordered to participate in, 69, 184-185, function for Japanese, 35, 72-73, to Japan, chart of, 36-37, in Japanese art, 205-208, and preconditions for dispatch in 1606, 30-31, as public spectacle, 203, 206 (plate), 212 (plate), reasons for Korean and Japanese of, 66, and restoration of relations with Japan, 35, as subject of paintings, 205-206, and legitimation of bakufu, 71, reasons for, Richard Cocks on, 67-68, in 1607, Japanese perception of, 32, in 1636-1637, and visit to Ieyasu's tomb at Nikko, 97-99, 203-207, 206 (plate); reception of, as propaganda for enhancement of prestige and legitimacy, 64; repatriation, Korean, 32; response: from Korea, 32, 77, from Korea in 1607, 32, from Korea in 1617, 66; Ryukyuan: 48-49, in Japanese art, 209, 214 (plate), Ogyū Sorai on, 46n, 186, sent to Hideyoshi in 1589, 24, of 1634, as legitimation device, 72, in 1682, 177, 184-189

Engel, Mark, 218

England: Cromwellian, 54-55, 108; Elizabethan, and comparison to Japan, 21

English, in Japan. *See* Cocks, Richard; *Return*

Entertainments, for diplomatic audiences, 194

Equestrians, troupe of, Korean, 82, 208

Era names: Chinese: Gyokuhō Kōrin asks Korea to eschew, 88, rejection of, by bakufu, 84, 88, not used in Tokugawa diplomatic correspondence, 59, used in forged shogunal letter, 31; Christian, 96; history of, 90-91; Japanese: absent from Japanese letters to Korea in 1635-1636, 86, absence of use of, in early diplomatic correspondence, 86, and Korean demand to omit, 94, Doi Toshikatsu discusses, 88, first use of, 91, and relation to shogunal title, 93, Ryukyuan usage of, 92, 181, and trading tallies, 190, use of, as indicator of ambivalence about building of legitimacy, 93, use of, in Iemitsu's letter to Injo, in 1637, 90-95, use of, as separate policy decision, 92; and legitimacy, 90; Ming, Doi Toshikatsu rejects, 94; non-use of, in Japanese documents, 92; significance of, 90-97. *See also* Calendar

European threat, to Japan, containment of, 110

Expeditionary force: to aid Ming loyalists: favored by Tokugawa collaterals, 128, Iemitsu interest in, 125-128, opposed, 128; to China: battle plans for, Itakura Shigemune reports, 124, reports of shogunal interest in, 124-126, Yanagawa Tadashige's interest in, 124-126; offered to Korea, in 1629, 114, 116-117; plans dropped from consideration, 129-130; reasons for rejection of, request for Chinese, 130

External relations, study of and

External relations (*cont.*)
  isolation from Tokugawa history, xiv

Fan Ch'eng-mo, capture of, 148
Fang Chao-ying, 154
Foreign countries, Magistrate for. *See Gaikoku bugyō*
Foreign ministry: not established by bakufu, 237; established by Ottoman, 238; established by Ch'ing, 238
Foreign policy: Japanese, institutions for, 235; and legitimacy of shogunal institution, 242-243; Tokugawa, critiques of, by Aizawa Seishisai, 244-245, by Yoshida Shōin, 245-246
Foreign relations: bakufu, and search for system of behavior and language, 169-171; centralization of control over, by Tokugawa, 107; Japanese, character of, in 17th century, 239-240; and tightening of shogunal control, 80
Foreign trade: monopolization of, not sought by bakufu, 6-7; and significance to economy, xv
Foreign travel: for Japanese, allowance for, 7; restriction of, in Japan, 3-4, 8-9, 106
Foochow, capture of, 147-148
Forgery, of diplomatic letters, 31-33, 77-78
Fu, Prince of, pretender to Ming throne, 118
Fujiwara Seika, and demise of sinocentrism, 221
Fushimi Castle (Kyoto): audience with Koreans at, 30, 64, 68
Fushiminomiya Sadafusa, prince, 216

Gagaku, 194
Gaiban tsūsho, 245
Gaikoku bugyō, 237
Genroku period (1688-1704), currency crisis in, xiii
Gien (Buddhist priest), 68, 68n
"Gongen Sama," 204. *See also* Tōshōgū, Great Avatar, Tokugawa Ieyasu
Goran, 190
Gotō Mitsutsugu, 197
Goyōzei-in, 63
Gozan Zen monks, and oversight of Tsushima's diplomatic correspondence, 81. *See also* Gyokuhō Kōrin, Iteian
"Great Avatar Who Illumines the East," 101, 203, 204. *See also* "Gongen Sama," Ōgosho, Tokugawa Ieyasu, Tōshōgū
Great Prince, of Japan: 85, 178, 234; decision to identify shogun as, 86; as declaration of self-sufficient domestic legitimacy, 88; early uses of, 86; no precedent in East Asian diplomatic practice, 87; first diplomatic use of, 85; reasons for choice, 87; as title for Korean princes, 87n; as title for shogun, Korean court notified of adoption of, 85-86; used in diplomatic conversation, 203; use of, in diplomatic correspondence, 83, 83n, 174, 175, 178, 180; use of, as declaration of independence from Chinese world order, 88, 234; used in state letters, 174, 175, 178, 180; used domestically in Japan, 83n. *See also* Nihonkoku taikun
"Great Prince Diplomacy," Nakamura Hidetaka on, 87
Gyokuhō Kōrin, 82, 88; appointed

索引

bakufu overseer, 81

Hachiman, 217
Haedapsa. See Embassies, Response
Hall, John W., xv
Han (Korean interpreter), 132
Han (term). *See Kan*
Hangnye. *See Kang-li*
Hanegawa Tōei, depicts entry of Korean embassy to Edo, 208
Harootunian, Harry D., 220, 244n
Harris, Townsend, 16, 47, 229
Harris treaty, 109
Hasegawa Fujihiro, 62, 123, 197
Hayami Akira, xvi
Hayashi Akira: and compilation of diplomatic precedents, 164, 246; *Tsūkō ichiran*, 15
Hayashi Eiki, 62
Hayashi family, 46; persists in technical role, 164; role of, 236
Hayashi Fukusai, 46
Hayashi Gahō, 46-47, 94, 141; on China, 224; and Japanese centrality, 221-222; portrays Korean embassies as spontaneous, 175; and sacral effect of cult of Ieyasu, 204-205; translates intelligence reports, 147
Hayashi Razan, 46, 69, 86, 101, 106; and bifocal universe, 221; calls on Korean ambassador in 1643, 105; as disciple of Fujiwara Seika, 221; equates Chinese with barbarians, 196-197; and legitimacy, 56; on inferiority of Chinese, 196-197; and letter to governor of Fukien, in 1610, 219-220; letter of, to governor of Fukien, in 1611, 59, 219; and letter for Suetsugu Heizō, 104; as originator of "Great Prince," 85; prepares memorandum on official Chinese communications, 128; proposes bifocal cosmos to China, 172-173; receives letter from Song'un, 33; as transitional figure, 235; translates letters from Ming loyalists for roju and shogun, 120-121
Hayashi Shihei, 13, 242
Hayashiya Tatsusaburō, quoted, 10
Hepburn system, of romanization, xx
Hidetada. See Tokugawa Hidetada
Hideyoshi. See Toyotomi Hideyoshi
Hikozaka Shigetsugu, 177
Hirado, 123; Dutch factory in, 9, 80; removal of Dutch from, 95-96
Hirado Ikkan. See Cheng Chih-lung
Hirano Kunio, on sinocentrism, 216
Historiographical seclusion, breakdown of, xv
Hitomi Chikudō, 188
Hŏ Ch'ŏk, 155-156
Holland, and non-diplomatic status with Japan, 189. *See also* Dutch; Willem II
"Hollanda Captain," 195
Honda Masanobu, 30, 33
Honda Masazumi, 59, 101, 235; and letter to governor of Fukien Province, 57
Honda Toshiaki, 13
Hong Ujae, on Korean embassy of 1682, 203
Honjo Eijiro, 20
Hoshiro Hisahi, 17
Hosokawa Mitsunao, 129
Hosokawa Tadatoshi, 98, 123
Hostages, exchange of, between Japanese and Ming forces, 25
Hotta Masatoshi, 182

Hotta Masayoshi, 109
Hou-yüan era, 90
Hua. See Civilization, *Ka*
Huang Cheng-ming, 126-127

i (barbarian), 211, 218, 226, 228.
  See also Barbarian, *ka*, *ka-i*
Ii Naosuke, 16
Ii Naotaka, 85, 121, 128
Im Kwang, 88, 97-98; as depicted in Japanese artwork, 98-99, 205-206; and Iemitsu's proposal for pilgrimage to Nikko, 97-98, 203; and Japanese refusal to use Chinese era name, 88; and refusal to cease use of Chinese era names, 94
Inaba Hikobei, 166
Inaba Masanori, 141-142; gives China map to Gahō, 147
Injo, King, 85; gifts of to Iemitsu, 207, 207n; and oath of fealty to Ch'ing invaders in 1627, 112-113; presents plaque for Tō-shōgū, 100, 100n; receives Japanese envoys, 117; rejects Japanese military aid, 117
Inken, 190
Innes, Robert, xvi
Inobe Shigeo, 137
Inoue Chikugo no kami Masashige, 121
Intelligence, foreign, routes available to bakufu, 142-146
Intelligence gathering, bakufu, analysis of, 158-161
Intelligence information: and editing by Korea, 152; policy responses to, by bakufu, 163-164; quality of, 164-165; receipt and deliberation of, by roju, 163; on Manchurian invasion of Korea, 35, 79, 113-118. *See also* Injo; Ki-haku Genpō; Sugimura Uneme Toshihiro
Intelligence reporting, Japanese, 152-153
Intelligence reports: Dutch, 144-145, 150-151; Korean: 151-153, advantages and drawbacks of, 156; overestimate Mongol troop strength, 154; Ryukyuan, 143-144, 147-148; similarity and differences of, 153-154; on Taiping Rebellion, 164
Intelligence system: bakufu: channels of communication of, 162, compared to modern systems, 161, and control by Edo, 161-162; pathways of, congruent with trade patterns, 162; Tokugawa: passive nature of, 165-166, Japanese historians' views on, 164
Interpreters: *see Oranda tsūji*, Shizuki Tadao, *Tō tsūji*
Interpreters, Korean: interview of, by Sō Yoshinari, 131-132; memorandums, on Chinese civil affairs, 136; sent to Tsushima to transmit intelligence
Interpreters' Office, Korean, officials from, visit Tsushima, 131
Interventionism, and U.S. foreign policy, comparison with Japan, 22
Investiture, as "King of Japan": of Ashikaga Yoshimitsu, 58, 84; Toyotomi Hideyoshi rejects, 77
Investiture, of Korean kings: by China, 171
Investiture, of Ryukyuan kings: by China and Japan, 51, 84
Investiture system. *See* Chinese World Order
Ishin Sūden, 59, 61, 62, 66, 235; death of, 71; receives report of

mission to Seoul, 117; and rejection of title of king, 84
Isolationism, and U.S. foreign policy, 21-22
Itakura Katsushige, 68-69
Itakura Shigemune, 124
Itazawa Takeo, on Tokugawa foreign intelligence, 158
Iteian, houses shogunal overseer, 81
Iteki. See Barbarians
Iwao Seiichi, xv, 125n

Jansen, Marius B., 220, 225, 242-243
Japan: acknowledges Chinese suzerainty, in Muromachi period, 172; attempts to conquer, 111; denial of travel from, xii; divinity of, 213, 215; Mongol invasion of, 111; rejects subordination to China, 227; as reluctant participant in Chinese World Order, 172; restriction of access to, xii; signs of seclusion of, xiv; unification of, 56
Japan-as-central-kingdom, 87
Japan centered order, 173, 228; establishment of, 88-89
Japan House: 7, 40; as receiver of intelligence information, 146
Japanese centrality: amplification of conception of, 222; assertion of, 173; as depicted in art, 205; and international order, 218-219; and *ka*, 217; Maruyama Masao on, 228; and Neoconfucianism, 219; perception of, 202; as philosophical outlook, 211-212; terms of, denied to China, 222
Japanese embassy to Korea, lack of, 35
Japanese era names. See Era names, Japanese

Japanese-Korean War (1592-1598), xiii
Japanese mission of 1629, 35, 79, 113-118. See also Injo, Kihaku Genpō, Sugimura Uneme Toshihiro
Japanese world order. See Japan centered order
Jinnō shōtō ki, 213
Jippensha Ikku, depicts Korean embassy in booklet, 209
Jo'i, 88, 228
Jōran, 190-191

Ka (civilized, civilization), 211, 217, 218, 228. See also Chinese World Order; Civilization; Ka-i; i
Ka and *i*, and Japanese centered order, 227
Ka-i, 217, 223, 230; ideology, Japan centered, 223
Ka-i model of interstate relations, 217-219
Ka-i model of self-perception, 217-219
Kaempfer, Engelbert: and account of shogunal audience, 191-194; describes reception of Dutch commercial agent in Nagasaki, 174; *The History of Japan*, 13-14, 17
Kamikaze. See "Winds of the Gods"
Kamio Motokatsu, 71
Kan (name for Korea), 215
K'an-ho. See *Kangō*
Kan'ei, 86; letters of, and use of great prince, 85
Kang Chaeŏn, on China, 224n
K'ang-hsi Emperor, 140; communication with, in 1678, 150; permits use of Japanese credentials, 201; requests help of Korean

K'ang-hsi Emperor (*cont.*)
troops, 155; sends spies to Nagasaki, 160n
Kang-li, 180
Kangō, 58; request for, by Razan, Ieyasu, Masazumi, 60; as model for *shinpai*, 198. *See also* Tallies, trading
Kankō (tourism), 204
Kanō Eikei, and scroll painting, 208, 211 (plate)
Kanō Tan'yū: commissioned to paint narrative scroll, 207; rewarded by Iemitsu, 207-208, 208n
Kashindan, 79
Katagiri Kazuo, on Tokugawa foreign intelligence, 158
Katō Kiyomasa, 25
Kawaguchi Munetsune, 192-193
Keitetsu Genso, 28; and forged letter to Korea, in 1606, 31, 77
Keng Ching-chung, 140; captures Foochow, 147-148; and dealings with Dutch, 148, 150-151; requests Dutch stay in Foochow, 144-145; requests sulfur from Ryukyu, 148, 166
Kihaku Genpō, 79; as reconnaissance envoy in Seoul, 79, 116-118; named as ambassador, 115; reports to Sūden on Manchu invasion of Korea, 117
Kim Kwang, 28
Kimon School, 225-226
"King" (title): avoided by Hidetada, 34; in Chinese diplomatic system, 34; implications of, 78, 84; as improper title in Japan, 77; rejected by Hidetada, 34; significance of, 83-84n; use of: as acceptance of Chinese sovereignty, 78, by foreign rulers to address shogun, 83-84
"King of Japan," 58; and request for Korean embassy, 31; title accepted by Ashikaga Yoshimitsu, 58; title rejected by Hideyoshi, 77; title used in forgeries, 31-32, 177-178
Kira Yoshinaka, 150
Kitagawa Utamaro, depicts Korean embassy in booklet, 209
Kiyu yakcho. *See* Articles of 1609
Kiyū yakujō. *See* Articles of 1609
Kōke, as intermediaries for foreign missions, 186
Kokkō. *See* National Intercourse
Kokudaka, 45-46, 50
Kokushigan, 17
Kondō Morishige, 245
Konishi Yukinaga, 25; death of, 27
Korea: Ch'ing invasions of, in 1627, 93, 95, 112-118; Ch'ing invasions of, in 1636, 93, 95; Japanese invasion of, in 1592-1598, 23, 117; as participant in Chinese World Order, 171, 172; reconnaissance mission of, to Japan, 28; relations with, as evidence of non-isolationist policies, 81; restoration of relations with, 25-44; as source of intelligence, 145-146; and trade with China, 145-146, 156; and trade with Japan, xv, 114
Korean bell. *See* Bell, Korean
Korean embassies. *See* Embassies, Korean
Koreans, repatriation of: in 1605, 27, 28, 29, 30; negotiated with bakufu, 33-34
Kōrei. *See Kang-li*
Korr, Charles P., 54
Kujō Michifusa, 102
Kumazawa Banzan: and crisis in national defense, 166-167; urges strengthening of national defense, 160-161
Kume Kunitake, 17

Kunōzan, shrine to Ieyasu at, 65
Kuze Hiroyuki, 141

"Land of the gods," and use in Japanese political discourse, 213-215, 217
Lanterns, bronze, as gift from Korea, 103
Law, Japanese, and merchants' observation of, 199
Laxman, Adam, 15; appears at Nemuro, 239; and Russian appeals, 232
"Lend him a road," 39, 56n
Letter: forged, by Tsushima, in 1606, 31, 77; of King Sukchong, in 1682, nature of, 179; from military governor of Chekiang Province, to shogun, 61-62; from military governor of Chekiang Province, to magistrate of Nagasaki, 61-62; royal, forged, purportedly from shogun to Korea, 66
Legitimacy: three classical criteria for, 60; tools of, 234
Legitimation: of Bakufu: 53-109, questions of, 54; of shogunate and 1624 Korean embassy, 70-71
Li Tan, 119
Li Tzu-ch'eng, rebel leader takes Peking in 1644, 118
Lin Kao, 122-123; presents requests for military aid, 120; presents letters from Ts'ui Chih, 119
Lung-chi, 92

Mancall, Mark, on Chinese World Order, 202
Manchu(s). *See also* Ch'ing
Manchu invasion, of Korea, 93, 95, 112-118
Manchus: as barbarians in *Battles of Coxinga*, 225; equated with Tatars/Mongols, 127, 160, 223, 225; identified as Tatars, 225, and succession of Ming dynasty, 95
"Mandate of Heaven," 53, 171
Maruyama Masao, 88, 220; and Japan as *ka*, 228
Matsudaira Nobutsuna, 71, 85, 121; orders Sō Yoshinari to gather intelligence, 132-135; receives reports from Sō Yoshinari, 132, 135
Matsudaira Sadanobu, 15, 42, 241; and non-exchange of correspondence with China and Holland, 183
Matsumae, xii-xiii
Matsuura Takanobu, 123
McCune, George, 40-41, 43
McCune-Reischauer system of romanization, xx
McMullen, I. J., 220
Merchants: Chinese, interrogation at Nagasaki, 143; Chinese, and exclusion from Japanese trade, 200; Fukien, complain about Japanese trade policies, 199-200
Mibu Takasuke, 32, 68
Military aid: Japanese, rumored in Peking, 159-160; offered to Korea, in 1629, rejected, 116-117; requested by Ming loyalists, rejected, 121; sought by Ming loyalists, from Japan, 119-120
Min Yŏnghyŏp, 134; and letter to Sō Yoshinari, about Chinese civil war, 136
Ming calendar. *See* Calendar, Ming
Ming centered East Asian diplomatic order, 34
Ming dynasty, restoration of, as stabilizing force in East Asia, 159-160
Ming loyalist appeals, rejection of, 137-138
Ming loyalists, favored by bakufu,

Ming loyalists (cont.)
138-139, 140-141, favored by Korea, 140-141, 151
Ming tribute system, as center of international society, 55. *See also* Chinese World Order
Mission, condolence, sent by Shō Tei to Kagoshi, 177
Missions, from Ryukyu to Edo, 46
Miyake Hidetoshi, 32
Mizuno Tadaharu, 177
Monarch, dual. *See* Dual monarchy
Monks, Gozan Zen. *See* Gozan Zen monks
Monks: rotating duty, as means of control over Korean relations, 76; use of, by bakufu, 235-236; Zen, in Japanese diplomacy, 28, 235
Murdoch, James, 19

Nabeshima Katsushige, 129
Nagasaki: and oversight of foreigners, xii; as trade center for China and Holland, 188
Nagasaki *bugyō*. *See* Nagasaki magistrate
Nagasaki magistracy, and relations with Chinese, 197
Nagasaki magistrate: and Ming loyalist appeals, 120-122, 124, 126-129; role of, 237n; role of, in intelligence gathering, 142-143, 144-145
Nagasaki *Oranda tsūji*. *See Oranda tsūji*.
Nagasaki *Tō tsūji*. *See Tō tsūji*
Nago, prince, 174; and reception by Tsunayoshi, 184; received in Edo Castle, 184-186
Nagura Tetsuzō, on "Land of the gods," 217
Nakai, Kate Wildman, on Tokugawa Confucianism, 220

Nakai Chikuzan, 42
Nakamura Hidetaka, xv, 19, 83, 85; on "civilization," 217-218; on "Great Prince diplomacy," 85-87, 228
Nakamura Kōya, quoted, 17-18
Nam Ch'ŏnhan, responds to request for intelligence information, 157
Names, given: Korean royal, as taboo, 77n; use of by monarchs in diplomatic documents, 77, 178
Names, treatment of, xxi-xxii
National intercourse, and Articles of 1609, 42
Nengō, 90. *See also* Era names; Calendars
Neoconfucianism, 235; and Japanese centrality, 211, 219; naturalization of, 222
New Regulations of the Shōtoku Era, 197-198; Chinese merchants' reaction, 199-201; purposes of, 199
Nien-hao. *See nengō*
Nihon shōgun sama, 62
Nihon shoki, 215
Nihon-koku Taikun. *See* Great Prince of Japan
Nihon-koku taikun diplomacy, 228
Nijō Castle (Kyoto), reception of Ryukyuan embassy at, 64
Nikko, foreign embassies visit, 203-204; shrine to Ieyasu. *See* Korean embassy's visit, 1636-1637
Niwa Nagashige, 98-99
Normalization, of relations, with East Asia, 23
Nurhaci, 112
Nyūetsu, 190
Nyūgyo, 191

O Ŏngnyŏng, 33

Oath, seventeen article, by Sō Yoshinari, 82
Official communications, Chinese, list of, prepared by Hayashi Razan, 127-128
Ōgosho (retired shogun, senior monarch), 34-35, 67, 72-75
Ogyū Sorai, 46, 186
Okano Magokurō, 147
Ōkōchi (Matsudaira) Masanobu, 152
Ōkubo Tadatomo, 177
Omemie, 190
Ōmura Suminobu, 123
Ōoka Kiyoshige, 177
Opperhoofd, 138, 150. See also Martinus Caezar; Nichlaes Couckebacker; Dutch; *Oranda kapitan*; "Hollanda Captain"
Oranda kapitan, 144, 189; protocols for reception of, 191. See also Martinus Caezar; Nichlaes Couckebacker; Dutch; "Hollanda Captain"; Opperhoofd
Oranda tsūji, 144-145; linguistic talents of, 145, 145n
Order: to continue trade for Chinese silks, in 1646, 9; to expel Portuguese, by senior council, 9; to Yoshinari, to inform Korea of conviction of Yanagawa, 82; to daimyos of Satsuma and Tsushima, after Portuguese expulsion, 9
Ōuchi clan, 23
Ou-yang Hsiu, 69-70; and treatise on legitimacy, 60

Pak Myŏngbu, 85
Passports. See Credentials
Peer status: reflected in Japanese-Korean correspondence, 172, 178-180, 215-216; in correspondence and protocol, 189; of Japan and China, asserted, by Hayashi Razan, 59-60, in embodiment of "Japanese world order," 234; lack of, in Japanese-Ryukyuan correspondence, 180-181; reflected in protocol, 180, 189
Pekin no taishō, 145
Peking: Korean embassies to, as source of information, 145, 151, 153-154, 156; Manchu capture of, 118; place of, in Tokugawa intelligence network, 143-146, 151; rumors in, about Japanese military aid, 156, 159-160; Ryukyuan embassies to, 143; "Tatar troops" dispatched from, 154
Perry, Matthew C., 109, 164; and choice of bakufu for type of foreign relations, 240; and demands to Japan, 232
Petition, from Chinese generals for abolition of fiefs, 140
Piao, 58, 59, 171; and legitimation, 171
Pigtails, significance of, 138-139
Pirate activity, Japanese, 59
Policy makers, Japanese, and handling of intelligence reports, 146-147
Political society, elements of, 55
Portuguese, expulsion of, in 1639, 3-4, 7-9
Portuguese trade, end of, in Japan, 233
Prince of Fu. See Fu, Prince of
Prince of T'ang. See T'ang, Prince of
Prisoners of war. See Repatriation; Koreans, repatriation of
Pronunciation, of Japanese names, xxi-xxii
Protocol: as embodiment of national self-image, 234-235; Japanese, and Korean ambassadors,

Protocol (cont.)
229; Japanese, and Ryukyuan embassy, 229; Japanese, use of, in 1850s and 1860s, 47, 229; Sō Yoshizane discusses with Korean envoy, 176-177
Public, and perception of role of diplomacy, 232

Raichō. See Tribute missions
Raikō. See Tribute missions
Rebellion, Taiping. See Taiping rebellion
Relations, European, with Japan, 3-4, 6
Repatriation: as issue for Korean mission, 32, 33-34, 44; of Japanese, 7; of Korean prisoners of war, 27, 28, 29, 30, 32-34. See also Distressed seamen
Repatriation embassy, Korean. See Embassies, repatriation, Korean
Responding embassy, Korean. See Embassies, response, Korean
Response embassies. See Embassies, response
Retirement, shogunal (ōgosho), 34-35, 70-75
Return (English ship), 14
Revolt: intelligence reports on China: from Chinese merchants, 142-143, from Dutch merchants, 144-145, from Korea, 142, 145-146, from Ryukyu, 143-144; roju considers implications of, 141
Revolt of the Three Feudatories, 140-167, 224; news of reaches Korea, 141; news of reaches Nagasaki, 141
Rezanov, Nicolai Petrovich, count, 15, 240
Rice lands, granting of, to Tsushima, 26
Rinzai Zen temples (Kyoto), 76

Roju, 236; appoints officials for reception of embassy, 177; and foreign affairs, 236-238; performs role of foreign policy control center, 162
Roju charter, duties given in, 238
Rokuon'in, 32
Romanization schemes, xx
Rosen, Stephen Peter, 21
Ryukyu, 24; status of, 45-46, 50-51; gives intelligence information to Edo, 147-148; as vassal state, and Japanese relations with Ming, 57
Ryukyuan embassies. See Embassies, Ryukyuan
Ryukyuan embassy, 1634. See Embassy, Ryukyuan, 1634
Ryūkyūjin gyōretsu ki, 209

Saikaku Genryō, 87
Saishō Shōtai, 30, 235; receives letter from Song'un, 33
Sakai, Robert, 50-51
Sakai Tadakatsu: commissions art work, 205; orders Sō Yoshinari to gather intelligence, 133-135, 134 (plate); receives report of mission to Seoul, 117; receives Sō Yoshinari's intelligence reports on Ch'ing conquest of China, 132, 135
Sakai Tadakiyo, 182-183
Sakakibara Tsunenao, 71
Sakoku. See Tokugawa seclusion
Sakokurei, 12, 71-72n
Sakokuron, 12-14
Samsa. See Three Ambassadors
Sankei (pilgrimage), 204
Sankin kōtai, 80
Sanshi. See Three Ambassadors
Satsuma, xii-xiii, 237n; daimyo of, and diplomacy, 182-183; role of, in intelligence network, 143-144

Seamen, distressed. *See* Distressed seamen
Seclusion, policy of, 4–6
Seclusion analysis, shortcomings of, 5-6
Seclusion edicts, 12; to Nagasaki magistrates, in 1634, 81; and possible dispatch of Japanese forces in China, 159-160
Sekigahara, Battle of, 27; impact on Korean perception, 27
Senior council. *See* Roju
Shiegeno Yasutsugu, 17
Shimabara rebellion, 16, 16n
Shimazu Iehisa, 57; and submission of Ryukyu, 45-46
Shimazu lords, 24
Shimazu Mitushisa, of Satsuma, 9
Shimazu Tsunataka, sends notice of death of Ietsuma to Ryukyu, 177
Shimazu Yoshihiro, 181
Shinjō, as used in diplomacy, 181
"*Shinkoku.*" *See* "Land of the gods"
Shinpai. See Credentials trading
Shinron, 244-245
Shizuki Tadao, 12-14
Shō Nei, King, 24, 45-46, 57, 174
Shō Tei: receives notice of death of Ietsuna, 177; and recognition of Japanese superordination, 182-183; as subordinate to shogun, 180-181
Shogun: perceived primacy of, 202-203; rejected as diplomatic appellation, 84
Shogunal audience. *See* Audience, shogunal
Shogunal titles, 83-90; as major issue in Japan-Korea relations, 78; and relation to Japanese era names, 93
Shoguns, Ashikaga. *See* Ashikaga shoguns

Shuin license system, 61, 61n, 63, 104, 106; and bakufu legitimacy, 96-97
Siam, King of, 14
Siam, rupture of Japanese relations with, 89
Silla, 213
Sino Cami. *See* Kawaguchi Muretsune
Sinocentrism: Chinese pretensions to, 171; decline of, 201; Japanese response to, 172-173; Korean response to, 172; perception of, 202; rejected, 216, 222
Sō family, as traders in Korea, 23
Sō Yoshikazu, forwards intelligence on Taiping rebellion, 164
Sō Yoshinari, 69, 78-79, 129, 236; and correspondence with Edo about Chinese civil war, 135; informs shogunate of invasion of Korea, 113; and Korean embassy of 1636-1637, 97; and letter to Board of Rites about Christians, 105-106; ordered to gather intelligence, 131, 133; and proposal for Korean embassy to visit Nikko, 203; urgent request for information about civil war in China, 132; and Yanagawa affair, 76-77
Sō Yoshitoshi, 28, 56; and forged letter to Korea, in 1606, 31, 77; and restoration of relations with Korea, 25-26
Sō Yoshizane: and accuracy of intelligence reports, 155; as deliverer of intelligence reports, 146; ordered to gather more information on progress of civil war, 157; notifies Board of Rites of death of Ietsuna, 175; and role in intelligence reporting, 152; submits Korean intelligence reports,

Sō Yoshizane (cont.)
142; summons Korean embassy, 176; writes letter to Korean Board of Rites requesting more intelligence information, 157
Soehwansa. See Embassy, repatriation, Korean
Soga Matazaemon, 98
Sohō. See Ancestral law
Son Munik, 28, 76
"Son of Heaven," 34, 90, 171
"Son of Heaven of Great Ming," 59
"Son of Heaven of Kyoto," 59
Song'un, 29, 64, 76; letters from, to Japanese officials, 33
Sŏnjo, King, 29; death of, in 1608, 38-39; letter from, to Hidetada, 33; and reception of forged letter from Tokugawa Ieyasu, 77-78
Sōshaban, as intermediary for foreign missions, 186
Special Commissioner for Korean Affairs. See *Chōsen goyō gakari*
Split seals, 198. See also Credentials, trading; *kangō*
Spying, request for, by Cheng, to Korea, 157
Ssu-ma Kuang, 70
State letters, to Korea and Ryukyu, comparison of, 178
Statler, Oliver, 47-48
Stipulation, Articles of. See Articles of Stipulation
Succession, pre-mortem devices of, 72
Sūden. See Ishin Sūden
Suetsugu Heizō, 63-64
Sugawara Nagashige, 216
Sugimura Uneme Toshihiro, named as vice-ambassador, 115
Suiko, emperor, claims to be peer of Chinese emperor, 215-216
Sukchong, King, 174; and exchange of letters with Tsunayoshi, 178
Sulfur: attempts to obtain, by Keng, 148; bakufu allows export of, 160n; exported to Ming loyalists, for arms, 123; sale of, to Keng Ching-chung, 164
Suminokura (merchant house), 10
Sun Tzu, 161
Superiority, of Korea over Japan assertion of, discussed, 41-42

Ta-Ch'ing, 199
Tachibana Muneshige, 125n
Tachibana Tadashige, 124-125, 125n
Taikun. See Great Prince; Nihonkoku taikun
Taiping rebellion, 164
Taira Toshimasa, 70
Taiwan, intelligence information on, 144
Takeno Yōko, 50
Tallies, Trading, 63; and Japanese era name, 190; and split seal, 198. See also *Kangō*; *Shinpai*; *Shuin*
Tan Feng-hsiang, 61, 128
Tanaka Takeo, and goals of international order, 218-219
T'ang, as name for China, 199, 222
T'ang, Prince of, Ming pretender, 119, 129
Tanuma Okitsugu, 13
Tashiro Kazui, xv-xvi
Tatar, used as name for Manchus, 114, 127, 132, 134, 154, 223, 225
"Tatar King" (K'ang-hsi emperor), requests aid of Korean troops, 155
Tatar(s). See Mongols; Manchus
Tenkai, 100; writes text for narrative scroll, 207-208
Terasawa Hirotaka, 62

Three Ambassadors, 184; requested to visit Nikko, 203
Titles: official, treatment of, xxii; shogunal. *See* Shogunal titles
Tō, as name for China, 222
Tō *tsūji*, 142-143; interrogates Chinese arriving at Nagasaki, 141
Tōdō Takatora, 113
Toguchi Masakiyo, 50
Tokugawa collaterals, views on expeditionary force, 128
Tokugawa confucianists, 225-226
Tokugawa diplomatic, official lexicon of, *Tsūkō ichiran* as, 246
Tokugawa Hidetada: death of, 71; intentions of vis-à-vis Korea, rumors about, 67-68; succession to office shogun, 30, 32; trip to Kyoto, 65
Tokugawa Iemitsu: appoints Gozan monk to oversee Korean correspondence, 81; death of, 73; delighted at receipt of Korean bell, 102-103; depicted in art, 205; and progress at Kyoto, 71; proposes Korean embassy visit to Nikko, 97-98, 203; receives Korean congratulations on birth of heir, 99-100; reverence of, for Ieyasu, 204; shrine to. *See* Daiyūin; and title *taikun*, 85-87
Tokugawa Ienobu, 187-188; as dinner companion of ambassador in 1682, 188
Tokugawa Ietsuna: birth of, Koreans congratulatory embassy for, 99-100; death of, 175; death of, Korea notified of, 175; death of, Korean condolence letter on, 176; death of, Ryukyu notified of, 177; death of, Ryukyuan condolence mission on, 177; and succession pattern, 73; "views"

Dutch delegation, 191
Tokugawa Ieyasu, xi-xii, xvii, 23, 233; cult of, 204. *See also* Great Avatar, Nikko, Tōshōgū; death of, 65; and Korean embassy, 34-35; and lack of legitimacy, 55; and meeting with Korean envoys in 1605, 30; and seeking of an embassy, 44; orders Hideyoshi's troops back from Korea, 25; and repatriation of Korean prisoners, 30, 33-34; as retired shogun (*ōgosho*), 34-35, 72-74; reverence of Iemitsu for, 204; shrines to. *See* Kunozan, Tōshōgū; Yoshida Shōin's criticism of, 246
Tokugawa Mitsukumi, as dinner companion of ambassador in 1682, 188
Tokugawa Mitsusada, as dinner companion of ambassador in 1682, 188
Tokugawa Nariaki, 164, 238n
Tokugawa seclusion, 11-13, 16-17, 20; historical treatment of, xi; idea of, 11-13
Tokugawa Tsunatsyo. *See* Tokugawa Ienobu
Tokugawa Tsunayoshi, 173-174; accession of, Korea notified of, 175, 176; does not dine with ambassadors, 188; and exchange of letters with King Sukchong, 178; exchange of letters with Korea and Ryukyu, 177-183; reception of Dutch by, 189-195; receives congratulatory embassies in 1682, 174; receives ambassadors from Korea, Ryukyu, 182-189; "views" Dutch delegations, 195
Tokugawa World Order, and enhancement of bakufu's legitimacy, 73.
Tokugawa Yorinobu, opposes

Tokugawa Yorinobu (*cont.*)
  China expedition, 128
Tōshōgū. *See* Tokugawa Ieyasu
Tōshōgū shrine, 204. *See also* Nikko; Tokugawa Ieyasu, cult of
Toyotomi Hideyori, 70
Toyotomi Hideyoshi, xi-xii, 23; death of, 25; and ideas of Japanese divinity and centrality, 216, 219; orders expulsion of Jesuit missionaries from Japan, 216-217; rejects Ming investiture, 77
Trade: Chinese and Dutch, 150-151; with Chinese, in Nagasaki, encouragement of, 89-90; between Korea and Japan, during Manchu invasion, 113; foreign, xiii; by Ieyasu, with Ming, 57-58; Japanese, in China, prohibited by Ming law, 24; Japanese, after expulsion of Catholics, 96; reopening of, between Japan and Korea, 38; terms of, between Tsushima and Pusan, 39
Trade regulations: read to Chinese at Nagasaki, 196; read to Dutch at Edo, 195
Trade relations, without diplomatic relations, establishment of, 14-16
Trade restrictions, in Nagasaki, against Manchus, 138-139
Trading tallies. *See* Tallies, trading
Treaty of Trade and Amity, 229
Tribute: at Nikko, 204; as description of Korean mission of 1617, 69
Tribute missions, 41-42
Tribute system, Chinese. *See* Chinese World Order
Troop assistance, Japanese, to Ming loyalists, role of intelligence in, 163
Troop strength, Mongol, overestimate of, 153-155
Troops, Japanese, withdrawal of, from Korea, 25
Tsuda Hideo, 137
Tsuji Tatsuya, 65
Tsuji Zennosuke, 125n, 137
Tsushima, xii-xiii; and desire to send embassies to Seoul, 114-115; and importance of Korean trade, 26; role of, 237n
Tsushima han, trader with Korea, xv-xvi
Tsūshin, and Holland, 239; as one rubric of Tokugawa diplomacy, 15, 241
Tsūshō, and Holland, 239; as one rubric of Tokugawa diplomacy, 15, 241

Uete Michiari, 88, 220; on Japanese view of external world, 211
Ŭiju, as source of intelligence information, 145-146, 156
Unification, as criterion of legitimacy, 56, 69
United States, foreign policy of, and comparison with Japan, 21-22, 103
Ura Yasukozu, 137; on intelligence reports in Ka'i hentai, 158

Verbiest, Joseph, casts cannon for K'ang-hsi emperor, 166
Versailles Conference, and diplomatic symbol system, 168-169
Vienna, Congress of. *See* Congress of Vienna
Viewing, of Hollanders, by Empress, 193-194. *See also* Jōran; Yoran

Wade-Giles system, of romanization, xx
Waegwan. *See* Japan House
Wakan. *See* Japan House

Wakō. See Pirate activity, Japanese
Wan Shih-te, 28
War, as normal discontinuity, 6
Wars, in East Asia, as destabilizing element, 110-111
Weapons. *See* Armaments
Wen-chou, *wakō* raid on, 50
Wen-ti, 90
Willem II, King, of Holland, 183
Williams, William Appelmen, 21
"Winds of the Gods," 215
World, division of, 217
World Order, usurpation of China's place in, by Japanese, 60
Wu San-Kuei, 118, 140, 224; alliance of, with Keng Ching-chung, 114, 147; Korean interest in, as hope of Ming revival, 154-155; leads Revolt of the Three Feudatories, 140-141; manifesto of revolt by, received in Nagasaki, 141, 147; proclaims self emperor of Chou, 158; victory of, exaggerated by Sō Yoshizane, 154

Xenophobia. *See Jō'i*

Yamaga Sokō, 222, 226; and rejection of sinocentrism, 222
Yamamoto Mieno, 50-51
Yamazaki Ansai: and China, 225-226; and rejection of sinocentrism, 222
Yamazaki Gonpachirō, 120
Yanagawa affair, 76-77
Yanagawa Kagenao, 115; and aborted embassy to Seoul, 38-39; and forged letter to Korea, in 1606, 31, 77
Yanagawa lawsuit, official notification of, to Korea, 82-83
Yanagawa Shigenobu, 26, 30
Yanagawa Shigeoki, 76-79
Yi dynasty, 23; and Chinese World Order, 171
Yi Hyŏngnam, 132
Yi Ik, 42
Yi Kong, 77. *See also* Sŏnjo
Yi Tŏkhyŏng, 28
Yŏ Ugil, 32, 33
Yōmei Gate, 100
Yorinobu of Wakayama. *See* Tokugawa Yorinobu
Yoshida Shōin, and critique of Tokugawa foreign policy, 245-246
"Your Highness," 178
"Your Majesty," 178
Yu Sŏngjŭng, 106
Yun Chiwan ambassador, received in Edo Castle, 174, 184, 185-186; pictured, 210 (plate)
Yun Sunji, Korean ambassador, 105

Zen monks, in Japanese diplomacy, 28, 235
Zenrin kokuhō ki, 84, 91, 91n
Zuikei Shūhō, 91